약점을 주셔서 감사합니다

고리로 인생 다시 해석

책 판매 수익금은
인도네시아인과 한국인 학생들을 위한
장학금으로 사용됩니다.

약점을 주셔서 감사합니다
교리로 인생 다시 해석

초판 1쇄 발행　2025년 10월 31일

지은이　유호종(hojong1621@gmail.com)
펴낸곳　서로북스
출판등록　2014.4.30 제2014-141호
주　소　경기도 파주시 회동길 480 A-407호
전자우편　minkangsan@naver.com
팩　스　0504-137-6584

ISBN　979-11-87254-70-6 (03230)

ⓒ 유호종, 2025, printed in Paju, Korea
이 책은 저작권법에 따라 보호받는 저작물이므로 무단 전재와 복제를 금합니다. 내용의 전부 또는 일부를 재사용하려면 반드시 저작권자와 서로북스 양측의 동의를 받아야 합니다. 책값은 뒤표지에 있습니다.

약점을 주셔서 감사합니다

교리로 인생 다시 해석

유호종 지음

서로북스

추천사

약점, 하나님의 역설적 은혜

김형준 목사
서울 동안교회 담임

유호종 목사님의 『약점을 주셔서 감사합니다-교리로 인생 다시 해석』은 단순한 회고록은 아닙니다. 이 책은 인생의 전반전을 되돌아보면서 어릴 적부터 인생 여정을 돌아보면서 그 모든 경험 속에 하나님의 섭리와 은혜를 신학적으로 해석하고, 이해하는 신앙적 자기성찰의 이야기입니다. 신앙의 주관성과 객관성 그리고 공동체와 개인의 사랑 등의 경험을 통해서 성장과 변화의 분기점에 하나님의 은혜의 손길을 돌아보는 상담적 자기성찰을 보여주고 있습니다. 동시에 학문의 여정 속에 깊은 영향을 받은 신학방법론과 조직신학을 통한 기초 교리 그리고 박사과정의 강의를 통해 자신이 살아온 삶을 신학적 구조를 가지고 해석하는 독특한 신학적이며 개인적 자기이해의 접근 방법을 시도했다는 것은 독특한 시도라고 할 수 있습니다.

자신의 성장과 선교라는 학문과 사역의 여정은 자신의 연약함에서 나오는 하나님의 역설적 은혜라는 것을 강조하며 인생의 후반부를 선교사로서 선교적 교회를 이루어가는 부르심을 위해 살기를 다짐하고 있습니다.

이 책은 자신의 삶을 새롭게 재해석하고 자기를 이해하기를 원하는 사람에게 치유와 사명의 자리로 인도할 것입니다. 그리고 자신의 아픔과 연약함을 통해 사용하시는 하나님의 섭리를 발견하도록 도와줄 것입니다. 그리고 이 책을 읽는 독자들에게 아픔 속에 담긴 주님의 부드러운 손길을 고백하게 해줄 것입니다.

믿음의 공동체로 회복되는 교회

이명웅 목사
서울장로회신학대학교 조직신학 은퇴교수

이 책에서 저자는 우리가 경험하는 신앙의 신비를 교의학적 범주에 따라 이해하려 하고 있습니다. 교의 또는 교리는 무상의 진리(norma normans)인 성경으로부터 발생된 진리의 2차적 기준(norma normata)으로서 믿음의 규칙이고, 신앙의 삶은 그 규칙에 우리 자신을 복종시키는 삶을 의미합니다.

수학의 공리(公理)가 수학적 문제 판단의 최종적 기준이지만 그 추상성 때문에 우리가 직접 그 기준을 사용하기 어렵습니다. 그래서 실제로 문제를 해결하는데 사용되도록 공리로부터 정리(定理)를 도출하여 수학적 판단을 할 수 있게 합니다. 성경은 기록된 하나님의 말씀으로서 진리의 최종적 기준이고 따라서 인간의 모든 지적, 실천적 행위의 옳고 그름은 성경에 의해서 판단되어야 합니다. 그러나 성경은 방대합니다. 그래서 우리에게 어려움을 줄 수 있습니다. 그래서 교회는 수학의 定理처럼 성경으로부터 실용적 진리의 기준을 정립해 왔습니다.

이것이 믿음의 규칙으로서의 교리입니다. 우리의 삶은 궁극적으로 성경에 의해 판단되어야 하지만 그것은 먼저 교리적 적합성을 가져야 합니다. 현대 교회의 문제는 믿음의 규칙으로서의 교리가 믿음의 공동체에 존재하지 않는 데 있습니다. 그것으로부터 모든 자의적 풍조가 진리로 가르쳐지고 있습니다. 그래서 교회가 그리스도의 몸이 아니라 종교적 친목단체로 변화됩니다.

교회는 믿음의 공동체입니다. 자신의 모든 활동이 오직 믿음에서 시작되고, 믿음 안에서 유지되고, 믿음의 열매를 맺게함으로써 교회는 믿음의 공동체가 됩니다. 그리고 그것은 먼저 믿음의 규칙의 철저한 준수를 포함합니다. 그러나 지금 교회는 믿음의 규칙으로서의 교리를 기억하지 않는 것 같습니다. 오히려 시대의 풍조를 진리의 기준으로 택하는 것으로 보입니다. 성경은 오직 자신에 의해서 해석됨에도 불구하고, 시류에 따라 성경을 "해석"하려는 것으로 보입니다. 이런 세태에서 유호종 목사님은 자신의 신앙적 경험을 먼저 교리적으로 반추함으로써 우리의 신앙생활이 주관적 신념에 빠지지 않도록 반성하며 경계하고 있습니다. 성도가 세상의 가치가 아니라 철저히 하나님의 진리에 따라 순례의 삶을 살도록 신앙적 훈련의 모범을 보이고 있습니다. 권면하고 있습니다. 이 책이 교회를 믿음의 공동체로 회복시키는 소중한 신앙의 열매를 맺기 바라며 부족한 사람이 추천의 말씀을 드립니다.

조직신학적 사유와 삶의 이야기의 어우러짐

박보경 목사

장로회신학대학교 선교학 교수, 세계선교학회 회장

유호종 목사님의 『약점을 주셔서 감사합니다』는 장로회신학대학교 목회전문대학원 〈지도력 개발〉 수업에서 시작된 깊은 자기 성찰의 결실입니다. 이 수업은 박사과정 동기들이 서로의 이야기를 나누며 남다른 연대감을 형성했던, 참으로 특별한 시간이었습니다.

그 가운데서도 유 목사님은 유난히 성실한 학생이었습니다. 목회 일정 속에서 박사과정 수업을 따라가는 것도 어려운 일인데, 유 목사님은 한 주도 거르지 않고 깊이 있는 과제를 제출했습니다. 학기 말에는 무려 100페이지에 달하는 탁월한 과제를 내어, 그 치밀함과 진정성으로 모두를 놀라게 했습니다.

이 책은 그 학기 말 과제를 기초로 하여 만들어졌습니다. 이 책은 조직신학적 사유와 삶의 이야기가 독특하게 어우러져, 약점을 하나님의 시선으로 재해석하도록 이끕니다. 저자의 진솔함과 성실함은 독자에게도 삶을 다시 읽어내는 용기와 위로를 줄 것입니다. 읽는 내내 한 사람의 인생 속에서 일하시는 하나님의 손길을 경험할 수 있을 것입니다.

머리말

약점마저 사용하시는

저는 약점마저 사용하시는 하나님의 은혜를 깊이 경험했습니다. 그 경험을 바탕으로, 약점 때문에 괴로워하는 모든 크리스천에게 우리의 약점이 결코 큰 문제가 아니라는 희망과 위로를 전하고 싶어서 이 책을 썼습니다. 이 책 전반에 걸쳐 저의 '약점'이 솔직하게 드러나 있습니다. 목사에게 약점이 너무 많으면 흠으로 여겨질 수도 있습니다. 더욱이 제가 털어놓은 약점은 누구에게나 있을 법한 평범한 것이기에 독자 여러분께 큰 감동으로 다가오지 않을 수도 있습니다. 그러나 주저하지 않고 약점을 드러낸 이유는, 약점을 강점으로 덮으시는 비범한 하나님의 능력을 증언하여 위로와 용기, 그리고 "다시 해보자"라는 희망의 메시지를 전하고 싶었기 때문입니다.

교리를 통해서

나의 약점 많은 '인생' 이야기를 '교리'로 다시 '해석'해 보았습니다. 진리의 체계인 교리로 삶을 해석하니 인생을 하나님의 관점에서 이해할 수 있었습니다. 하나님이 약점 많은 저를 돌보셨고 때로는 약점을 강점으로 덮어 주셔서 고통, 혈기, 좌절을 이겨내게 하셨음을 발견할 수 있었습니다. 하나님은 '고통에서 회복으로', '혈기에서 은혜로', '좌절에서 소망'으로 인도해 주셨습니다. 교리를 통한 해석 속에서 약점을 강점으로 전환하시는 하나님의 역사를 발견할 수 있었습니다.

학문적 자산을 바탕으로

이 책을 쓰는 데 있어 세 가지 학문적 자산을 바탕으로 했습니다. 이 학문적 자산들은 약점 많은 '인생' 이야기를 '교리'로 다시 '해석'할 수 있도록 도와줬습니다.

첫째는 이명웅 교수(조직신학)에게 배운 신학 방법론입니다. 이분은 제가 쓴 목회학 석사(M.Div.) 논문 『토란스의 신학방법론 연구』와 일반대학원 석사(Th.M.) 논문 『반자기중심적 실재론에 관한 연구』를 지도했습니다. 두 연구에서 다룬 "반자기중심적 실재론"의 인식 방법론은, 인간이 하나님의 말씀으로부터 나오는 믿음을 소유하고, 그 믿음을 통해서 하나님에 관한 참된 지식을 얻을 수 있다는 점을 강조합니다. 이 인식 방법론은 책 전체에 흐르는 인식론적 기초가 되었습니다.

둘째는 제가 쓴 미간행 교재 『교리론』입니다. 이 교재는 루이스 벌코프(Louis Berkhof, 1873~1957)의 『조직신학』과 『기독교 교리 요약』을 참고하여 작성했습니다. 학문적으로 깊이 있는 교리보다, 누구나 이해할 수 있는 기초적인 교리를 알려드리고 싶었습니다.

셋째는 장로회신학대학교 목회학박사(D.Min.) 과정에서 박보경 교수(선교신학)의 〈지도력 개발〉 수업을 들으며 작성한 "자기 인생 이야기"라는 과제물입니다. 이 과제물을 준비하면서, 하나님께서 이끌어 오신 저의 인생을 크게 네 단계로 나눌 수 있었습니다. 첫 번째 '성도로 불러주심'은 하나님의 주권적 은혜에 따라 성도로 불러주신 기초 단계이고, 두 번째 '봉사를 하게 하심'은 내면의 성장을 위해서 봉사의 길로 이끌어주신 단계입니다. 세 번째 '광야로 인도하심'은 광야와 같은 시련을 통해 사역의 성장을 주신 단계이며, 네 번째 '종말을 보게 하심'은 종말론적 은총의 관점으로 삶의 성숙을 주신 단계입니다. 저는 이 책을 이러한 네 단계에 맞추어 구성하였고, 각 부마다 그 시기에 겪은 삶의 이야기와 관련된 교리를 함께 엮어 놓았습니다.

인생의 여정과 교리가 어떻게 맞물리는지

책을 읽는 분도 하나님께 이끌려 지금까지 걸어온, 약점 많은 자신의 '인생'을 '교리'로 다시 '해석'하면 좋겠습니다. 1부에서 4부까지 인생의 여정과 교리가 어떻게 맞물리는지 주목하고, 각 장에 붙어 있는 질문을 생각하며 답을 찾아가신다면(예를 들어, 제1장 종교론: 여기서 왜 살게 하셨을까? 등), 독자 여러분도 인생을 교리로 다시 바라볼 수 있을 것입니다. 하나님이 우리 각자의 약점 많은 인생을 어떻게 인도하셨는지를 교리의 관점으로 바라볼 때, 우리는 기독교 세계관으로 삶을 조망하게 될 것입니다. 그리고 우리의 나약함을 강점으로 변화시키신 하나님의 은총을 깨닫고, 다음과 같이 고백하며 감사의 찬송을 올리게 될 것입니다.

"하나님, 제게 약점을 주셔서 감사합니다."

2025년 8월 7일 (입추)
팔현2리 남양주동안교회 목양실에서
지은이 유호종

하나님께 이끌려 사는 인생을 몸소 보여주신
존경하는 김형준 담임목사님(동안교회)의 격려 덕분에
이 책을 쓸 수 있었습니다. 깊이 감사드립니다.

차 례

추천사 · 4
머리말 · 8

1부 성도로 불러주심

제1장 종교론: 여기서 왜 살게 하셨을까? · 20
자기 신념 · 20 부모님의 다툼 · 20 종교의 씨앗 · 21
종교의 기원 · 23 정상 작동 · 24 단체 세례식 · 24

제2장 계시론(일반 계시) 1: 교회로 어떻게 왔을까? · 27
친구의 전도로 · 27 칭찬 · 28 질풍노도의 시기 · 28
죄인 중에 괴수 · 29 입시 · 30 교회에 처음 가게 된 것은 · 32
일반 계시 · 33 일반 계시의 작용 · 34

제3장 계시론(특별 계시) 2: 예수님이 마음에 들어오실까? · 36
생명의 밧줄 · 36 케노시스적 사랑 · 37 영접기도 · 38
특별 계시로 인해 부여된 믿음 · 40 성경에 기록된 특별 계시 · 41

제4장 성경론: 믿음이 어떻게 발생하고 성장할까? · 43
마음 안에 · 43 순수한 기도 · 44 믿음 성장 · 44

하나님의 말씀이 기록된 성경 · 46 성경 기록 · 47

인간의 이성을 사용해서 · 47 성경 내용의 일관성 · 48

구약성경 39권 집성과 공식화 · 49 신약성경 27권 집성과 공식화 · 50

성경을 기록한 이유 · 53 성경을 통해서 · 55

직접, 간접 특별 계시 · 56

제5장 신론: 하나님을 알수록 신앙생활을 잘할까? · 57

집회 · 57 나를 위한 기도 · 57 하나님의 본질 · 59

하나님은 영이시니 · 59 인격적인 존재 · 61

부끄러움을 당하지 않게 · 63 전지전능 64

비공유적 속성과 공유적 속성 · 66 비공유적 속성을 이해할수록 · 66

공유적 속성의 실천 · 67 우리 신앙의 핵심 · 69

삼위일체론 · 70 페리코레시스 · 72

제6장 인간론: 죄가 어떤 피해를 끼칠까? · 74

정욕과 자범죄 그리고 ... 쓴 뿌리들이 · 74 하나님이 제 마음을 · 75

원죄의 부스러기들이 덕지덕지 붙어 · 77 원죄 · 78

사탄은 어떤 존재 · 79 죄의 책임 · 79 자유의지 · 81

원죄가 이어지는 이유 · 82 원죄의 영향 · 84 자범죄 · 85

왜 성도는 자범죄를 범하는가 · 86 금요기도회 · 87

2부 행함을 하게 하심

제7장 기독론 1: 예수님이 나를 왜 책임져 주실까? · 90

변화 · 90 교회 봉사 · 91 여름수련회 · 92 신발장 기도 결단 ·94 양성론 · 96

아리우스주의 · 98 가현설 · 99 영지주의 · 100

양성론의 상호 교류 · 101

제8장 기독론 2: 예수님처럼 왜 살아야 할까? · 103

관계 형성 · 103 전환 장애 · 104 전도하기 위해서 · 106

삶의 자리로 · 110 낮아지신 신분 · 110 높아지신 신분 · 112

제9장 기독론 3: 예수님처럼 살면 인생이 달라질까? · 116

사찰 청년 · 116 억지로 주일예배에 참석 · 117 뇌 근육 · 120

책임감과 실행력 · 121 삼중직 · 123 선지자 직무 · 123

제사장 직무 · 125 왕 직무 · 126 핵심적인 은혜 · 127

제10장 성령론: 이해 못 할 상황으로 왜 인도하실까? · 128

딱 맞는 선물 · 128 정직, 순종 · 129 첫 사역 · 130 모래 진흙 · 131

관계 설정 · 133 이상한 충성심 · 133 새로운 교회로 · 135 발달장애인 · 137

준전임전도사 · 138 나의 라헬 · 139 당시에는 이해 못 했지만 · 140

선물이 · 141 전임 · 142 대면보고 · 144

성령님의 일반 은총 · 146 성령님의 특별 은총 · 149

이 모든 것과 그 외 모든 것이 · 150

3부 광야로 인도하심

제11장 구원론: 성화 될 때 어떤 유익이 있을까? · 152

처음 기도대로 따르라 · 152 풋내기 사역자 · 154 꾸중과 압박 · 155

철저히 순종 · 156 과감한 제안 · 157 기술적 은사 · 159 목회 조언 · 160

지혜롭게 대처하는 것 · 161 장례예배, 임종예배 · 163 안수 · 164

선임 부목사 · 165 심방 · 165 만능 목회자 · 166

'성화 되어 짐'에 비례해서 · 167 구원의 순서 · 168 부르심: 외적, 내적 · 169

중생 · 170 회심 · 172 성화, 성도의 견인 · 173

제12장 교회론: 그래도 교회가 왜 희망일까? · 175

동안교회로의 이동 · 175 가족 무시 · 176 칭찬, 인정 · 177

마음에 울림 · 178 핑계와 번복 · 180 종양 발견 · 181

교회를 위해서 · 181 교회의 명칭 · 183

교회의 두 측면: 유형교회와 무형교회 · 184

교회의 속성(내적 특성) · 186 보편성 · 186 통일성 · 187

거룩성 · 188 사도성 · 189 교회의 표지: ①교회 안에서의 표지 · 191

교회의 표지: ②교회 밖에서의 표지 · 192

하나님이 세우신 교회 · 193 위로부터 오는 은혜 · 194

아래로부터 일어나는 죄 사함 · 194

안에서 실천하는 성도의 교제 · 195 밖으로 보내는 공동선 · 196

교회에 주신 권세 · 197 발리한인교회로 파송된 이유 · 200

4부 종말을 보게 하심

제13장 종말론 1: 왜 약점을 주셨을까? · 202

발리 도착 · 202 언어의 장벽 · 203 아이를 도우려 · 204
기도할 때마다 · 206 발버둥 · 207 약점이 내게 있지 않았다면 · 208
통역 직원 · 211 발리교단 교단장과의 만남 · 213
타자를 고려하는 예배 · 214 비자 발급 · 215 COVID-19 · 217
팬데믹 상황에서의 구제 선교 · 218 선교적 지평의 확장 · 221
사회구조적 선교 방해의 벽 · 222 종말론적 삶을 살아가는 · 224
장차 누리게 될 복과 평안과 안식 · 226 죽음 이후 어디로 · 227

제14장 종말론 2: 왜 살고, 어떻게 살까? · 229

크리스천 그룹 · 229 정체성의 양극단 사이에서 · 231
가족과 헤어짐 · 234 거라사인 광인 · 236 가족 · 237
팬데믹으로 인해 교인들의 삶은 · 238 그저 은혜로 버틴 시간 · 239
움직이는 윙바디 트럭 교회 · 240 인수인계 · 241
소유욕: 반청지기적 태도 · 242 관계적 기도 · 244
종말론적 은혜 · 245 예수님의 재림 · 246 전천년설주의자 · 246
후천년설주의자 · 247 인격적 임재, 가시적 재림 · 248
부분적으로 인식, 전면적으로 인식 · 249
예수님은 왜, 재림을 · 250 종말론적 삶, 제자도를 실천 · 251
현재적 심판, 미래적 심판 · 251 나의 약점을 덮어 주신다 · 252

맺음말 · 254

신앙생활하고 계신
부모님과 장모님,
그리고 천국에 계신 장인어른을
떠올리며 이 책을 씁니다.

1부
성도로 불러주심

제1장 종교론:
여기서 왜 살게 하셨을까?

자기 신념

하나님은 서울에 살던 무신론자였던 아빠와 명목상의 불교 신자였던 엄마 사이에서 나를 태어나게 하셨다. 부모님은 하나만 낳아 잘 키우자는 심정으로 한 명만 낳았다고 한다. 아버지와 어머니는 고향을 떠나 서울로 취업하기 위해 상경했다고 한다. 그렇게 두 분은 서울에서 만났다고 한다. 결혼 이후, 아버지는 화물을 운반하는 트럭 운전기사의 보조로 처음 취직했다고 한다. 가정의 생계를 책임져야 한다는 생각 때문이었다고 한다. 이후에는 버스, 덤프트럭, 윙바디 택배 트럭 등 다양한 차량을 운전하며 평생 운수업에 종사했다. 어머니는 옷 가게에서 근무하며 쌓은 경력을 바탕으로 직접 가게를 열어 운영했다. 어머니는 자녀를 유대인처럼 똑똑하게 키우겠다는 생각으로 만 4살 남들보다 작았던 나를 업고 여의도순복음교회에 잠시 출석했었다고 한다. 두 분은 '억척스럽게 살아야 살아갈 수 있다'라는 자기 신념이 가득한 분들이었다.

부모님의 다툼

부모님은 거의 매일 싸웠다. 신체적 접촉이 있는 싸움이었다. 말릴 사람은 나밖에 없었다. 외동아들이었기 때문이다. 초등 저학년 시기에 부모님의 다툼을 말릴 때면, 표현할 수 없을 정도로 극심한 괴로움을 겪었다. 그 다툼이 얼마나 심적으로 힘들었는지 어린아이임에도 불구하고 '누군가 이 고통을 끝내 주면 좋겠다.'라는 간절한 열망을 품으며 살았다.

이 열망이 깊어지던 어느 날, 아마도 초등학교 2학년 무렵이었던 것 같다. 어디서 들었는지 모르겠지만 '나무아미타불 아멘 관세음보살'이라는 주문을 만들어 100번에서 많게는 1000번씩 속으로 외쳤다. 불교와 기독교의 언어를 나름대로 종합하여, 부모님의 다툼을 멈추게 해달라고 막연한 절대자에게 소원을 빌었던 것 같다. 그렇게 주문을 외우다가 우연히 두 분의 싸움이 멈추면, 주문을 들은 어떤 신적 절대자가 도와준 것이라 여겼다. 하지만 그 절대자에게 감사하기보다는 '내가 주문을 외워서 싸움이 멈췄다.'라고 자신을 높이며, 주문 자체를 우상으로 여기게 되었다. 이후에도 계속 주문을 외웠다.

종교의 씨앗

마음 안에 있는 "종교의 씨앗(seed of religion)"이 100번, 1000번씩 주문을 외우는 쪽으로 싹을 틔운 것 같다. 종교의 씨앗이 특정 종교의 경구와 당시 상황을 해결하고자 하는 갈망에 자극받아, 주문이라는 형식으로 표현된 것 같다. 구약성경 전도서 3장 11절에는 종교의 씨앗을 설명하는 구절이 기록되어 있다.

> "하나님이 모든 것을 지으시되 때를 따라 아름답게 하셨고 또 사람들에게는 영원을 사모하는 마음을 주셨느니라(전 3:11)"

이 구절에서 "영원을 사모하는 마음"이 종교의 씨앗이다. 절대자로 향하게 하고, 느낄 수 있게 하는 내면의 감각이 종교의 씨앗이다. 종교의 씨앗이 싹을 틔운 대로, 나는 어떤 절대자에게 부모님의 다툼을 멈추게 해달라고 요청했다. 그 요청은 주문 형식의 언어로 표현되었다.

나는 2019년 6월부터 2022년 12월 11일까지 인도네시아 발리에 있는 발리한인교회에서 담당목사로 부임해서 목회와 선교 사역을 했다. 그 교회 주변 지역 사람들 대부분은 힌두교를 신봉하고 있었고, 소수의 무슬림과 불교인, 그리고 기독교인도 있었다. 발리에는 다양한 종교인들이 공존하고 있었다. 한 지역에 다양한 종교인들이 모여서 공존하는 것은 세계 어느 지역에서도 확인할 수 없는 독특한 것이었다.

신학자들에 따르면, 발리도 그렇고, 세계에 다양한 종교가 존재하는 이유는 모든 인간의 영 안에 종교의 씨앗이 심겨 있고, 각 지역의 정치, 경제, 문화, 교육, 인종의 특성과 더불어 어떤 영적 존재가 그 씨앗에 각각 다른 영향을 주었기 때문이다. 이러한 이유로 세상에는 다양한 종교가 생겨났다. 지구상에 존재하는 모든 민족은 각기 다른 형태지만, 모두 종교를 갖고 있다.

발리 북서쪽의 즘브라나(Jembrana) 마을은 하나님의 말씀이 일찍부터 선포된 지역이었다. 하나님의 말씀으로부터 나온 믿음이 그 마을 주민들을 크리스천으로 변화시켰다. 2022년 초 즘브라나를 방문했을 때, 그들의 신앙 흔적을 직접 확인할 수 있었다. 이처럼, 각 지역의 정치, 경제, 문화, 교육, 인종의 특성과 더불어 하나님의 말씀(또는 어떤 영적 존재가)이 사람의 마음속에 있는 종교의 씨앗에 각각 다른 영향을 주고 있음을 보게 된다. 종교의 씨앗은 영향받은 대로 특정 종교의 싹을 틔우게 된다.

2022년 12월 25일부터 나는 남양주동안교회로 부임해서 목회와 선교 사역을 했다. 남양주동안교회가 위치한 팔현2리는 철마산과 천마산 사이의 계곡에 자리한 마을이다. 마을 주민은 매년 추석 전에 샤머니즘 성격의 제사인 "산신제"를 드리고 있다. 2023년 9월 중순쯤, 추석 무렵에 이 사실을 직접 확인했다. 마을 주민의 영 안에 심긴 종교의 씨앗은 특유의 지리적 특성과 샤머니즘적 분위기 속에서 산신령을 모시는 쪽으로 자라났다. 이 결과로 산신제를 드리게 되었다고 생각한다.

내 안에 있던 종교의 씨앗이 초등학교 2학년 때 주문의 언어로 표현된 것은 외가 쪽 불교문화와 어디선가 들은 '아멘'이라는 기독교 표현의 영향 때문으로 보인다. 어떤 영향을 받는지에 따라 종교의 씨앗이 틔우는 종교심의 싹의 종류가 달라진다면, 우리는 마음 안에 심긴 종교의 씨앗이 삼위일체 하나님을 신앙하는 싹을 틔우도록 하나님의 말씀이 선포되는 현장으로 나아가야 한다.

종교의 기원

창세기 2장 7절에 보면, "여호와 하나님이 땅의 흙으로 사람을 지으시고 생기를 그 코에 불어 넣으시니 사람이 생령이 되니라(창2:7)"라고 한다. 하나님은 흙으로 인간을 만들었고, 그 안에 생기를 넣었다. 이 생기는 "영"이다. 흙으로 만들어지고, 생기를 받은 인간은 육신과 영을 가진 존재가 되었다. 영을 받았기 때문에, 인간은 영적으로 존재하는 하나님과 만날 수 있다. 인간의 영 안에는 신적 존재를 느낄 수 있는 종교의 씨앗이 심기어져 있다. 동식물은 종교의 씨앗을 품는 영이 없어서 영적인 존재를 향한 종교심을 가질 수 없다. 동식물은 인간의 다스림을 통해서 하나님의 통치를 느낄 수 있다(창1:28). 하나님이 인간의 영 안에 심겨놓은 종교의 씨앗은 인간으로 하여금 절대자를 향한 종교심을 추구하게 만든다. 따라서 종교의 기원은 인간의 영 안에 심기어진 종교의 씨앗부터다.

정상 작동

종교의 씨앗을 가진 인간은 종교심을 추구한다. 처음 인간에게는 오직 삼위일체 하나님에 관한 종교심만 있었다. 그런데, 인간이 원죄를 저질렀다. 원죄 때문에 인간에게 있는 영이 비정상 작동하게 되었다. 비정상 작동하는 영을 가진 인간은 자기중심성대로 종교의 씨앗을 키워서 자기만의 종교를 만든다. 자기중심성을 가진 인간은 종교의 씨앗을 자기 마음대로 키워서 하나님을 대체하는 우상을 만들려고 한다(출32:4).

하나님의 말씀으로부터 나오는 믿음으로 인해서 정상 작동하는 영을 가진 성도는 종교의 씨앗이 믿음의 싹을 틔워서 하나님을 향한 예배, 찬송, 기도한다. 믿음의 통제를 받는 종교의 씨앗은 삼위일체 하나님을 신앙하는 참된 종교심으로 성장한다.

단체 세례식

서울 금천구에서 초등학교에 다녔다. 초등학교 1학년 2학기부터 3학년 1학기까지는 경기도 안양시 만안구에 살면서 버스를 타고 통학했다. 당시 버스비가 50원이었던 것으로 기억한다. 어린 시절이었지만, 전학 가는 두려움보다 버스를 타고서 같은 반 친구를 만나는 것이 더 수월해 보여 장거리 통학을 선택했던 것 같다. 초등학교 3학년 2학기 무렵부터는 다시 금천구에 거주하게 되었고, 이후 중학교와 고등학교 역시 금천구에 있는 학교에 다녔다.

기독교 사학 재단의 중학교와 고등학교에 다녔다. 학교에는 기독교 수업이 있었고, 채플도 있었다. 아침에는 묵상 시간이 있었고, 매일의 시작을 찬송으로 열었다. 중학교 1학년 때, 학교에서 진행하던 단체 세례식에 담임 선생님의 권유로 참여하게 되었고, 세례를 받았다. 마치 십자가를 지고 가시던 예수님 곁에서 강제로 십자가를 진 구레네 사람 시몬처럼, 타의에 의해 세례를 받은 셈이었다. 이 세례가 유효한가, 무효한가에 대한 논의가 있을 수 있지만, 성령님의 역사로 이루어진 세례 사건이라 믿기 때문에 유효하다고 여긴다. 타의에 의한 세례였지만, 성령님이 마음속에 역사하셨고, 믿음으로 종교의 씨앗을 자라게 해주셨다고 생각한다.

중학교 1학년 기독교 수업 시간에 김석균 목사님을 만났다. 그분은 복음성가 작곡가로도 유명하신 분으로, "난 예수가 좋다오"라는 찬양을 만든 분이었다. 당시에는 종교 교사로만 알았기에, 그분이 복음성가 계통에서 이름이 있는 분이라는 것을 몰랐다. 그분의 열정적인 수업 덕분에 믿음은 없었지만, 복음성가를 열심히 불렀고, 멜로디와 가사가 마음을 시원하게 했다.

학교 전통에 따라 아침 묵상 시간에는 매일 찬송가 550장 "시온의 영광이 빛나는 아침"을 불렀다. 믿음이 없었기에 마음에서 우러나와 부른 건 아니었지만, 찬송을 부르고 나면 마음이 편안해졌던 기억이

난다. 이렇게 중고등학교 6년 동안 알게 모르게 기독교적 분위기 속에서 학교생활을 했다. 믿음이 생긴 지금 돌아보면 당시에 경험했던 찬양과 세례, 묵상 시간은 하나님이 내 안에 있는 종교의 씨앗을 삼위일체 하나님을 신앙하는 믿음의 싹으로 틔우려는 과정이었다. 하나님의 말씀을 듣는 삶의 자리에 있는지 아닌지가 종교의 씨앗이 하나님을 신뢰하는 믿음의 싹으로 자라날 수 있을지를 결정짓는다는 사실을, 나는 이 경험을 통해 깊이 깨닫게 되었다. 하나님의 말씀에 노출되는 시간이 쌓일수록, 영혼 안에 심기어진 종교의 씨앗은 복음 쪽으로 자라날 수 있다고 믿는다. 이를 믿는다면, 우리는 말씀의 현장에 한 영혼을 계속 초대해야 한다.

제2장 계시론(일반 계시) 1: 교회로 어떻게 왔을까?

친구의 전도로

중학교 2학년 때, 같은 반 옆자리 친구의 전도로 처음 교회에 가게 되었다. 당시에는 단순히 놀러 가는 마음이었다. 그 친구는 구로동교회 시무장로의 아들이자 은퇴 장로의 손자였다. 중등부에서 추수감사절을 맞아 먹을 것과 선물을 나눠준다는 말로 나를 교회로 초대하려 했다. 교회에 전혀 관심이 없었지만, 먹을 것과 선물에 끌렸고, 또 다른 알 수 없는 마음으로 주일에 교회에 가겠다고 약속했다. 그렇게 해서 처음으로 교회에 발을 들이게 되었다.

교회 중등부에서 예상치 못한 환대를 받았다. 특별한 일을 하지 않았는데도, 중등부 교사들은 나를 끊임없이 칭찬했다. "건강해 보인다.", "든든하게 생겼다." 등 다양한 긍정적인 말을 들었다. 특히, 50대 후반이고 권사이신 담임 선생님은 따뜻하고 친절한 태도로 나를 맞이했다. 떡볶이, 김밥, 과자 등을 주며 나를 사랑으로 감쌌다.

당시 부모님의 잦은 싸움으로 인해 정신적, 감정적으로 불안한 상태였고, 학교생활에서도 인정받지 못해 자존감이 많이 낮아져 있었다. 존재 자체에 대한 회의감과 함께 자격지심을 안고 살았던 시기였다. 그런 나에게 교회에서의 칭찬과 따뜻한 말 한 마디는 마치 영혼의 심폐소생술과 같았다. 나는 그 선생님을 당시 가장 인기가 있었던 여배

우의 이름을 따서 '채시라 선생님'이라고 불렀다. 그것은 나만의 방식으로 표현한 작고 서툰 감사였다.

칭찬

이후 계속 칭찬받고 싶어서 교회에 출석했다. 중학교 3학년이 되어서도 칭찬받고 싶다는 이유로 한 달에 두 번 정도는 교회에 나갔다. 그 시기, 교회에서 받은 칭찬과 사랑, 그리고 기도 덕분에 중학생 시절을 비교적 평탄하게 보낼 수 있었다고 생각한다.

중학교 3학년 2학기쯤에 학교에서 소위 '노는 친구들'과 어울리게 되었다. 교회에서 받은 따뜻한 기억이 가득했기에, 그 친구들을 교회로 전도하기로 마음먹었다. 그렇게 구로동교회에 전도한 친구들의 수는 25명이었다. 전도를 통해 채시라 선생님의 칭찬을 받을 수 있었고, 중등부에서 준비한 특별한 선물을 받았다. 그때 무척 행복했고, 진심으로 인정받았다고 느꼈다.

고등학교 1학년에 들어서면서 질풍노도의 시기를 겪게 되었다. 악행으로 혼란 속에 살다 보니, 교회 출석 빈도는 눈에 띄게 줄어들었다. 그런데도 교회 고등부 선생님은 나를 잊지 않았다. 주일에 교회 예배 출석하지 않으면, 늘 연락했고, 주일예배에 참석하라고 꾸준히 권면했다. 돌아보면, 그러한 지속적인 관심과 연락 덕분에 교회와의 연결이 끊어지지 않았던 것 같다.

질풍노도의 시기

부모님의 잦은 다툼에서 비롯된 정서적 불안감이 점점 커졌다. 부모님의 다툼으로 인해서 결심한 태도는 부친을 이겨야 한다는 분노의 다짐이었다. 부친을 이겨서 모친을 구해내야 한다는 분노의 감정을 매번 가졌다. 분노의 감정은 주먹이 강해져야 살아남을 수 있다는 다짐을 새기게 했다. 부친을 이기기 위해선 강한 힘이 필요했고, 강한 힘은 운동을 통해서 얻을 수 있다고 여겼다. 중학교 3학년 때 엄마를 졸라서 유도 운동을 시작했다. 유도 운동은 강한 힘과 근성을 주었다.

중학교를 졸업하고, 같은 재단의 고등학교에 입학했다. 끼리끼리 유유상종한다고, 입학하자마자 주변에 힘 좀 쓰는 친구들이 몰려왔고, 그들과 어울리면서 점점 탈선의 길로 빠져들기 시작했다. 탈선은 또래들과의 힘자랑이었다. 싸움과 거친 행동으로 인정받고 싶었고, 그런 방식으로 존재감을 드러내려 했다. 하지만 그 과정에서도 마음 한구석에는 교회에서 받았던 사랑과 칭찬이 기억으로 남아 있었다. 방황하는 중에도 교회와 실낱같은 끈으로 연결되어 있었던 것 같다.

죄인 중에 괴수

껄렁껄렁한 친구들과 지내면서 제일 우두머리 역할을 하고 싶었다. 우두머리가 되어서 인정받고 싶었다. 교회에 거의 나가지 않게 되면서 정서적인 안정감을 어디에서도 공급받을 수 없었기 때문이다. 나의 혈기를 추켜세우는 또래 집단으로부터 정서적인 안정감을 얻으려 했다. 우두머리가 되기 위해 거쳐야 하는 싸움과 다툼의 과정을 통과하면서 점차 죄인 중에 괴수가 되어갔다(딤전1:15). 어울려 다니며 싸우고, 누가 쳐다보면 싸우고, 건드리면 싸웠다. 항상 자신감 있어 보이고, 강해지고 싶었다. 부모님의 다툼이 정서적 안정감을 완전히 사라지게 만들

때면 혈기가 더욱 강력하게 밖으로 표출되었다.

아이러니하게도, 부모님의 다툼으로 인해 표출된 분노가 큰 범죄로까지 이어지지 않았던 이유는 부모님의 헌신적인 뒷바라지 덕분이었다. 부모님은 자주 다투었으나, 자식에게만큼은 철저히 헌신했다. 다툼의 충격이 커서인지, 나는 그 헌신에 대해 당시에는 감흥을 느끼지 못했다. 그러나 부모님의 뒷바라지로 인해서 학교 출석과 대학 입학에 대한 희망을 유지할 수 있었다. 그 덕분에 고등학교를 개근하며 학교생활을 이어갈 수 있었다. 하나님은 부모님의 다툼 때문에 고통과 좌절을 경험하게 하셨지만, 동시에 부모님의 헌신 때문에 삶에서 희망을 잃지 않도록 이끄셨다.

입시

고등학교 3학년 시기에 교회를 완전히 나가지 않았다. 교회에서 연락이 오면, 입시 준비한다는 핑계를 대며 안 나간다고 했다. 여전히 싸움과 혈기로 자존감을 세웠지만, 마음속에는 대학교에 입학하고 싶다는 희망사항이 있었다. 담임선생님은 체육 전공으로 대학 진학을 권하며 입시 계획을 알려주셨다. 그것이 정확히 무엇을 의미하는지는 잘 몰랐지만, 운동을 하면 대학에 갈 수 있다는 말에 흔쾌히 그렇게 하겠다고 대답했다.

고등학교에서 특별히 편성한 체대 입시반에 들어갔다. 하지만 체대 입시반이라는 이름이 무색하게, 입시에 큰 관심 없는 힘 좀 쓰고 싸움 좀 한다는 학생들을 모아 놓은 반이었다. 그런 환경 속에서도 자존감을 세우기 위해서 센 척을 했다. 거칠고 무질서한 분위기 속에서 하루

하루를 보내던 중, 어느덧 대학수학능력시험 날이 다가왔다.

수능 역사상 가장 쉽게 문제가 출제된 해에 수능시험을 보았다. 모의고사 때보다 실제 성적이 매우 많이 향상되었다. 대학교에서 운동 실기 시험도 생각보다 잘 보았다. 갑작스럽게 성적이 향상되어서 원래 실력으로는 갈 수 없었던 경기도 안양에 있는 성결대학교 체육교육과에 합격하게 되었다. 나중에 졸업하면, 중고등학교 체육 정교사 자격증을 받을 수 있었다.

이때부터 체육 교사를 하면서 인생을 살아야겠다는 작은 희망을 품었다. 희망은 희망대로 놔두고, 여전히 불량한 기세를 유지했다. 평소에 그런 불량한 기세로, 또래 친구들과 어울릴 때마다 '내 인생은 결국 교도소에서 끝날 거다.'라는 암울한 생각이 들었다. 그런 생각에 사로잡혀 있는 순간에도 부모님은 여전히 싸웠다. 어디에도 안전함을 찾을 수 없었다. 암울한 생각이 '삶의 포기'로 이어질까 두려웠다. 늘 불안함을 안고 생활했다.

수능과 실기 시험 이후, 대학교에 입학하기 전 가장 자유로웠던 스무 살 새해 1~2월쯤, 암울한 생각과 부모님의 다툼 속에서 스트레스를 평소보다 더 심하게 받았던 날이 있었다. 스트레스가 심해지자, 내면 깊은 곳에서 사악한 소리가 들려왔다. '옆 사람을 다치게 해라. 너의 분노를 그쪽에 발산해라. 그리고 높은 데서 뛰어내려라. 왜 사는 거야? 이 꼴, 저 꼴 안 보고, 그냥 사라지면 되는 거야.'라는 속삭임이 내면을 휘감았다. 심장이 쿵쾅거리며 뛰기 시작했고, 이대로는 안 된다는 선한 양심의 소리가 악한 생각들과 사투를 벌였다. 식은땀이 뚝뚝 흘렀고, 사악한 속삭임대로 실제 행동으로 옮길 것에 대한 극심한 두려움을 느꼈다. 마음속은 두려움으로 가득했고, 머릿속에는 부정적인 생각들이 소용돌이쳤다. 그 절망의 상황에서 절박한 고백이 흘러나왔다. '누군가가 나를 구해줬으면 좋겠다.' 이 고백은 '살려 달라'는 절규였다. 말로 표현할 수 없는 두려움의 무게가 마음을 짓눌렀고, 그 순간 스스로는 벗어날 수 없는 압박감을 느꼈다.

그날 이후로 원인 모를 고통으로 며칠간 괴로워할 때, 안면이 전혀 없던 구로동교회 청년부 누나에게서 연락이 왔다. 이제 청년부가 되었으니, 교회로 나오라고 나를 초대했다. 고등학교 2학년부터 3학년까지 거의 교회에 나가지 않았고, 가끔 맛있는 음식 준다는 말에만 간헐적으로 출석하던 시기였다. 그마저도 고등학교 3학년 땐 교회로 향하는 발길을 끊었다. 계속 안 나가서 인지 교회에서도 연락을 안 하던 시기였다. 그런 상황에서 갑자기 교회로 초대하는 연락이 온 것이다. 절망의 벼랑 끝에서 언제 떨어질지 모르는 상황에 전달된 초대는, 하나님이 보내신 생명의 밧줄이었다.

교회에 처음 가게 된 것은

중학교 때 교회에 처음 가게 된 것은 하나님이 주신 일반 계시 때문이라고, 생각한다. 하나님은 일반 계시로 나를 인도했다. 중학교 때, 전혀 교회를 다닐 생각을 안 했다. 교회를 몰랐고, 알고 싶지도 않았고, 교회가 인생에 아예 없었다. 스무 살 두려움으로 괴로워할 때도 교회가 나를 도와줄 거라고 생각 못 했다. 그랬지만, 일반 계시로 인해서 교회로 이끌렸다.

일반 계시란, 구원을 줄 순 없지만 모든 인류(성도와 비성도)와 세상을 보존, 섭리하는 계시를 의미한다. 친구의 전도, 교회 선생님들의 관심과 사랑, 연락을 수단으로 하나님은 일반 계시를 보내셨고, 나는 그 일반 계시로 인해서 교회로 처음 갔고, 계속 연결되었다.

일반 계시

하나님은 인간에게 신적 존재이신 당신의 존재를 일반 계시로 전달한다. 원죄로 인해서 하나님을 인식하는 영적 기관, 즉 영(또는 생기)이 비정상 작동하는 인간은 일반 계시만으로는 삼위일체 하나님을 알 수 없다. 일반 계시는 인간에게 절대자의 존재 여부를 알려줄 수 있다. 이 역할을 알았던 사도 바울은 일반 계시를 통해서 흐릿하게 신적 존재를 인식하는 헬라인들에게 흐릿한 절대자를 신봉하지 말고, 참 하나님께 예배하라고 전파할 수 있었다(행17:28). 일반 계시의 수단은 양심, 자연, 사람, 질서, 역사, 사회, 공동선, 재능, 정치 등이다. 이러한 것들을 보면서 흐릿하게나마 절대자가 있음을 인간은 인식할 수 있다.

타 종교 중 한 부류인 힌두교도는 인도네시아 발리 지역의 자연경관을 통해서 전달되는 일반 계시 아래에서 흐릿하지만, 절대자를 감지한다. 그리고 발리 지역 최고 높이의 아궁산(활화산)을 통해서 전달되는 일반 계시 아래에서 힌두교도는 흐릿하지만, 영적 존재이신 절대자를 지향할 수 있다. 그러나 구원을 주시는 하나님에 관한 지식을 인식할 수 없다. 일반 계시는 예수 그리스도의 십자가와 부활 사건, 복음, 구원을 알려주지 못한다. 원죄를 해결하지 못하고 영이 비정상 작동하는 힌두교도는 일반 계시로 발견한 흐릿한 절대자에 관한 관념을 바탕으로 온갖 우상의 형상을 만들었고, 힌두교의 규칙과 경전을 만들었다. 원죄가 있는 인간은 자기 멋대로 절대자를 우상의 형상으로 만든다. 원죄가 있는 인간은 일반 계시로는 하나님을 인식할 수 없다.

원죄가 인간의 영을 비정상 작동하게 만들기 때문이다. 하나님의 말씀으로부터 나오는 특별 계시는 인간의 영에 믿음을 발생시키고, 그 믿음이 영을 정상 작동하게 만든다. 정상 작동된 영은 특별 계시를 이해하고, 하나님에 관한 지식을 얻는다. 이러한 특별 계시를 〈제3장 계시론 2: 특별 계시〉에서 살펴보려고 한다.

일반 계시의 작용

다음의 네 가지 경험들은 일반 계시로 인한 인도하심이라고 생각한다. '부모님의 다툼과 내면의 불안정 속에서 친구 따라 교회로 가게 된 사건', '칭찬이 고파서 교회에 다녀야겠다는 결정', '방황의 시기에도 희망의 길로 가게 하신 역사', '대학교 합격 후 잠시의 휴식기에 겪게 되는 절망과 좌절의 시기에 교회 청년부 누나의 연락으로 인해서 다시 주일예배에 출석하기로 하게 된 것' 이렇게 일반 계시는 내 인생에 계속 작용했다.

교회에 가면, 마음이 편안해진다는 원리를 마음속에 품고 있었던 것도 일반 계시의 작용 때문이라고, 생각한다. 양심에 임한 일반 계시에 반응했기 때문에, 나는 그래도 더 큰 잘못으로 가지 않았고, 교회로 가끔이라도 나갈 수 있었다. 일반 계시의 작용으로 청소년 시기 교회에서 막연하게나마 신적 존재, 절대자에 대해서 생각할 수 있었다.

그러나 원죄로 인해서 일반 계시가 주는 선함은 희미해졌고, 타인과의 싸움에서 악착같이 승리해야 한다는 다짐을 평생 추구할 가치로 여겼다. 고등학교 시절 이문열의 삼국지와 수호지 책을 읽으면서 마음에 새겼던 영웅호걸의 의리를 인생 최고의 진리라고 여겼다. 원죄로 기인한 자기중심성은 우상을 만들게 했다. 우상은 '인생은 주먹이 답이다.'라는 가치관이었다. 자기중심성을 제거하고 하나님의 말씀으로부터 나오는 믿음에 따라 참 진리에 다가서야 하는데, 그러지 못했다. 원죄의 작용이 일반 계시의 활동을 무디게 만들었다. 이것이 일반 계시의 한계이다. 그래도 하나님은 나에게 다양한 수단들로 일반 계시를 보냈기 때문에, 나는 절대자를 향한 구도자적 자세를 유지할 수 있었고, 교회와의 실낱같은 끈을 이어갈 수 있었다. 더 넓게 보자면, 지금도 하나님이 모든 인류에게 일반 계시를 전달하시기 때문에 인류는 "보존", "발전"을 이룰 수 있다.

제3장 계시론(특별 계시) 2: 예수님이 마음에 들어오실까?

생명의 밧줄

생명의 밧줄과 같은 초대 연락을 준 청년부 선배는 본인을 목장 소그룹의 목자로 섬기는 누나라고 소개했다. 그러고는 "너는 이제 청년부 소속이야. 그러니까 이번 주일부터 꼭 청년부 예배로 나와야 해. 그러면, 너는 우리 목장에서 함께 간식도 먹고, 함께 말씀 나누면서 재밌게 지내게 될 거야."라고 말했다. 고등부 예배실로 오는 것이 아니라, 앞으로는 청년부 예배실로 와야 한다고 자세히 알려줬다.

나는 시간 되면 가겠다고 답했다. 누나는 이번 주일부터 꼭 오라고 당부했다. 누나의 상냥하고 천진난만한 목소리에 기분 좋은 호기심이 생겼다. 그렇지만, 반드시 가야겠다는 의지가 생기지는 않았다. 원인 모를 두려움에 파묻혀 정신적 부침을 겪고 있었고, 아무런 의욕이 없는 상태였기 때문이다. 알고 보니, 나만 전화를 받은 게 아니라, 중학교 2학년 때 전도했던 나의 친구들에게도 누나가 연락했다. 그래서인지, 오히려 친구들이 이번 주일엔 꼭 교회에 가자고 나를 설득했다. 친구들의 등쌀에 떠밀려 친구 세 명과 함께 교회에 가게 되었다.

마지 못 해가는 것처럼 보였지만, 사실 교회에 가는 것이 은근히 기대되었다. 교회에 도착하자, 전화를 주었던 누나가 반갑게 맞아주었다. 누나는 앞으로 우리들의 목자로서 잘 섬기겠다고 말했고, 청년부 예배와 활동에 대해서 상냥하고 친절하게 설명했다. 누나의 얼굴에는 천사의 미소가 있었고, 설명을 들으면서 알 수 없는 편안함이 찾아왔다. 아마도 이것은 하나님이 주신 평안이었다고 생각한다.

처음으로 드린 청년부 예배 후에 누나가 목자로 섬기는 목장 소그룹에 참여했다. 모임에 모여 있던 형들과 누나들은 1살부터 많게는 7살까지 나이가 더 많은 선배였다. 그분들은 나에게 "호종 형제님"이라고 불렀다. 그 호칭을 듣고, 문화적 이질감에 닭살이 돋았고, 느끼한 감정을 느꼈다. 속으로 '내가 왜, 너 형제야? 그리고 왜 날 그렇게 불러? 정말 이상한 사람들이다.'라고 생각했다. 그러나 잠시 후, 마음속 깊은 곳에서 다른 감정이 올라왔다. '따뜻하다. 마음이 좋다. 편안하다.'라는 감정이었다. 마음 안에서 서로 반대되는 두 감정이 싸우고 있는 것을 느꼈다.

케노시스적 사랑

누나는 언제든 힘들 때 연락하라고 말했고, 기도 제목을 알려주면, 나를 위해서 중보기도 한다고 했다. 나는 처음에 '혹시 나를 좋아해서 그런 걸까?'라고 오해했다. 그러나 그것은 오해였을 뿐, 누나는 나를 예수님의 제자로 양육하고자 했던 것이었다. 누나는 시간이 흘러 대한예수교장로회(통합) 교단의 목사가 된다.

그 주간에도 부모님의 다툼은 계속 반복되었고, 감정적으로 무너져 있었던 나는 밤늦은 시간에 누나에게 전화 걸었다. 누나는 밤늦은 시간임에도 불구하고, 내 이야기를 성심성의껏 들어주었다. 전화상으로 나를 위해서 기도했다. 그 순간, 나의 마음에는 희망의 온기가 돌기 시작했다.

　이후로 누나와의 상담, 기도, 소통, 교제는 약 2~3개월간 거의 매일 몇 시간씩 이어졌다. 누나는 자신의 시간, 체력, 감정, 정신을 아낌없이 쏟아부었다. 자기를 비운 것이다. 돌이켜 묵상하면서 나는 빌립보서 2장 7절에 나오는 "자기를 비워 종의 형체를 가지사 사람들과 같이 되셨고"라는 말씀에 등장하는 헬라어 '케노시스(κένωσις, 자기 비움)'를 떠올렸다. 누나의 케노시스적 사랑은 내 마음에 점점 위안을 제공했다. 당시의 나로서는 누군가에게 먼저 다가가 그런 상호 작용의 관계를 만들 수 없었다. 대인 관계를 원만하게 하는 사람이 아니었기 때문이다. 그러나 누나는 내게 먼저 다가왔고, 적극적으로 마음을 터놓고 대화하는 관계를 만들고자 노력했다. 이에 따라 표현하기 어려운 깊은 친밀감을 느꼈다. 그것은 이성적 감정이 아니었다. 하나님이 주신 표현할 수 없는 영적인 감정이었다. 나는 이 감정을 성도의 교제를 위해서 성령님이 주시는 감정이라고 생각한다. 주신 영적인 감정에 따라 누나를 전적으로 신뢰하게 되었고, 누나가 팥으로 메주를 쑨다고 해도 믿을 만큼, 신뢰했다.

영접기도

　목자 누나는 교회를 안 다녔지만 연락받고 다시 나오게 된 내 친구들, 그리고 목장 소그룹 지체들에게 케노시스적 사랑을 실천했다. 나는 누나의 케노시스적 사랑을 성도의 교제로 받아들였지만, 친구 중 한 명이 누나에게 이성적인 감정을 품기도 했다.

　어느 평일에 목자 누나는 교회 새가족부실에서 단둘이 보자고 연락해 왔다. 내심 기분이 좋았다. 교회의 다른 형제들에게 인기가 많던 누나가 나를 따로 보자고 했다는 사실만으로도 들뜨는 감정을 느꼈다.

교회에 도착하자, 누나는 노란색 소책자 하나를 건넸다. 그것은 대학생선교회(이하 C.C.C)에서 제작한 사영리 소책자였다. 그 소책자를 처음 보았다. 누나는 소책자의 내용을 차근차근 읽어주었다. 하나님의 사랑과 계획, 인간의 죄, 예수 그리스도를 통한 구원, 영접기도, 교회생활 기초 원리에 이르기까지 복음의 핵심 메시지가 담겨 있었다.

소책자를 다 읽은 후, 누나는 기도하자고 했다. 그것은 영접기도였다. 누나는 "영접기도란, 예수님을 나의 구주이자 하나님으로 받아들이며, 그분을 내 마음에 모시는 기도야."라고 설명했다. 그것이 의미하는 바가 무엇인지 정확히 알지 못했지만, 누나가 시키니 당연히 하겠다고 대답했다. 누나는 자신이 영접기도문을 선창하면, 따라서 기도를 고백하라고 했다. 이때가 대학교 1학년 1학기 3월 초였다.

기도 후, 누나는 요한계시록 3장 20절 말씀을 읽었다. "볼지어다 내가 문밖에 서서 두드리노니 누구든지 내 음성을 듣고 문을 열면, 내가 그에게로 들어가 그와 더불어 먹고 그는 나와 더불어 먹으리라" 누나는 "예수님이 지금 호종이의 마음 안에 들어오셨어."라고 말했다. 누나의 말에 따라 가슴을 바라보며 속으로 이렇게 말했다. '예수님, 제 마음 안에 계신가요?' 아무런 느낌도 없었다. 머리를 쥐어박으며 속으로 '그러면 그렇지. 무슨 느낌이 있겠어. 정신 차려, 호종아.'라고 되뇌었다. 그날의 만남을 의미 있는 기억으로 간직한 채 집으로 돌아가는 길에 머릿속에는 계속해서 같은 생각이 맴돌았다. '예수님, 제 안에 정말 계신가요?'

며칠 후에도 예수님이 마음에 계신다는 누나의 말이 머릿속을 떠나지 않았고, 그 말이 마음에 서서히 자리 잡고 있었다. 점점 그 말이 의식됐다. 영접기도 후 아무 느낌도 없던 그 순간부터, 나는 이미 예수님과의 만남 앞에 서 있었다.

특별 계시로 인해 부여된 믿음

사영리 소책자에 있는 성경 말씀을 수단으로 특별 계시를 받았다. 특별 계시를 받은 나는 그 계시의 내용을 즉각 이해할 수 없었고, 당장 진심으로 예수님을 나의 구주로, 나의 하나님으로 인정하지는 못했지만, 마음에 초청하는 영접기도를 드릴 수 있었다.

영접기도 후에 아무런 느낌이 없었다. 나의 성격이나 성품, 감정 등 내면의 영역에 어떤 즉각적인 변화도 느껴지지 않았다. 다만, 요한계시록 3장 20절 말씀에 따라 '예수님이 내 안에 들어오셨다.'라는 사실이 의식 속에 계속 머물렀다. 이것이 특별 계시로 인해 부여된 믿음의 역사라고 생각한다.

특별 계시로 전달된 하나님의 말씀을 기록한 성경은 인간에게 믿음을 제공한다. 믿음은 하나님의 말씀으로부터 오는 것이다. 믿음은 하나님의 말씀을 이해할 수 있도록 인도한다. 중세 신학자 안셀름(Anselm, 1033~1109)이 말했던, "이해를 추구하는 믿음"이다.

이해를 추구하는 믿음이 인도하는 하나님에 관한 지식을 얻는 과정은 다음과 같다. 인간은 특별 계시의 빛 아래에 노출되면, 믿음을 받게 된다. 성경에 기록된 하나님의 말씀을 특별 계시로 전달받은 인간 안에는 믿음이 발생한다. 부여된 믿음은 인간으로 하여금 하나님에 대한 이해를 추구하게 만든다. 그 이해가 하나님에 관한 지식이다. 이 지식을 체계적으로 정리한 것이 교리이다.

사영리 소책자에는 성경 말씀이 있었다. 그 말씀을 들을 때 하나님이 나에게 믿음을 주셨다고 믿는다. 믿음은 예수님에 대한 이해를 추구하게 했고, 어찌 되었든 영접기도를 하게 했다. 내게 부여된 겨자씨만 한 믿음은 계속해서 예수님에 관한 이해를 추구하게 했고, 결국 그것은 예수님에 관한 지식으로 내 안에 남게 되었다.

성경에 기록된 특별 계시

하나님은 특별 계시를 성경에 구술적 전달 형식(언어)으로 기록하게 하셨다. 성경에 기록된 특별 계시는 인간의 원죄를 해결해 줄 수 있는 진리를 포함한다.

원죄는 인간의 영을 비정상 작동되도록 망가트렸다. 영이 비정상 작동되는 인간은 일반 계시로는 하나님을 이해할 수 없다. 원죄가 있는 인간에게는 특별 계시가 필요하다. 특별 계시에 노출된 인간 안에는 믿음이 발생한다. 믿음은 예수 그리스도의 성육신과 대속 사역, 부활 영광을 믿을 수 있게 만든다. 특별 계시로 인해서 발생한 믿음이 인간의 영을 정상 작동되게 만들기 때문이다. 정상 작동된 영을 가진 인간은 하나님의 말씀을 이해할 수 있다.

하나님은 성경 곳곳에서 특정한 상황 속에서 인간에게 특별 계시를 주셨다. 예를 들어, 모세는 떨기나무 불꽃 가운데서 특별 계시를 받았고(출3:2), 이스라엘 백성은 광야에서 불과 구름 기둥을 통해 특별 계시를 받았으며(출13:21), 욥은 폭풍 속에서(욥38:1), 엘리야는 세미한 소리를 통해(왕상19:12) 특별 계시를 받았다. 신약에서는 사도들이 특별 계시를 전달하는 역할을 했다(살전2:13).

정리하자면, 특별 계시는 인간에게 믿음을 부여하는 계시이다. 성경에 특별 계시가 기록되어 있다. 특별 계시는 하나님의 선하신 뜻을 드러내고, 천국으로 가는 십자가 길을 제시하고, 부활의 영광을 보여준다. 특별 계시는 '기록된 형태', 즉 '성경으로 존재'하고, '전달되는 형태', 즉 '설교'로 선포되고, '역사 되는 형태', 즉 '계시'로 활동한다.

사영리 소책자에 기록된 성경을 읽고 들었기 때문에, 목자 누나와 교회 목회자로부터 선포되는 설교를 들었기 때문에, 역사 되는 계시의 활동 때문에, 나는 영접기도를 할 수 있었다.

제4장 성경론:
믿음이 어떻게 발생하고 성장할까?

마음 안에

예수님을 영접하고 몇 주 후에 일어난 일이다. 저녁무렵 집에 돌아오니 여전히 부모님은 싸우고 있었다. 웬만큼, 거칠어지지 않으면, 싸움을 말리지 않는다. 보기만 해도 괴로워졌기 때문이다. 방에 들어가서 귀를 막고 혼자만의 시간을 보냈다. 그런데, 안방에서 쿵쾅 소리가 들렸다. 싸움이 거칠어질 것 같았다. 곧 물리적 충돌이 발생할 것 같았다. 심장이 쿵쾅거렸다. 군대에서 사격하기 전에 쿵쾅거리는 심장과 같아졌다.

그때, 나는 가슴 쪽을 바라보면서 '예수님, 제 마음 안에 계십니까? 그러면, 저 싸움 좀 말려주세요.'라고 말했다. 기도 후에 싸움 소리가 잦아들더니, 조용해진다. '어? 진짜 예수님이 계신가?'라고 생각했다. 그러나 다시 싸움 소리가 났다. 다시 '예수님 저 싸움 좀 말려주세요.'라고 말했다. 싸움이 또 멈춘다. '어? 진짜 예수님이 계신가?'라고 또 생각했다. 이 상태를 반복하다가 잠이 들었다.

다음 날, 아침 햇살이 눈을 뜨게 했다. 마음이 편했다. 목자 누나에게 이 사건을 알렸다. 누나는 예수님이 도와주신 것이라고 했다. 그 얘기 듣고, 속으로 질문했다. '예수님, 제 마음 안에 정말 계십니까?' 며칠 후에도 똑같은 상황이 벌어져서 그렇게 가슴 쪽을 바라보며 기도했다.

순수한 기도

가슴 쪽을 바라보면서 예수님께 기도하는 것을 반복했다. 평소에 기도가 반복되다 보니, 다른 일로도 예수님께 종종 말을 건네기 시작했다. 주로 부모님이 싸울 때, 그 싸움을 멈추게 해달라는 요청이었지만, 다른 사소한 일로도 도와달라고 요청했다. 친구와의 사이에서 안 좋은 일이 생길 것 같은 느낌이 들면, 가슴 쪽을 보며 기도했다. 예수님께 기도하면 응답 되는 것 같은 기분이 들었다.

목자 누나에게 이 이야기를 했더니, 하나님은 이제 막 신앙생활을 시작하려는 초신자의 기도에 잘 응답해 주신다고 말했다. 그러던 중 어느 날 밤, 잠을 자다가 악몽을 꾸었다. 꿈속에서 검은 귀신같은 것들이 나에게 공포심을 줬다. 마치 가위에 눌린 것처럼 몸을 움직일 수 없었다. 그때, 마음속으로 '예수님, 도와주세요.'라고 말했고, 곧 다시 잠을 청할 수 있었다. 이러한 일이 일주일에 두세 번씩, 한 달 정도 이어졌던 것 같다. 그러나 나중에는 그러한 일이 점차 사라졌다.

지금 돌이켜보면, 아마도 어둠의 영이 믿음의 싹을 잘라내기 위해 시도했던 나름의 무서운 공격이었을 것이다. 이러한 경험을 목자 누나에게 모두 이야기했다. 누나와 통화하는 것이 즐거웠고, 마음이 편안했다. 나를 이해하고, 따뜻하게 환대하는 누나에게서 진심 어린 따뜻함을 느꼈던 것 같다.

믿음 성장

어느 날, 전화 통화 중에 누나가 이렇게 된 것은 모두 하나님의 뜻이라고 말했다. 영접기도 한 것은 우연이 아니고, 부모님의 다툼도 우연이 아니라고 말했다. 지금의 너를 만든 것이 하나님이시라고 말했다. 성경에 그렇게 기록되어 있다고 했다. 순간, 나는 '성경에 그런 게 적혀 있을까?'라는 의구심을 가졌다. 전화 통화 중에 "그럼 성경에 나를 향한 메시지가 있겠네요."라고 코웃음 치듯 말하고는, 집에 있는 성경책을 무작정 펼쳤다. 그랬더니, 베드로전서 4장 12~13절 말씀이 눈에 큰 글씨처럼 확! 들어왔다.

> "사랑하는 자들아 너희를 연단하려고 오는 불 시험을 이상한 일 당하는 것 같이 이상히 여기지 말고, 오히려 너희가 그리스도의 고난에 참여하는 것으로 즐거워하라 이는 그의 영광을 나타내실 때에 너희로 즐거워하고 기뻐하게 하려 함이라"

누나에게 베드로전서 4장 12~13절을 읽어주었다. 그중에 특히 다가오는 말씀이 있다고 말하면서 "연단하려고 오는 불 시험을 이상한 일 당하는 것 같이 이상히 여기지 말고"라는 말씀을 소리 내어 읽었다. 이 말씀이 지금껏 겪은 고통의 이유를 설명해 주는 것 같았다. 말씀으로부터 오는 이 감동을 목자 누나에게 전했다. 부모님의 싸움, 청소년 시절의 방황, 수능 시험 이후 절망을 겪었던 시기, 모든 사건이 그리스도의 고난에 참여한 것이고, 앞으로의 기쁨을 위한 연단임을 깨닫게 된 것 같다고 고백했다.

목자 누나는 정말 그렇다고 동의했고, 이 깨달음을 주신 하나님께 감사 고백을 했다. 지금도 이 깨달음이 어떻게 나의 입과 마음에서 흘러나왔는지 모르겠다. 지금 생각해 보면, 아마도 성령님이 이 구절을 펼치게 하셨고, 말씀을 조명하시고, 깨닫게 해 주셨을 것이라고, 믿는다. 베드로전서 4장 12~13절을 읽고 깨달은 이후로, 나는 더욱 예수님과의 대화를 시도하게 되었다.

모든 사건이 나를 연단하려는 하나님의 뜻이라면, 지금의 어려움도, 고통도 그렇게 두렵거나 슬픈 것, 절망스러운 것만은 아니라는 사실이 큰 위안으로 다가왔다. 성경에 기록된 하나님의 말씀으로 인해 나의 믿음이 성장했다. 사영리 소책자에 기록된 하나님의 말씀은 내 안에 믿음을 발생시켰고, 베드로전서 4장 12~13절의 말씀은 내 안에 있는 믿음을 성장시켰다. 성경에 기록된 하나님의 말씀이 아니었다면, 믿음의 발생과 성장을 이루지 못했을 것이다. 성경은 믿음의 발생과 성장을 위한 필수적인 수단이다. 이렇게 중요한 성경에 관한 진리를, 다음과 같이 정리했다.

하나님의 말씀이 기록된 성경

성경에는 하나님의 말씀이 기록되어 있다. 하나님은 만물과 인간을 창조하면서 자연, 양심과 성경에 하나님의 말씀을 기록하셨다. 그러나 자연과 양심을 수단으로 일반 계시가 인간에게 임해도, 원죄를 가진 인간은 영이 비정상 작동하기 때문에 올바르게 일반 계시를 해석할 수 없다. 오직 성경을 수단으로 특별 계시가 전해질 때, 인간 안에는 믿음이 발생하고, 인간의 영은 믿음으로 인해서 정상 작동하게 된다. 영의 정상 작동은 하나님의 말씀을 올바르게 해석할 수 있게 한다. 로마서 10장 17절에서 "믿음은 들음에서 나며 들음은 그리스도의 말씀으로 말미암았느니라"라고 말씀하셨다. 믿음 발생을 위한 유일한 방법은 성경을 읽고, 듣는 방법뿐이다.

성경 기록

성경 안에는 언어가 있다. 언어가 있다는 사실은 사람이 성경을 기록했다는 것을 의미한다. 그러면, 성경을 기록한 사람은 누구인가? 대부분의 신학자는 그 사람을 선지자들과 사도들이라고 말한다. 에베소서 2장 20절에는 "사도들과 선지자들의 터 위에 세우심을 입은 자"라는 말씀이 기록되어 있다. 이 말씀은 사도들과 선지자들이 기록한 성경을 통해서 믿음을 가진 성도가 세워진다는 것을 의미한다. 여기서 우리는 사도들과 선지자들이 성경을 기록했다는 사실을 알 수 있다. 누가복음 24장 27절에 따르면, 부활하신 예수님은 엠마오로 가는 제자 둘에게 "모세와 모든 선지자의 글로 시작하여 모든 성경에 쓴 바 자기에 관한 것을 자세히 설명"을 하셨다. 이 말씀은 모세와 모든 선지자가 구약성경을 기록했다는 것을 의미한다.

히브리서 1장 1절에는 "옛적에 선지자들을 통하여 여러 부분과 여러 모양으로 우리 조상들에게 말씀하신 하나님이"라는 말씀이 기록되어 있다. 이 말씀 역시 선지자들이 구약성경을 기록했음을 알려주는 말씀이다. 히브리서 1장 2절에는 "이 모든 날 마지막에는 아들을 통하여 우리에게 말씀하셨으니"라는 말씀이 기록되어 있다. 이 말씀은 하나님이신 예수 그리스도의 말씀을 받은 사도들이 신약성경을 기록했다는 사실을 의미한다. 따라서 구약성경을 기록한 이들은 모세와 모든 선지자이며, 신약성경을 기록한 이들은 사도들이다.

인간의 이성을 사용해서

이 지점에서 우리는 반문할 수 있다. '인간이 성경을 기록했다면,

성경은 인간의 뜻을 담은 책인가?, 하나님의 뜻을 담은 책인가?' 이 의심은 마땅한 것이다. 인간이 썼다는 것은 인간의 뜻이 들어갈 수 있다는 추정을 불러오기 때문이다. 이 의심에 따라 살펴본 결과, 분명한 사실은 성경 내용에 인간의 뜻이 들어가지 않았지만, 인간의 언어, 문화, 감정, 역사가 문장에 녹아져 있다는 것이다. 하나님은 믿음의 통제 아래에 있는 인간의 이성을 사용해서 성경을 기록하셨다. 따라서 인간은 성경에 자기 뜻이 아니라, 허용된 이성 안에서 하나님의 뜻을 기록할 수밖에 없다.

성경 내용의 일관성

성경 내용의 일관성에 따라 구약에는 '오실 예수 그리스도'가 기록되어 있고, 신약에는 '오신 예수 그리스도'가 기록되어 있다. 성경의 모든 내용은 일맥상통한 관점으로 예수 그리스도를 드러낸다. 구약성경은 BC1400년부터 BC430년까지 1000년에 걸쳐 선지자들에 의해서 기록된 책이다. 신약성경은 AD50년부터 AD96년까지 46년에 걸쳐 사도들에 의해서 기록된 책이다. BC1400년부터 AD96년까지 약 1500년 기간 동안, 하나님은 선지자들과 사도들을 택하셔서 성경을 기록하게 하셨다. 성경학자에 따르면, 성경을 기록한 약 40명의 선지자와 사도들은 서로 다른 시대에 존재했고, 다른 공간에 위치해서 성경을 기록했다. 서로 다른 시공간에 존재했지만, 약 40명의 성경 기록자는 일관된 목적으로 성경을 기록했다. 서로 다른 시공간에 존재했음에도, 이들은 성경 내용의 일관성을 완성했다.

다른 시공간에 존재했던 선지자들과 사도들이지만, 이들의 기록은 일관된 목적을 유지했다. 이것이 가능한 이유는 무엇인가? 그 이유는 성경을 기록한 선지자들과 사도들은 동일한 하나님으로부터 특별 계시를 받았기 때문이다. 선지자들과 사도들이 다른 시공간에 존재했지만, 동일한 하나님에게서 오는 특별 계시를 받았다면, 이들이 기록한 하나님의 말씀은 일관된 목적을 유지할 수밖에 없다.

구약성경 39권 집성과 공식화

여기서 우리는 궁금증을 가질 수 있다. 다른 시대와 공간에서 선지자들과 사도들이 성경을 기록했다면, 구약성경 39권은 언제 집성되어 공식화되었고, 신약성경 27권은 언제 집성되어 공식화되었을까? 서로 다른 시공간에 흩어져 있던 성경을 언제, 누가 취합해서 공식화했을까?

성경학자에 따르면, 구약성경은 BC1400년경부터 낱권들로 있었다가 BC400년경에 처음으로 집성되었다. BC3세기경에 헬라어로 번역된 "70인 역 구약성경(70명이 번역했다고 해서 붙여진 이름)"을 AD90년경 랍비 "요하난 벤 자카이(Yohanan ben Zakkai)"는 유대교 종교 지도자들을 모은 "얌니아 회의(Council of Jamnia)"에서 39권으로 집성했다. 이때, 유대교 종교 지도자들은 다음과 같은 집성 기준을 제시했다.

첫 번째, "히브리어로 저술된 책"이라는 기준이다. 왜냐하면 히브리어는 하나님의 계시를 받은 이스라엘 민족이 하나님의 말씀을 최초로 기록한 언어이기 때문이다. 두 번째, "모세 오경의 뜻을 품고 있는 책"이라는 기준이다. 모세 오경은 태초의 창조 내용과 이스라엘 역사의 시작을 보여주는 하나님의 말씀이기 때문이다(창세기 1:1, 출애굽기

32:16). 세 번째, "기원전 400년 에스라 시대 이전에 저술되어 고대 사본으로 여러 권 남겨져 있는 책"이라는 기준이다. 하나님은 에스라 시대 이전에 많은 선지자들을 통해서 특별 계시를 기록하게 하셨고, 많은 사본으로 그 원본의 가치를 보존하셨기 때문이다. 고대 유대인들은 하나의 정통 원본을 여러 개의 사본으로 남겨서 원본의 가치를 보존하려고 했다. 원본에 대한 사본이 많다는 것은 그 원본의 가치가 높다는 것을 의미한다. 보존 가치가 높은 원본인 만큼, 대량의 사본을 만들었다는 것이다. 현대 사본학에 따르면, 많은 사본을 대조하여 동일하게 기록된 본문을 찾는 일은 가장 원본에 근접한 하나님의 말씀을 찾는 방법이다.

이러한 세 가지 집성 기준에 따라 하나님은 유대교 종교 지도자의 얌니아 회의를 통해서 구약성경 39권을 집성했고 공식화했다. 단, 인간이 집성하기 전부터 구약성경 39권은 하나님의 말씀으로 존재했다. 인간은 단지, 하나님의 때와 시기에 맞춰 집성하고 공식화하는 역할만 했을 뿐이다. 종교적으로 공신력 있는 지도자가 수집해서 권위를 부여했기 때문에, 성경 말씀이 하나님의 말씀으로 변화된 것이 아니다. 처음부터 성경 말씀은 기록된 하나님의 말씀이었다. 이것은 살펴볼 신약성경도 마찬가지이다.

신약성경 27권 집성과 공식화

그러면, 신약성경은 어떤 과정으로 집성되었을까? 신약성경은 AD50년부터 AD96년까지 46년에 걸쳐 사도들이 기록한 책이다. 사도들은 하나님의 말씀이 육신이 되어(요1:14), 즉 이 땅에 성육신하신 예수님과 대화하고, 만지고, 느끼고, 전인격적으로 교제하면서 함께 동고동락했던 사람들이다. 예수님의 부활 이후, 사도들은 자신의 제자들인 "속사도들"에게 하나님의 말씀 그 자체인 예수님의 말씀을 입에서 입으로 전달했다. 이것을 신학자들은 "구두 전승"이라고 부른다. 구두 전승으로 말씀이 전파되던 중, 하나님은 사도 바울과 여러 사도들을 사용해서 "문서(서신 형태)" 형태로 예수님의 말씀을 남긴다. 사도들의 사후에 초기 교회 성도들은 남겨진 문서를 계속 읽었다. 예배 때, 세례 교육할 때, 신앙 교육할 때, 사도들이 기록한 문서를 읽고, 설교하고, 가르쳤다. 왜냐하면 직접 계시로 받은 예수님의 말씀을 구두 전승으로 전달할 권위를 가진 사도들은 더 이상 존재하지 않았고, 사도들이 예수님의 말씀을 기록한 문서만 존재했기 때문이다. 문서는 사본으로 만들어져 곳곳에 있는 초기 교회에 보내졌다.

그러던 중, 1~4세기에 유행했던 플라톤 철학을 기반으로 하는 이원론적 영지주의가 초기 교회 성도들의 신앙과 신학을 왜곡했고, 교회의 진리를 위협했다. AD85~160년경에 구약성경의 하나님은 폭력의 하나님이고, 예수님은 사랑의 하나님이기 때문에, 구약성경을 배격해야 한다고 주장하는 마르키온주의가 초기 교회 성도들의 신앙과 신학을 위협했다. 비진리의 위협 속에서 초기 교부들은 사도들이 기록한 문서를 정경(canon, 교회의 규범적 표준)으로 삼아 이단으로부터 진리를 수호하고, 교회가 동일한 진리를 공유하도록 했다. 그들은 다음 기준에 따라 사도적 문서를 선별·집성하였다.

첫 번째, "사도적 보증이 확실한 문서"라는 기준이다. 사도는 하나님이신 예수님을 직접 만났다. 직접 예수님을 만났기 때문에, 사도들이 기록한 문서는 하나님의 말씀에 가장 근접한 기록물이다. 사도가 기록한 문서라는 증거가 그 문서가 정경에 속할 수 있는 기준점이었다. 당시 속사도들 및 교부들은 AD96년경에 로마의 초기 주교였던 클레멘스가 기록한 "서신"이라는 훌륭한 책이나, 초기 기독교 입문서인 2세기에 등장한 "디다케"라는 많이 알려진 책을 정경에 포함하지 않았다. 사도가 직접 기록한 문서가 아니었기 때문이다. 대중의 선호도가 정경 선정에 영향을 주지 않았다.

두 번째, "내적 권위가 확실한 문서"라는 기준이다. 문서가 가지고 있는 내적 권위는 문서에 기록된 말씀이 하나님의 역사를 일으킨다는 것을 의미한다. 교회 지도자들이 하나님의 말씀이라고 인정했기 때문에 문서가 내적 권위를 발하는 게 아니다. 문서에 기록된 말씀, 그 자체가 하나님의 말씀으로서의 내적 권위를 발하는 것이다. 사도들이 작성한 문서는 당시 속사도들 및 교부들의 승인하에 하나님의 말씀으로 선택된 것이 아니라, 문서 안에 기록된 말씀 스스로가 하나님의 말씀으로서의 권위를 발휘했다. 이것은 대단히 중요한 개념이다. 만약, 사도들이 작성한 문서가 스스로 하나님의 말씀으로서의 내적 권위를 일으키지 못하는 책이라면, 그 문서는 사람이 집성해서 사람의 생각대로 만들어지고, 사람에 의해서 하나님의 말씀이라고 결론지어진 책일 뿐이다. 그렇게 되면, 우리는 사도들이 작성한 문서를 읽어도, 하나님의 역사를 전혀 체험할 수 없는 상태로 머무르게 될 것이다. 따라서 우리는 하나님의 말씀으로서의 내적 권위를 성경 스스로가 증명한다는 진리를 기억해야 한다. 성경에는 인간에게 믿음을 발생시키는 권위, 구원 역사를 일으키는 권위, 하나님의 역사를 일으키는 권위가 있다. 하나님은 성경에 기록된 말씀을 수단으로 신비로운 역사를 일으킨다.

이러한 기준에 부합한 문서를, 4세기 교부들 및 당시 교회 지도자들은 393년 힙포 레기우스와 397년 아프리카의 카르타고에서 신약성경 27권으로 채택해서 공식화했다. 이미, 하나님의 말씀이 구약과 신약 성경에 기록되어 있기 때문에 초기 교회 지도자들은 구약과 신약 성경 그 자체의 내적 권위에 순복해서 정경으로 인정했다. 그 지도자들의 집성과 공식화가 하나님의 말씀으로서의 성경임을 보증해 주는 것이 아니라, 성경 그 자체가 하나님의 말씀임을 보증해 준다는 사실은 우리에게 다음과 같은 사실을 전한다.

첫 번째, 성경으로부터 하나님의 능력이 나온다. 성경에 기록된 말씀은 하나님의 말씀이다. 성경을 읽고, 묵상하고, 듣는 가운데, 성령님이 그 말씀을 수단으로 인간에게 역사하신다. 성경은 하나님이 사용하시는 수단으로서 인간에게 복음의 진리를 제공한다. 두 번째, 현재를 살아가는 교회 지도자들이 추가로 또 다른 성경을 집성하고, 공식화할 수 없다. 초기 교회 지도자들은 성경을 집성하고, 공식화하는 일을 위한 성경의 도구였다. 하나님은 성경에만 하나님의 권위를 부여하셨다. 내적 권위를 부여받은 성경이 초기 교회 지도자들을 도구로 사용해서 하나님의 권위를 드러냈다. 스스로 정경으로서의 입지를 유지했다. 성경이 스스로 초기 교회 지도자들을 사용해서 정경으로 드러나기 위한 내적 권위를 발산했다.

성경을 기록한 이유

모든 인간은 하나님으로부터 생기(창2:7)를 받았다. 생기(창2:7)는 영이다. 처음에 영을 소유한 인간은 하나님과 대화할 수 있었고, 동행할 수 있었다. 그러나 처음 인간은 죄를 범했다. 이 죄가 원죄이다. 원죄는 인간의 영을 정상 작동하지 못하게 만든다. 원죄를 가진 인간은 영의 비정상 작동으로 인해서 하나님과 대화하는 일과 동행하는 일을 할 수 없다.

그런 상태이지만, 하나님은 자연과 양심을 수단으로 일반 계시를 보내서 인간을 다스려주셨다. 그러나 인간은 원죄로 인한 영의 비정상 작동으로 인해서 일반 계시로는 하나님을 인식할 수 없다. 일반 계시로는 절대자가 존재한다는 사실만을 흐릿하게나마 인식할 수 있다. 자연과 양심을 통해서 전달되는 일반 계시는 인간에게 절대자가 있다는 사실만을 전한다. 영이 비정상 작동하는 인간은 일반 계시를 통해서 절대자의 존재 여부만을 흐릿하게 인식할 수 있다. 영이 비정상 작동하는 인간은 절대자를 자기 편리한 대로 만든다. 자기 마음대로 절대자를 우상화한다.

정의로우시고, 사랑이신 하나님은 우상을 만드는 인간에게 일반 계시 외에 구원에 이르는 특별 계시를 보내셨다. 하나님은 이스라엘의 역사에 참여하신 하나님의 행동을 통해서 오실 그리스도에 관한 특별 계시를 전하셨고, 하나님의 말씀 그 자체이신 예수님의 행동과 언어를 통해서 오신 그리스도에 관한 특별 계시를 전하셨다. 하나님은 선지자들을 사용해서 오실 그리스도에 관한 특별 계시를 구약성경에 기록하셨고, 사도들을 사용해서 오신 그리스도에 관한 특별 계시를 신약성경에 기록하셨다.

성경을 기록하신 이유는 인간을 사랑하기 때문이다. 하나님은 믿음을 발생시키는 특별 계시를 성경에 기록함으로써 원죄가 있는 인간과 다시 사랑의 관계성을 맺으려고 하셨다. 이사야 43장 21절에서 하나님은 "이 백성은 내가 나를 위하여 지었나니 나를 찬송하게 하려 함이니라"라고 말씀하셨다. 이 말씀은 하나님이 인간을 사랑한다는 사실을 깨닫게 한다.

정리해 보면, 일반 계시는 자연과 양심을 수단으로 절대자가 있다는 사실을 인간에게 흐릿하게나마 전달한다. 그러나 원죄로 인해서 영이 비정상 작동하는 인간은 이 전달을 자기중심성에 따라 왜곡하고, 우상화한다. 하나님은 성경에 기록된 특별 계시를 수단으로 인간에게 믿음을 주셨고, 그 믿음은 영을 정상 작동하게 만든다. 영이 정상 작동하는 인간은 구원을 주시는 삼위일체 하나님에 관한 지식을 이해할 수 있다. 따라서 성경을 주신 이유는 하나님이 인간의 원죄를 해결하고, 구원을 주고 싶으시기 때문이다.

성경을 통해서

사영리 소책자에 기록된 하나님의 말씀은 내 안에 믿음을 부여했다. 성령님은 베드로전서 4장 12~13절 하나님의 말씀을 우연히 접하게 하셨고, 믿음으로 정상 작동되는 영을 통해서 하나님의 뜻을 깨닫게 하셨다. 지금은 큐티(Q.T)라는 묵상 방법론을 매일 실천하면서, 하나님의 말씀으로부터 오는 깨달음을 받고 있다. 성령 하나님은 성경을 수단으로 성도에게 선지자들과 사도들이 받았던 동일한 영감을 주신다. 이를 신학 용어로 하면, "성령의 내적 조명"이라고, 부를 수 있다. 나는 성경을 통해서 믿음을 얻었고, 믿음을 성장시킬 수 있었다. 성경에는 믿음을 발생시키는 하나님의 말씀이 기록되어 있기 때문이다.

직접, 간접 특별 계시

성령님은 성경을 수단으로 성도에게 주시는 영감(또는 깨달음)을 주신다. 그 영감으로 성도는 또 다른 성경을 만들 수 없다. 선지자들과 사도들이 하나님으로부터 받은 '직접 특별 계시'를 기록한 성경에만 하나님이 권위를 부여하셨기 때문이다. 이를 요한계시록 22장 18절에서 말씀하신다. "18 내가 이 두루마리의 예언의 말씀을 듣는 모든 사람에게 증언하노니 만일 누구든지 이것들 외에 더하면 하나님이 이 두루마리에 기록된 재앙들을 그에게 더하실 것이요" 따라서 오늘날 성도가 얻는 깨달음은 성경이 될 수 없다.

성령님은 성경을 사용해서 우리에게 감화, 감동, 영감, 깨달음이라는 '간접 특별 계시'를 주신다. 그러므로 우리는 성경과 깨달음을 동일한 권위로 여겨서는 안 된다. 성도가 얻은 깨달음은 언제나 성경, 즉 직접 특별 계시의 검증을 받아야 한다.

제5장 신론:
하나님을 알수록 신앙생활을 잘할까?

집회

예수님 영접 후 시간이 지나고, 대학교 첫 개강이 열리기 전 어느 날, 목자 누나가 목장 소그룹 지체들과 함께 화요일 오후 4시쯤 강남역에서 모이자고 제안했다. 모여서 피자로 저녁 식사를 하고, 당시 순복음교회 강남 성전에서 매주 화요일마다 열리는 예수전도단의 화요모임에 참석해 찬양 집회를 드리자고 했다.

우선, 누나를 만난다는 생각에 기분이 좋았고, 재밌을 것 같다는 기대감이 들었다. 게다가 서울에 살았지만, 처음 가보는 강남에서 피자를 먹는다는 생각에 한껏 마음이 들뜨기도 했다. 약속된 날, 기쁜 마음으로 강남으로 향했다. 저녁 식사를 맛있게 먹고 나서, 화요모임 장소로 함께 이동했다.

나를 위한 기도

처음 가 본 찬양 집회에서 느낀 것은 시끄럽고 사람이 너무 많다는 것이었다. 저녁 7시에 시작하는데, 정시에 맞춰 도착했기 때문인지 자리가 없었다. 빈자리를 찾느라 이리 밀리고 저리 밀리면서, 즐거웠던 저녁 식사의 기억이 사라지고 불평이 나오기 시작했다. 그러다 2층 끝자리에 겨우 자리를 잡았다. 누나 옆에 앉았다.

찬양 집회가 시작되고, 한참 동안 찬양하는 모습을 그저 눈으로만 보았다. 분위기가 어색하고, 무슨 노래인지 몰라서 음과 박자를 따라가기 어려웠다. 입으로 소리를 내어 부르기는 더욱 어려웠다. 솔직히 마음이 가지 않았다. 그러던 중 갑자기 사람들이 모두 소리를 지르며 무언가를 말하기 시작했다. 통성 기도 시간이었다. 우는 사람도 보였다. 나는 '이게 뭐지? 이상한 곳에 온 것 같다. 도망쳐야겠다.'라는 생각이 들었다.

과거 초등학생 때, 어떤 동네 아주머니에게 이끌려 교회처럼 보이고 싶어 하는 사이비 집단 같은 곳에 간 기억이 떠올랐다. 그때 그 집단으로 데리고 간 아주머니가 단호하게 "울어야 은혜 받는 거야!"라고 말했던 것도 기억났다. 그때의 충격과 이해할 수 없었던 광경이 기시감 되면서 누나와 주변의 사람들이 이상하게 느껴졌다. 점점 두려워졌다.

그때, 누나가 소리 지르며 기도하는 소리 가운데 내 이름이 들렸다. "하나님, 호종이를 도와주십시오. 그의 부모님이 싸우지 않고, 그의 믿음이 자라고…" 그 소리를 듣자 '아… 나를 위해서 소리 지르며 기도하고, 울면서 기도하는 것이구나.'라는 생각이 들었다.

기도의 내용이 나를 위한 기도라는 생각이 들자, 시끄럽다고 여기던 소리가 오히려 고마운 소리로 느껴졌다. 듣기엔 소리 지르고 울부짖는 것 같지만, 나를 위한 기도라는 생각이 들면서 두려움은 사라지고 고마운 마음만 남았다. 고마운 마음에 '끝까지 자리에 있어야겠다.'라고 생각했다. 열심히 소리 내어 기도하는 사람들을 보며 '모두 누군가를 위해서 기도하는구나.'라는 생각이 들었다. '수많은 사람들의 기도를 들으시려면 하나님이 많이 바쁘시겠다.'라는 생각도 했다. 이런 저런 생각을 하면서 찬양집회를 마칠 때까지 있을 수 있었다.

만약, 그때 누나의 입에서 나오는 기도 내용을 듣지 못했다면 나는 그 자리를 떠났을 것이고, 다시는 그런 모임에 가지 않았을 것 같다. 나중에 이날을 떠올리며 막 신앙생활을 시작한 신자가 들을 수 있게 기도 내용을 소리 내어 기도하는 것이 필요할 수도 있겠다고 생각했다 (고전14:2-3). 집에 돌아가는 길에 질문이 떠올랐다. '소리 내어 간절히 기도할 때 우리의 기도를 들으시는 하나님은 어떤 분이실까?'라는 질문이었다. 그때는 그 궁금증을 흘려 넘겼지만, 수십 년이 지나 하나님에 대한 지식을 다음과 같이 정리할 수 있었다.

하나님의 본질

믿음의 영향으로 인해서 영이 정상적으로 작동하는 성도는 하나님의 본질을 인식할 수 있다. 요한일서 5장 20절은 이 사실을 분명히 보여준다. "또 아는 것은 하나님의 아들이 이르러 우리에게 지각을 주사 우리로 참된 자를 알게 하신 것과(요일 5:20)" 이 말씀은 예수님이 성도에게 지각(知覺), 즉 깨닫는 능력을 주셨기 때문에 성도는 하나님의 본질을 알 수 있게 되었다는 것이다. 이러한 지각을 주신 덕분에 믿음의 선조들은 성경에 기록된 하나님의 본질을 인식할 수 있었다. 성경에서 믿음의 선조들이 발견한 하나님의 본질 세 가지를 함께 살펴보겠다.

하나님은 영이시니

첫째, 하나님은 영이시다. 요한복음 4장 24절에는 "하나님은 영이시니"라는 말씀이 기록되어 있다. 하나님이 영적인 존재라는 것은, 육신의 눈으로는 하나님을 볼 수 없다는 것이다. 인간은 오직 영의 눈을 통해 하나님을 볼 수 있다. 그러나 인간의 영은 원죄로 인해 비정상 작동한다. 이에 따라 인간은 하나님을 흐릿한 절대자로 인식하게 된다. 이러한 흐릿한 인식은 하나님을 더 명확하게 알기 위한 시도로 이어지는 게 아니라, 오히려 자기중심성을 따라 하나님의 형상을 왜곡시킨다. 결국은 자기만족과 욕망을 채우기 위한 우상을 만들어낸다. 무당은 자기 마음대로 우상을 만들고 신봉한다. 만들어낸 영적 존재로 돈을 벌고, 사리사욕을 채운다.

인간은 영이신 하나님을 온전히 보기 위해서 인간 안에 있는 비정상 작동하는 영을 회복해야 한다. 정상 작동하는 영으로 회복하는 방법은, 하나님의 말씀으로부터 오는 믿음을 소유하는 것이고, 그 믿음을 통해서 예수 그리스도의 보혈을 통한 속죄 사역과 부활 영광을 믿으며 마음 안에 내주하신 성령님의 인도하심을 따라가는 것이다.

하나님은 영이시기 때문에 정상 작동하는 영으로 드리는 예배를 받으신다. 영이 정상적으로 작동할 때, 인간은 비로소 하나님을 향한 올바른 찬송과 경배드릴 수 있다. 예수님은 요한복음 4장 24절에서 "하나님은 영이시니 예배하는 자가 영과 진리로 예배할지니라"라고 말씀하셨다. 이 말씀은 영이신 하나님께 드리는 예배는 영과 진리 안에서, 즉 성령님과 하나님의 말씀 안에서 정상 작동하는 영을 통해 드려야 함을 의미한다.

영이 정상 작동하는 방법은 앞서 말한 것처럼 하나님의 말씀에서 오는 믿음을 소유하는 것이다. 믿음은 예수 그리스도의 보혈을 통한 속죄 사역과 부활 영광을 믿게 만든다. 믿음은 성령님의 내주하심과 인도하심에 순복하게 만든다. 이것은 인간의 노력이나 감정이 아닌, 하나님이 주신 믿음에 의한 변화이다.

예수전도단 찬양집회에서 영이신 하나님을 육신의 눈으로 볼 수 없었다. 이때, 내 안에 있던 믿음은 나의 영을 정상 작동하게 했고, 누나의 기도 내용을 귀로 듣게 되었을 때 하나님의 사랑을 마음으로 느낄 수 있게 했다. 믿음이 나의 영을 정상 작동하게 만들 때 나는 비로소 영이신 하나님을 만날 수 있었다.

믿음의 성도 스데반 집사는 극심한 고난 속에서도 영의 눈으로 하나님을 보았다. 사도행전 7장 55절은 이를 잘 보여줍니다. "스데반이 성령 충만하여 하늘을 우러러 주목하여 하나님의 영광과 및 예수님이 하나님 우편에 서신 것을 보고." 이처럼, 우리의 영이 정상적으로 작동할 때, 우리는 어떤 상황에서도 하나님을 바라보고 참된 평안을 누릴 수 있다.

하나님의 말씀으로부터 나오는 믿음이 내 안에 없었다면, 그날 찬양집회 현장에 임재하신 하나님을 느끼지 못했을 것이다. 만약 그랬다면, 하나님이 그 자리에 함께한 모든 성도를 따뜻하게 안아 주시고, 보듬어 주셨다는 것을 못 느끼고, 시끄럽게 울면서 기도하는 이상한 성도만 보았을 것이다.

인격적인 존재

둘째, 하나님은 인격적인 존재이다. 하나님은 완전한 전인격을 가지신 분이다. 하나님은 인간에게 당신의 전인격을 나타내셨다. 요한복음 14장 9절에는 "나를 본 자는 아버지를 보았거늘 어찌하여 아버지를 보이라 하느냐"라는 말씀이 기록되어 있다. 이 말씀은 하나님의 아들이신 예수님이 하나님 아버지와 "동일 본질(Homoousion)"이라는 사실을 드러낸다. 예수님이 보이신 전인격적 행함은 우리에게 하나님의 전인격을 보여준다. 325년에 열린 니케아 공의회(The First Ecumenical Council)는 교회를 보호하고 유지하며 감독하기 위해서 동일 본질 교리를 확립하고 천명했다. 이 진리를 바탕으로 우리는 하나님에 관한 올바른 지식을 얻을 수 있다. 예수님이 은혜와 율법을 균형 있게 행하신 분이라면, 하나님도 그러하다. 예수님이 모든 사람에게 영과 육을 위한 은총을 베푸신 분이라면, 하나님 역시 그러하다. 왜냐하면 예수님은 하나님과 동일 본질이기 때문이다. 예수님을 알면, 하나님을 알 수 있다.

사복음서를 살펴보면, 우리는 예수님이 인격적인 존재이심을 알 수 있다. 예수님은 가난한 자를 긍휼히 여기셨고, 사람들과 제자들을 대화로 교육하셨으며, 때로는 눈물을 흘리셨다. 예수님과 동일 본질인 하나님 역시 우리를 돌보시고, 살펴주신다. 찬양집회에서 튕겨 나가지 않도록, 하나님은 인격적으로 나를 살펴주셨다.

이후에도 하나님의 인격적인 손길을 체험했다. 하나님이 인격적인 분이시라는 사실은 우리에게 큰 위로와 희망이 된다. 만약, 하나님이 비인격적이고 강퍅하신 분이었다면, 우리는 신앙의 길을 걷지 못했다.

지금도 나는 기도회나 예배를 인도할 때마다 인격적이신 하나님의 손을 두 손 모아 붙잡으려고 노력한다. 인격적인 하나님께 관계적 기도를 드린다. 하지만 시간이 지나고 보면, 나의 노력으로 인해 하나님의 손길을 느낀 게 아니라, 이미 인격적이신 하나님이 내 손을 붙잡고 계셨다는 사실을 느끼게 된다. 인격적이신 하나님은 언제나 나를 먼저 찾아오시고, 기다리시며, 붙잡아 주시는 분이시다. 망나니처럼, 굴어도 나를 떠난 적이 없으시다(롬8:35-39). "인격적인 예수님은 하나님과 동일 본질이다."라는 진리를 통해서 이 역사를 체험하고 있다고 믿는다.

부끄러움을 당하지 않게

"하나님 아버지, 제가 기도회 인도나 설교, 예배 인도할 때 부끄러움 당하지 않게 하옵소서." 지금도 이렇게 기도하며 강대상에 올라간다. 베드로전서 2장 6절의 "성경에 기록되었으되 보라 내가 택한 보배로운 모퉁잇돌을 시온에 두노니 그를 믿는 자는 부끄러움을 당하지 아니하리라 하였으니"라는 말씀을 의지하며 드리는 기도이다. 이 기도를 드리면 인격적이신 하나님이 강대상에서 부끄러움을 당하지 않도록 나를 인도하신다.

예수님을 스무 살에 믿은 후, 스물일곱 살쯤 되었을 때 청년부 예배의 인도자로 강대상에 섰다. 그때는 "부끄러움을 당하지 않게 하옵소서."라는 기도를 몰랐던 시절이었다. 가벼운 마음으로 강대상에 올라갔고, 예배 인도의 시작은 사도신경 고백부터였다. 나는 "다 같이 사도신경을 고백하겠습니다."라고 발언을 하고, 인도자로서 먼저 고백해야 했다. 그런데 순간, 사도신경이 기억나지 않았다. 당연히 외우고 있다고 생각해 내용이 적힌 종이도 준비하지 않았던 나는 당황했다.

청년부 예배에 참석한 60명의 인원은 정적 속에서 숨도 멈춘 듯했다. 그렇게 2~3분 동안 부끄럽고 수치스러운 시간이 흘렀다. 그때 누군가가 사도신경을 선창했고, 회중이 따라 고백하기 시작했다. 인도자인 나는 회중이 고백하는 사도신경을 따라 고백하지 못한 채, 그 자리에 서서 침묵을 지켰다. 너무 부끄럽고 당황했기 때문이다. 정말 많이 부끄러웠다.

인격적이신 하나님은 그날 나에게 베드로전서 2장 6절을 통해 "다시는 이런 부끄러움을 당하지 않게 하겠다"라고 위로해 주셨다. 그 이후로 이 말씀을 의지하며 기도한 후, 용기 있게 강대상에 오른다. 지금도 그 위로 덕분에 담대하게 예배를 인도하고 있다. 다만 그날의 기억은 내게 생채기로 남아 있다. 사도신경을 외울 수 있음에도 불구하고, 예배 인도 시에는 반드시 적힌 종이를 보며 고백한다. 그래도 이것이 어디인가? 지금도 용기 있게 예배를 인도하며 사도신경을 고백할 수 있다는 것이 인격적이신 하나님의 은총임을 믿는다. 예수님이 하나님과 동일 본질이라는 진리로 인해서, 나의 부끄러움을 위로하시고 보듬어주시는 인격적인 하나님을 신뢰하고 있다.

전지전능

셋째, 하나님은 전지전능하신 분이다. 하나님은 무한한 능력이 있으시며, 하나님은 완전한 존재이시다. 시편 147편 5절에는 "우리 주는 위대하시며 능력이 많으시며 그의 지혜가 무궁하시도다"라는 말씀이 기록되어 있다. 이 말씀은 하나님은 한계나 제한이 없으시며, 모든 일에 완전성을 지니시고, 모든 피조 세계와 영적 세계에서 영광스러운 존엄을 받으실 왕으로 존재하신다는 뜻이다.

한계가 없으신 하나님은 모든 것을 행하실 수 있으시다. 단, 그 모든 행하심에는 합리적 일관성이 유지된다. 모든 일에 완전하신 하나님은 결코 합리적 일관성을 깨는 일을 행하지 않으신다. 예를 들어, 하나님은 세모와 같은 네모를 만들지 않으신다. 왜냐하면 세모는 세모로, 네모는 네모로 창조하셨기 때문이다. 또한, 하나님은 죄를 사랑하지 않으신다. 하나님은 거룩하시기 때문이다. 전지전능하신 하나님은 이처럼 합리적 일관성을 유지하시면서 무한한 능력을 발휘하신다.

우리 주변에서도 괜찮은 사람일수록 일관성 있게 행동한다. 목자 누나도 일관성 있게 나에게 접근했고, 예수님을 닮은 양육자의 태도를 지속했기 때문에 목자 누나를 신뢰하고 마음을 열 수 있었다. 그러나 한때 괜찮다고 여겼던 사람이 갑작스러운 일탈로 누군가에게 해를 끼치게 되면, 우리는 그 사람을 더 이상 신뢰하지 못하게 된다. 하물며 하나님이 합리적 일관성을 깨는 순간, 우리는 더 이상 그 하나님을 신뢰할 수 없게 된다. 사탄은 합리적 일관성을 쉽게 깨트린다. 수시로 바뀌는 어둠의 세력으로 인해서 이 세력을 추종하는 이들은 죽 끓듯이 오락가락 태도를 바꾼다(삼상16:14). 성경은 하나님이 합리적 일관성을 지키시는 분임을 증거 한다. 이러한 이유로 우리는 우리와 약속을 맺으신 하나님을 신뢰하고 의지할 수 있다.

때로는 우리의 이성적 판단을 넘어서는 일이 발생할 수 있다. 이때 우리는 하나님이 일관성을 깨셨다고 의심할 수 있다. 그러나 하나님의 일관성은 우리의 이성적 판단으로 보증되는 것이 아니라, 전지전능하신 하나님의 본성에 의해 보증된다. 내 안에 의심이 일어난다고 해서 하나님의 사랑하심의 일관성이 깨지는 것은 아니다. 전지전능하신 하나님은 변함없는 합리적 일관성에 따라 나를 향한 사랑하심을 유지하신다.

하나님에게는 여러 가지 일관성 중에서도 특히 사랑하심의 일관성이 있다. 하나님은 그 사랑의 일관성을 나에게 실천하셨다. 그 일관성에 따라 하나님은 나를 교회로 인도하셨고, 예수님을 영접하게 하셨다. 성경 말씀을 통해 믿음을 선물로 받게 하셨다.

비공유적 속성과 공유적 속성

하나님은 자신의 속성을 일관성 있게 사용하신다. 우리는 하나님의 속성을 "비공유적 속성(The Incommunicable Attributes)"과 "공유적 속성(The Communicable Attributes)"으로 구별할 수 있다.

"비공유적 속성"은 하나님께만 있는 속성이다. 하나님은 자신의 비공유적 속성을 시간, 장소, 상황에 따라 임의로 변경하지 않으시며, 항상 합리적 일관성에 따라 사용하신다.

"공유적 속성"은 하나님이 인간에게 나누어주신 속성이다. 인간은 하나님의 형상대로 창조된 피조물이다(창세기 1:27). 인간은 하나님의 공유적 속성을 부여받았고, 그 속성을 피조물의 한계만큼 사용할 수 있다.

비공유적 속성을 이해할수록

하나님의 비공유적 속성은 "자존성(자기 힘으로 스스로 존재하심/출 3:14), 불변성(변하지 않으심/말 3:6), 무한성(능력이 완전하심/욥11:7-10, 시 145:3), 영원성(시간의 제한 없이 영원히 계심/시90:2), 편재성(공간의 제한 없이 어디에나 계심/시139:7-10)"이라는 속성이다. 이 속성들은 오직 하나님께만 있는 고유한 특성이다.

하나님의 영원성과 편재성으로 인해, 하나님은 고통을 겪는 내 곁에 함께 계셨고, 예수님을 영접하며 기도하던 순간에도 함께하셨으며, 예수전도단 화요모임 찬양집회에서 통성기도에 당황해하던 내 옆에서 깨달음을 주고 계셨다. 이처럼, 하나님은 이 세상의 보존, 섭리, 역사를 위해서 비공유적 속성을 행하신다.

인간은 하나님의 비공유적 속성을 받을 수 없다. 비공유적 속성은 창조주와 피조물 사이의 절대적인 간격을 인식하게 한다. 하나님의 비공유적 속성을 깊이 이해할수록, 성도는 그 어떤 상상력이나 이성으로도 온전히 파악될 수 없는 절대적인 존재로서의 하나님을 깨닫게 된다. 하나님은 비공유적 속성을 통해 피조물과는 전혀 다른 차원의 창조주이심을 드러내신다.

공유적 속성의 실천

하나님은 인간에게 "지혜(고전2:7), 선(마5:45, 행14:17), 은혜(딛2:11), 자비(신4:31)·긍휼(롬15:9), 오래 참으심(벧전3:20), 거룩하심(사6:3-5), 의(시99:4), 진실성(민23:19), 의지(창50:20)"라는 공유적 속성을 공유하셨다. 단, 하나님은 이 속성을 완전하게 소유하고 행사하시지만, 인간은 이 속성을 불완전하게 소유하고 행사한다. 왜냐하면 인간은 피조물이기 때문이고, 인간에게는 원죄로 인한 자기중심성이 존재하기 때문이다. 하나님은 일관성 있게 이 공유적 속성을 사용하신다. 모든 인간에게 자비와 긍휼이라는 공유적 속성을 일관되게 적용하신다. 그로 인해 모든 인간의 구원을 이루어 가신다.

하나님이 일관되게 공유적 속성을 실천하시는 것처럼, 우리도 공유적 속성을 일관되게 실천하는 삶을 살아야 한다. 이러한 공유적 속성의 점진적인 강화와 실천을 우리는 '성화 되어 간다'라고 부를 수 있다.

구로동교회 중등부에 처음 출석했을 때, 선생님은 나에게 자비와 오래 참음 등 하나님의 공유적 속성을 실천하셨다. 선생님은 까불고, 말을 안 들어도 나를 향한 자비와 오래 참음을 적용하셨다. 그 속성을 실천하신 선생님 덕분에 교회에 대한 긍정적인 마음을 가질 수 있었다.

교회는 성도로 하여금 공유적 속성에 따라 모든 일을 실천하도록 가르쳐야 한다. 성도는 공유적 속성을 통해 공동선, 즉 모든 인류가 보편적으로 인정하는 도덕과 윤리를 추구할 수 있다. 하나님의 뜻에 합당한 삶은 공유적 속성의 실천을 통해 추구된다.

교회 밖의 불신자들 가운데에는 "교회 다니는 사람이 더 사기꾼이다.", "신자가 더 악한 일을 저지른다.", "교인이 더 거짓말을 잘한다."라고 말하는 이들이 있다. 불신자들은 흐릿하게나마 성도에게 공유적 속성이 정상 작동된다는 점을 인식하고 있다. 그러므로 불신자들은 성도들이 공유적 속성을 행치 않을 때 더욱 비판적인 반응을 보인다. 공유적 속성의 실천을 통해 교회는 이러한 세상의 기대에 부응해야 하고, 성도들은 세상 가운데 선한 영향력을 나타내야 한다. 우리는 하나님의 공유적 속성을 실천함으로써 모든 인류가 인정하는 보편적 공동선을 창출할 수 있다. 이는 교회가 세상 안에서 빛과 소금의 역할을 감당하는 중요한 방법이다.

우리 신앙의 핵심

하나님의 본질과 속성이 인간에게 알려지는 계시, 예수 그리스도의 십자가와 부활 사건, 성령님의 내주하심, 인간에게 구원을 주시고 예배자로 세우는 일, 교회가 세워져서 유지되고 발전되는 일과 예수님의 재림, 이 모든 일은 어떻게 하면 가능할까? 고대 믿음의 선조들은 이 질문에 대해 "삼위일체 하나님에 관한 지식"을 통해 답을 찾을 수 있었다.

사영리 소책자에 기록된 하나님의 말씀은 내 안에 믿음을 발생시켰고, 믿음을 통해서 예수 그리스도를 영접하고 원죄를 용서받게 하셨고, 성령님이 나의 마음에 내주하고, 삶을 인도하게 하셨다. 나는 삼위일체 하나님의 은총으로 신앙생활을 시작했고, 성화의 길을 걸어가고 있다. 삼위일체 하나님은 세계 내 피조물의 모든 역사를 주관하신다.

성부, 성자, 성령 하나님은 각기 구별된 위격으로 존재하시며, 동시에 본질상 하나이시다. 삼위로 존재하는 하나님이 하나 되신 이유는 서로 간의 상호 교류, 곧 "페리코레시스(περιχώρησις, 상호 교류)"를 통한 사랑의 관계성 때문이다. 서로서로 용납하고 포용하고 이해하면서 서로를 내어주는 상호 교류를 서로에게 적용하심으로써 성부, 성자, 성령 하나님은 사랑의 관계성 안에서 하나가 되신다. 이 신비한 삼위일체 하나님의 교제는 서로 구별되면서도 분리되지 않는 관계를 이룬다.

믿음의 선조들은 특별 계시 속에서 삼위일체 하나님에 관한 지식을 얻었고, 삶의 현장과 교회 공동체 내에서 삼위일체 하나님의 역사를 체험했다. 이 체험을 교리로 정립했다. 그렇게 정립된 것이 바로 삼위일체론이다. 삼위일체론은 추상적인 개념이 아니라, 성경의 계시와 구원의 실제에 뿌리를 둔 교리로서, 오늘날 우리 신앙의 핵심이 된다.

삼위일체론

구약성경 창세기 1장 26절에는 "하나님이 이르시되 우리의 형상을 따라 우리의 모양대로 우리가 사람을 만들고"라는 말씀이 기록되어 있다. 여기서 하나님은 자신을 복수로 나타내셨다. 신약성경에 기록된 삼위일체 하나님을 증명하는 구절은 다음과 같다.

- 마태복음 28장 19절 "그러므로 너희는 가서 모든 민족을 제자로 삼아 아버지와 아들과 성령의 이름으로 세례를 베풀고"
- 고린도후서 13장 13절 "주 예수 그리스도의 은혜와 하나님의 사랑과 성령의 교통하심이 너희 무리와 함께 있을지어다"
- 누가복음 3장 22절 "성령이 비둘기 같은 형체로 그의 위에 강림하시더니 하늘로부터 소리가 나기를 너는 내 사랑하는 아들이라 내가 너를 기뻐하노라 하시니라"
- 베드로전서 1장 2절 "하나님 아버지의 미리 아심을 따라 성령이 거룩하게 하심으로… 예수 그리스도의 피 뿌림을 얻기 위하여"

구약과 신약 성경에는 '삼위일체'라는 단어가 없지만, 삼위일체론은 성경에서 발견할 수 있는 진리 체계이다. 교부들은 집단 관념으로 이 교리를 만들어 낸 것이 아니다. 교부들은 성경을 통해서 삼위일체 하나님에 관한 진리를 발견했고, 체험했다.

니케아 공의회(325년)가 열릴 당시에 이단 세력 아리우스주의자들은 예수님이 하나님과 "유사 본질(homoiousian)"을 가졌다고 주장했다. 이들은 예수님을 피조물 중 가장 뛰어난 존재로 간주했다. 이러한 주장은 많은 지지층을 형성했다. 왜냐하면 아리우스주의 이단 세력은 인간이 예수님처럼 하나님을 스스로 인식할 수 있다고 주장하면서 인간의 능력을 부추겼기 때문이다. 본래 인간은 높임 받는 것, 부추김을 받는 것, 추앙되는 것을 좋아한다(삼상18:7-8).

이에 맞서 교부들은 니케아 공의회에서 예수님이 하나님과 "동일 본질(Homoousion)"임을 니케아 신조로 확정했다. 예수 그리스도가 하나님과 동일 본질이라는 진리는, 창조/성육신/십자가/부활/성령의 내주하심/교회의 머리 되시는 예수님/천국과 재림 소망 등 기독교 교리의 핵심 요소들을 삼위일체론과 긴밀하게 연결한다. 이 진리는, 핵심 교리들이 삼위일체론과 내적 일관성을 유지하도록 보장하는 역할을 한다.

인간의 능력을 부추겼던 아리우스주의는 니케아 신조가 확정된 이후에도 꽤 큰 세력을 유지했다. 이에 381년 니케아-콘스탄티노플 공의회에서는 예수님의 동일 본질을 다시 천명함과 동시에, 성령님 역시 하나님과 동일 본질임을 선언했다. 이로써 삼위일체론을 더 구체화했다. 삼위일체 하나님에 관한 신학을 정립한 초기 교회의 주요 교부들로는 다음과 같다.

☐ 가이사리아의 바실리우스(Basil of Caesarea, AD 330~379): 성령님은 하나님이심을 주장
☐ 니사의 그레고리우스(Gregory of Nyssa, AD 330~395): 페리코레시스라는 개념을 통해 삼위 하나님의 상호 교류와 사랑의 관계를 설명

□ 힙포의 아우구스티누스(Augustine of Hippo, AD 354~430): 성부, 성자, 성령이 창조와 구원 사역에 동참하신다는 진리를 주장

이처럼 교부들은 성경에 계시가 된 삼위일체 하나님에 대한 이해를 바탕으로 신앙과 신학을 정립하였다.

페리코레시스

교부들은 삼위일체 하나님으로부터 흘러나오는 페리코레시스 진리가 교회를 통해서 세상에 적용된다고 말했다. 페리코레시스 진리가 적용된다는 것은 타자(모든 피조물)에게 용납, 포용, 사랑, 섬김, 이해, 환대, 공명을 실천하는 삶을 의미한다. 이는 모두 페리코레시스 개념에 내포된 실천 항목들이기 때문이다.

장애인과 비장애인, 제1세계와 제3세계, 남자와 여자, 자연과 인간, 새 신자와 기존 신자 등 이원화된 세계를 통합하는 것이 바로 페리코레시스의 실제적 적용이다. 우리는 삼위일체 하나님의 페리코레시스를 이 땅 위에 실현해야 한다. 크리스천의 모든 행위는 페리코레시스에서 시작해야 한다. 십자가의 삶, 복음 전파, 가난한 자에 대한 섬김, 선교, 부활의 영광을 믿는 삶, 신앙생활, 교회 생활, 선교, 전도, 교제, 봉사는 페리코레시스에서 '어떻게' 실천할지에 대한 '답'을 찾아야 한다. 목자 누나는 내게 케노시스적 사랑뿐만 아니라, '페리코레시스적 돌봄'을 적용했다. 나를 위해서 복음을 전했고, 중보기도 했고, 살피고 위로했고, 돌봐주었다. 페리코레시스를 실천한 누나 때문에, 나는 성도가 되었고, 성도로 살고 있다. 삼위의 하나님을 일체가 되게 하는 페리코레시스를 우리는 삶의 현장에서, 가정에서, 교회에서, 사회에서

모든 타자에게 적용해야 한다. 이 적용은 이원화되어 분열을 일으키는 모든 피조물에게 평화를 제공할 것이다. 가령, 하나님과 인간의 평화, 인간과 자연의 평화, 남성과 여성의 평화, 제1세계와 제3세계의 평화, 무슬림과 기독교의 평화, 미국과 중동 무슬림 국가와의 평화. 페리코레시스의 적용이 이들에게 평화를 준다.

제6장 인간론:
죄가 어떤 피해를 끼칠까?

정욕과 자범죄 그리고 ... 쓴 뿌리들이

대학 생활을 시작한 지 두 달쯤 흐른 5월 어느 날이었다. 예수님을 영접한 이후 교회에 열심히 출석하고 있었지만, 여전히 남아 있는 정욕과 자(自)범죄(actual sin: 실제로 행한 죄), 그리고 마음속 깊이 자리한 쓴 뿌리들이 나를 교회로부터 멀어지게 했다. 한 번 빠지기 시작하자 두 번, 세 번은 더 쉬워졌고, 결국 교회를 나가지 않게 되었다. 교회를 3주 정도 빠졌지만, 세상은 달라지지 않았고 나 역시 달라지지 않았다. 오히려 주말에 쉬니까 편하다는 생각까지 들었다. '그래, 나는 원래 교회 안 다니던 사람인데, 이렇게 지내도 되겠다.'라고 자신을 합리화했다.

그런 나에게 청년부에서 계속 연락이 왔지만, 전화를 받지 않았다. 반복되는 연락에도 끝내 피하기만 했다. 이미 영접기도 드렸고, 찬양집회에 참석했으며, 목자 누나의 따뜻한 돌봄도 있었지만, 교회는 나와 맞지 않는 곳이라는 부정적인 생각이 마음을 지배하고 있었다. 지금 돌이켜보면, 그 시기는 어둠의 영이 믿음을 약화하기 위해 공격하고 흔들었던 때였다고 생각한다.

교회에서 발신하는 전화를 피하고 있던 어느 날, 비신자였던 아버지가 말씀하셨다. "어떤 전화든 피하지 말고, 받고서 사정을 말해라.

교회에서 계속 전화가 오는 것 같은데, 그냥 피하지 말고, 사정을 이야기하고, 나가든 안 나가든 정리하는 게 도리다." 그 조언을 듣는 순간 마음에 큰 찔림이 있었다. '아버지 말씀대로 교회에 정식으로 사정을 말하고, 안 나가겠다고 말하는 게 도리지.'라고 생각했다.

마침, 그때 다시 교회에서 전화가 왔다. 이번에는 아버지의 조언을 따라 전화를 받았다. 청년부 금요기도회를 인도하는 전도사님의 전화였다. 전도사님은 안부를 물은 후, 이번 주 금요일 저녁 8시에 열리는 금요기도회에 한 번만 참석해 보지 않겠느냐고 초청했다. 교회도 나가지 않는 상황에서 갑작스러운 금요기도회 초청이 다소 황당하게 느껴져 실소가 나왔다. 그러나 갑자기 마음 한구석에서 '한번 가볼까?'라는 생각이 들었다. 그래서 마지못해 "네, 그럼, 금요기도회 때 갈게요."라고 대답했다. 순간, 성령님이 나의 마음을 주장하셨다고 생각한다.

하나님이 제 마음을

금요일이 되었고, 금요기도회 장소로 향했다. 하나님이 마음을 움직이셨고, 발걸음을 옮기게 하셨다. 막상 교회에 도착하니 마음이 무척 불편했다. 교회를 끊으려 했던 사람인데, 목자 누나를 다시 만나고, 지체들을 보는 것이 부끄러웠다. 한편으로는 '오랜만에 갔으니 나를 환영하고 반갑게 맞아주겠지?'라는 염치없는 기대도 있었다. 나는 낯 뜨겁고 민망함을 모르는 전형적인 죄인의 심정을 가졌다(스9:6).

잔뜩 긴장한 얼굴로 기도회 장소에 들어섰다. 기도회는 오후 8시에 시작되었지만, 나는 한참이 지난 오후 8시 30분쯤에 도착했다. 이미 신발을 벗고 둥글게 모여 기도와 찬송을 드리는 중이었다. 조심스럽게 신발을 벗고 그 자리에 슬그머니 앉았다. 청년부 선배들과 동기들은 반가워하며 나에게 눈인사를 건넸다.

기도회가 무르익어갈 무렵, "나 무엇과도 주님을 바꾸지 않으리"라는 찬양을 반복해서 부르게 되었다. 인도자의 인도에 따라 찬양을 부르던 중, 전도사님은 찬양을 멈추고 말씀하셨다. "유호종 형제는 우리 정중앙에 앉아주시고, 우리는 유호종 형제의 몸에 손을 얹고 함께 꿀단지 기도를 드리면 좋겠습니다. 그의 마음에 성령님이 임하시고, 예수님의 제자로 살게 해달라고, 내면의 쓴 뿌리들이 끊어지고 하나님의 아들로 평생 살아가게 해달라고 간절히 합심하여 통성으로 기도하겠습니다!"

그리하여 나를 중심으로 모인 15명 남짓의 형제자매들이 내 몸에 손을 얹고 꿀단지 기도를 했다. 그때 내 몸이 뜨거워지면서 입에서 자연스럽게 회개 기도가 터져 나왔다. "하나님, 죄송합니다. 교회 안 나가고, 나쁜 짓 하려 했고, 예수님을 아프게 해드려서 죄송합니다. 잘못했습니다." 가슴이 찢어질 듯 아프고 미어지면서 콧물과 눈물이 흘러나왔다. '교회 목자 누나/형들/누나들/친구들이 나를 위해 기도하고, 섬기고, 돌봐줬는데, 예수님이 십자가에서 나를 위해 대신 희생하셨는데, 나는 이렇게 예수님을 배신했습니다.'라고 고백하면서 뼈저리게 회개했다.

지금 돌이켜보면, 성령님이 회개 기도하게 하셨다. 원죄를 사해주신 은혜에 대한 통렬한 감사와 그 은혜를 받았음에도 불구하고 교회를 끊으려 했고, 자기중심성대로 살려고 했던 것에 대해서 철저하게 회개했다. '콧물과 눈물을 흘리는 게 부끄러운데…'라는 생각이 잠시 스쳤지만, 죄를 사해주신 예수님께 대한 죄송한 마음이 가득 차 있었기에 그런 잡생각은 순식간에 사라졌다.

원죄의 부스러기들이 덕지덕지 붙어

기도회를 마치고 청년부 선배들은 나의 안부를 묻고, 진심으로 반가워했다. 지금까지 나를 위해 간절히 기도했다고 말했다. 다시 오게 되어 감사하고 기쁘다고 고백하는 그 말들이 나에게 진심으로 다가왔다. 대화할수록, 나의 내면에는 말로 표현할 수 없는 기쁨과 죄송함이 동시에 생겼다. 기도회 마치고 집으로 돌아가는 길에 다시는 예배를 빠지지 않게 해달라고, 앞으로 열심히 하나님의 영광을 위해 살게 해달라고 기도했다. 회개 기도할 때 마음에 임했던 '뜨거운 자극(갈6:17)'이 마음 한가운데 깊이 새겨진 것 같았다.

나중에 신학을 공부하면서 자범죄가 믿음을 무너뜨리는 매우 악한 것임을 깨달았다. 영을 비정상 작동하게 하는 근원이 원죄인데, 성도는 원죄를 용서받았지만, 원죄의 부스러기가 아직 남아서 자범죄를 범하게 된다는 것도 알았다. 예수님은 원죄를 사하셨지만, 여전히 성도 안에는 원죄의 부스러기들이 덕지덕지 붙어 자범죄를 일으키고 있었다. 자범죄로 인해 성도의 영은 비정상적으로 작동하고, 그로 인해 신앙생활과 교회 생활을 버리려는 부정적인 결정을 내리게 된다.

자범죄를 해결해야 바른 신앙생활과 교회 생활을 할 수 있었던 나를 하나님은 교회 공동체를 통해 기도회 현장으로 초청하셨다. 금요기도회 현장에서 성령님의 인도하심에 따라 회개 기도를 드렸다. 예수님의 보혈은 내 안에 있던 자범죄를 씻으셨고, 예수님은 나를 용서하셨다. '씻김'과 '용서'로 나의 영은 정상 작동을 회복할 수 있었다. 원죄의 부스러기와 자범죄로 인해서 믿음의 혼란을 경험한 나는 바른 신앙생활과 교회 생활을 위해서 인간 안에 있는 원죄와 자범죄를 더욱 자세히 알아야겠다고 생각했다.

원죄

창세기 3장에 따르면, 뱀의 형상을 한 사탄은 아담과 하와를 유혹한다. 유혹의 내용은 하나님의 말씀과는 정반대 생각을 심어주는 것이었다. 첫 번째, "선악을 알게 하는 나무 열매"를 먹어도 죽지 않을 것이라는 유혹이었다(창3:4/지식 영역에 대한 유혹). 두 번째, 하나님이 금하신 일을 하게 만들기 위해 호기심을 자극하는 유혹이었다(창3:6/감정 영역에 대한 유혹). 세 번째, "선악을 알게 하는 나무 열매"를 먹으면 하나님과 같이 될 수 있다는 유혹이었다(창3:5/의지 영역에 대한 유혹). 사탄의 유혹에 넘어간 아담과 하와는 하나님의 명령을 거슬러서 결국 "선악을 알게 하는 나무 열매"를 먹고 말았다.

이 열매를 먹었다는 사실은 전인격이 원죄에 물들었다는 것을 의미한다. 원죄에 물든 지식의 영역은 하나님의 말씀을 불신함으로써 죄악을 선택한다. 원죄에 물든 감정의 영역은 하나님이 금하신 실과를 먹음으로써 하나님이 아닌 다른 대체 대상으로부터 쾌락을 추구한다. 원죄에 물든 의지의 영역은 하나님과 같이 되려는 교만한 욕망을 자행한다. 지정의 모든 영역은 원죄로 인해서 하나님의 뜻과는 정반대를 지향한다. 사탄은 "심히 좋았던 세계(창1:31)"에 존재하던 아담과 하와가 죄를 범하게 했다. 사탄은 세계 내에 죄가 들어오도록 원인을 제공했다.

사탄은 어떤 존재

사탄은 어떤 존재이기에 이런 일을 했을까? 요한복음 8장 44절에 따르면, 사탄은 "처음부터 살인한 자"이며, "진리가 그 속에 없고", "진리에 서지 못하는 존재"이다. 요한일서 3장 8절에는 "죄를 짓는 자는 마귀에게 속하나니 마귀는 처음부터 범죄함이라 하나님의 아들이 나타나신 것은 마귀의 일을 멸하려 하심이라"라고 기록되어 있다. 이 말씀에 따르면, 마귀는 태초부터 죄악 된 존재였다. 데살로니가후서 2장 4절과 9절에 따르면, 사탄은 자기를 하나님처럼 높이고, 하나님의 자리를 빼앗으려고 활동을 한다. 하나님의 권위를 침범하고 거짓된 진리로 자신의 세력을 구축하려는 죄악 그 자체인 존재이다. 이러한 본성을 가진 사탄은 세계 내에 죄를 퍼뜨리기 위해 모든 수단을 동원했다.

사탄은 어떻게든 인간으로 하여금 죄를 짓게 만든다. 하나님께 나아가지 못하게 만든다. 인간의 전인격을 파괴하고 망가지게 만든다. 사탄은 성도에게 남아 있는 원죄의 부스러기와 그로 인해 발생하는 자범죄를 통해 신앙생활을 방해하려 한다.

죄의 책임

우리는 이런 의문을 가질 수 있다. '사탄 때문에 원죄가 들어왔고, 그 원죄 때문에 인간이 죄를 짓는 것이라면, 죄의 책임은 인간이 아니라 사탄이지 않을까?'라는 질문이다. 언뜻 보면, 죄를 세계 내에 전파한 사탄이 모든 죄의 책임을 져야 한다고 생각할 수 있다. 사탄의 유혹 때문에 죄를 지었다면, 죄에 대한 책임이 인간에게 없다고 여길 수 있다. 하지만 이러한 생각은 성경의 진리와 어긋난다. 왜냐하면 아담과 하와는 사탄의 유혹을 거절할 수 있는 "자유의지(free will)"를 가진 존재였기 때문이다.

하나님의 형상(창세기 1:27)으로 창조된 인간은 하나님의 "공유적 속성"을 받았다. 그중 하나가 바로 자유의지이다. 이 자유의지를 통해 인간은 선과 악 사이에서 선택할 수 있는 능력을 부여받았다. 따라서 아담과 하와는 사탄의 유혹을 자유의지로 거절할 수 있었다. 그러나 그 유혹을 거절하지 않고 죄를 범했기 때문에, 죗값에 대한 책임을 져야 하는 것이다. 물론, 사탄 역시 인간을 유혹한 책임으로 인해 종말의 날에 영원한 형벌을 받게 된다. 요한계시록에 따르면, 사탄은 불 못에 던져져 영원히 고통을 받게 된다. 따라서 사탄은 죄를 세계 내에 전파한 죗값에 대한 책임을 져야 하고, 인간은 그 유혹에 동참한 죗값에 대한 책임을 져야 한다.

창세기 3장에서 하나님은 아담과 하와에게 왜 죄를 지었는지를 질문하신다. 하와는 사탄이 뱀을 통해 자신을 유혹했기 때문이라고 핑계를 대고, 아담은 하나님이 만들어주신 하와 때문에 죄를 지었다고 상대방을 탓한다. 이는 죄책을 회피하고 책임을 전가하려는 원죄의 지향성을 보여준다. 창세기 4장에서 가인 역시 아벨을 죽인 자신의 죄에 대해 책임을 회피하는 모습을 보인다. 이처럼 책임 회피와 전가는 죄가 인간에게 끼친 부정적인 경향 중 하나이다. 지은 죄에 대해 다른 대상에게 책임을 전가하려는 태도는 원죄의 지향성에서 비롯된 것이다. 자범죄로 인해서 교회를 나가지 않을 때, 나는 죄의 지향성에 따라 전도사님의 연락을 안 받으면서 책임 회피를 범했다. 인간은 사탄의 유혹에 따라 자유의지로 죄악을 선택했다. 그러므로 죄에 대한 책임은 사탄뿐 아니라, 죄를 선택한 인간에게도 분명히 있다는 사실을 우리는 기억해야 한다.

자유의지

자유의지는 전인격을 자유롭게 사용할 수 있는 능력이다. 하나님은 인간을 사랑하셨기 때문에, 인간에게 자발적인 순종과 예배를 받기 원하셨다. 하나님은 자발적인 사랑의 표현을 받기 위해서 자유의지를 부여하셨다. 그러나 자유의지는 하나님의 속성이기에, 하나님이 인간에게 주신 자유의지는 피조물이 창조주가 되려는 시도까지도 허용하고 있다. 하지만 인간은 하나님의 공유적 속성을 제한적으로, 피조물의 한계 안에서만 사용할 수 있다. 인간은 제한된 능력을 지닌 피조물이기 때문이다. 따라서 인간이 자신의 자유의지를 사용해 창조주가 되려고 시도한다면, 전인격(지식, 감정, 의지)의 에너지 고갈을 초래하고, 결국 죽음에 이르게 된다.

하나님은 이러한 상황을 막기 위해 인간에게 "선악을 알게 하는 나무 열매(이하, 선악과)"로 자유의지를 통제(regulation)하셨다고 신학자들은 설명한다. 이 통제는 인간이 자기 파괴로 나아가지 않도록 돕는 사랑의 장치였다.

하나님은 인간을 사랑하셨기에, 자유의지를 주셨고 동시에 선악과로 그 자유를 통제하셨다. 이는 곧 하나님이 세상에 세우신 원리와도 일치한다. 자유가 있으면 질서와 규제를 위한 통제가 함께 있어야 평화를 유지할 수 있기 때문이다. 자유의지만 있다면 인간은 타락과 쾌락만을 즐기는 방종의 삶을 살 수 있고, 통제만 있다면 입력값만을 수

행하는 기계적인 존재로 전락할 수 있다. 그래서 하나님은 균형을 위해서 자유의지와 통제를 주셨다. 이러한 자유의지와 통제의 상관관계를 이해할 때, 우리는 하나님의 사랑을 더 깊이 느낄 수 있다.

하나님은 나를 자유의지에 따라 방종의 길로 치우쳐 사는 것을 허용하시다가, 스무 살 때 사영리 소책자를 통해 믿음을 주시고, 금요기도회에서 성령 하나님의 인도하심으로 회개 기도를 하게 하셨다. 그리고 그 회개를 통해 앞으로는 죄를 짓지 않고 하나님을 따르는 삶을 살겠다는 율법적인 결단을 하게 되었다. 성령님이 인도하셔서 내리게 된 이 결단은 나를 통제하는 역할을 했고, 하나님을 향한 순종으로 이끌었다. 이처럼, 통제 안에서 자유의지를 사용하는 것이 진정한 자유를 누리는 방법이다(요8:32). 하나님이 주신 자유의지를 하나님의 통제에 따라 사용하는 것이 하나님의 자녀로서 살아가는 모습이다.

원죄가 이어지는 이유

먼 과거의 첫 사람 아담이 원죄를 지었는데, 현대인에게도 원죄가 이어지는 이유가 무엇인가?

그 이유 첫째, 첫 사람 아담은 태어날 모든 후손과 연결된 존재이기 때문이다. 아담은 태어날 후손들과 연결된 존재이다. 현재 지구상에는 개별적으로 존재하는 수십억 명의 인간이 있지만, 하나님은 아담과 하와 그리고 이후 태어날 모든 인간을 개별 존재로 여기지 않으시고, 단한 사람 아담으로 간주하신다. 왜냐하면 모든 인간은 아담으로부터 출생했기 때문이다. 아담은 태어날 후손들을 대표하는 최초의 조상이다. 지금의 현대인들은 과거 아담 안에 존재했던 인류이다. 모든 인류는 원죄의 발생 현장에 아담과 함께 있었다. 그래서 로마서 5장 12절은 이렇게 말씀한다. "한 사람으로 말미암아 죄가 세상에 들어오고... 이와 같이 모든 사람이 죄를 지었으므로 사망이 모든 사람에게 이르렀느니라."

그 이유 둘째, 아담은 하나님과 행위 언약을 맺은 인류의 대표이기 때문이다. 창세기 2장에 따르면, 하나님은 아담에게 에덴동산을 경작하며 지키게 하셨다. 하나님은 아담에게 생명나무를 주셔서 영생을 제공하셨지만, 동시에 선악과를 먹으면 "반드시 죽으리라."라는 법의 테두리(앞서 살펴본 통제)를 주셨다. 이 법의 테두리 안에 있으면 영생이고, 밖에 있으면 죽음이다. 개신교 신학자들은 아담이 하나님과 맺은 행위 언약이라 표현한다.

아담은 앞으로 태어날 인류를 대표해서 이 언약을 맺었지만, 이를 이행하지 못하고 원죄를 저질렀다. 아담으로 인해 모든 인류는 행위 언약을 파기한 죄의 책임과 그로 인해 발생한 원죄를 함께 소유하게 되었다. 아담이 모든 인류의 대표이기 때문이다. 이 두 가지 이유로, 비록 아담이 먼 과거에 원죄를 저질렀지만, 오늘날 모든 사람에게도 그 죄가 이어지고 있는 것이다. 나는 사실, 신앙생활 초기에 아담으로부터 나에게 원죄가 이어졌다는 진리가 선뜻 이해되지 않았다. '내가 왜 죄인이지? 그것도 원죄를 가졌다니...'라는 생각이 있었다. 그런데, 나중에 반복되는 자범죄의 악랄함과 참혹함을 뼈저리게 느끼고, 동시에 아담이 인류의 조상이고, 대표라는 교리를 접하면서, 이 진리를 이해할 수 있었다.

원죄의 영향

원죄가 인간에게 어떤 영향을 미칠까?

영향 첫째, 원죄는 인간에게 죽음을 가져왔다. 로마서 5장 12절에서 "그러므로 한 사람으로 말미암아 죄가 세상에 들어오고 죄로 말미암아 사망이 들어왔나니"라고 하셨다. 원죄로 인해 인간은 사망, 곧 영과 육의 죽음을 가지게 되었다. 영의 죽음은 하나님과의 소통이 단절된 상태를 의미하고, 육의 죽음은 신체적 생명의 정지를 의미한다. 예수님을 믿는 성도는 영의 생명을 얻게 되지만, 여전히 육의 죽음을 경험하게 된다. 비성도는 원죄로 인해서 영이 죽은 상태로 살아가고, 육의 죽음을 경험하게 된다. 인정받고 싶은 욕망, 죄를 죄로 인식하지 못하는 무감각, 불안과 염려, 시기와 질투로 가득한 내면을 유지한 채 살아가는 것이 영이 죽은 상태로 살아가는 것을 의미한다. 이러한 상태를 극복할 이유도, 방법도 알지 못한 채 살아간다.

영향 둘째, 원죄는 인간에게 전적 부패(Total Depravity)를 가져왔다. 예레미야 17장 9절은 "만물보다 거짓되고 심히 부패한 것은 마음이라 누가 능히 이를 알리요"라고 말씀한다. 이는 인간의 마음이 원죄로 인해 철저히 부패해 있다는 선언이다. 전적 부패란 인간의 지정의, 곧 전인격이 타락하여 선을 스스로 추구할 수 없는 상태를 의미한다. 원죄로 인해 전적으로 부패한 인간이 죄를 한탄하며 회개하는 행위조차도, 진정한 회개가 아니라 자기 연민과 자기감정 해소, 자존감 회복을 위한 이기적인 행위일 뿐이다.

영향 셋째, 원죄는 인간에게 전적 무능력(Total Inability)을 가져왔다. 전적 무능력이란, 인간이 스스로 선을 행할 수 없다는 의미이다.

어떤 불신자가 공동선을 위해 선한 행동을 하는 것처럼 보여 질 수 있지만, 그 동기 안에는 이기주의, 자기만족, 자아 숭배 등 죄 된 본성이 자리하고 있다. 따라서 원죄를 지닌 인간이 행하는 모든 선행은 결국 죄로 귀결되며, 사망에 이르게 된다. 이것이 전적 무능력의 본질이다. 그러므로 성도는 불신자들이 추구하는 공동선에 대해서 하나님의 뜻대로 바르게 이끌어주는 책임을 갖는다.

자범죄

한 가지 더 살펴볼 것은 원죄와 자범죄의 관계이다. 자범죄는 마음 속에 자리한 악한 계획, 욕망, 탐욕과 같은 '내적인 악'과 동시에 속임, 도둑질, 간음, 살인 등과 같은 '외적인 악행'을 의미한다. 원죄는 인간에게 이러한 자범죄를 낳게 한다.

원죄와 자범죄는 성도와 비성도에게 다르게 작용한다. 원죄는 예수님을 믿는 성도에게는 효력을 미치지 못한다. 예수님이 원죄의 값을 대신 치르셨기 때문이다. 예수님을 믿는 성도는 원죄로부터 사함을 받았고, 구원에 이르렀다. 그러나 성도 역시 자범죄를 짓고 살아간다.

반면, 예수님을 믿지 않는 비성도에게는 원죄와 자범죄가 모두 존재한다. 원죄를 지닌 비성도는 구원받을 수 없다. 왜냐하면 인간은 자신의 힘으로는 원죄를 제거할 수 없기 때문이다. 하지만 하나님의 말씀을 듣고, 그 말씀을 통해 믿음을 얻게 되어 복음을 이해하고 받아들일 때, 비성도는 성도가 되고, 원죄를 용서받고 구원에 이를 수 있다.

왜 성도는 자범죄를 범하는가

여기서 우리는 한 가지 질문을 던질 수 있다. "원죄를 해결 받았음에도 불구하고, 왜 성도는 자범죄를 범하는가?"라는 질문이다. 예수님은 십자가 대속 사역을 통해 인간의 원죄를 제거하셨다. 원죄가 제거된 인간을 우리는 '성도'라 부른다. 그러나 원죄가 사해졌음에도 성도는 여전히 자범죄를 범한다. 그 이유는 성도 안에 원죄의 부스러기가 남아 있기 때문이다. 이 부스러기는 성도 안에 자기중심적인 태도를 유지하게 만든다.

원죄는 인간에게 자범죄를 범하게 한다. 그러나 원죄가 제거된 성도는 자범죄를 점점 줄여갈 수 있다. 성도에게는 자범죄 제거의 가능성이 있다. 왜냐하면 '죄악을 공급하는 뿌리가 제거된', 곧 '원죄가 제거된', 성도는 자범죄를 유발하는 원죄의 부스러기를 약화하는 성령님의 통제를 받을 수 있기 때문이다.

성도 안에 있는 이 부스러기는 일시적으로 우세하게 보일 수 있지만(롬7:23), 성령님은 성도의 영에 거룩한 능력을 지속적으로 부어주심으로써 이 부패한 부스러기를 점차 제거하도록 이끌어 가신다(롬6:14, 요일5:4, 엡4:15-16).

성령님의 도우심으로 점차 줄어드는 부패한 원죄의 부스러기이지만, 여전히 성도의 전인격에 영향을 미친다. 이 영향에 노출된 성도는 자범죄를 범할 수 있다. 원죄가 자범죄 발생의 원인이라면, 원죄의 부스러기를 줄이는 일은 자범죄 발생의 빈도를 줄이는 길이다. 성도는 원죄의 부스러기를 줄이는 일, 곧 부패한 잔재를 걸러내는 일을 도모해야 한다. 우리는 성령님의 도우심을 받아서 기도, 말씀 묵상이라는 구체적인 수단으로 이 일을 실천해야 한다.

금요기도회

　예수님을 영접했고, 하나님의 말씀으로부터 나오는 믿음이 임했지만, 여전히 원죄의 부스러기에 끌려다녔다. 원죄의 부스러기가 있던 나를 성령님은 금요기도회로 인도하셨다. 성령님은 내 안에 있던 원죄의 부스러기를 제거하기 위해 금요기도회로 인도하셔서 내 안에 있는 죄의 민낯을 보게 하셨다. 원죄의 부스러기로 인해 발생한 참혹한 자범죄의 실상을 직면하게 하셨다.

　자범죄의 악한 영향은 나로 하여금 교회를 잠시 떠나게 했지만, 성령님은 통회 자복하는 회개 기도를 통해 자범죄를 용서받게 하시고, 교회로 다시 나가고자 하는 의지를 회복하게 하셨다. 그 결과, 영의 정상 작동을 회복할 수 있었다. 이제 점점 내 안에 있는 원죄의 부스러기는 제거될 것이고, 성령님의 도우심으로 인해서 성화 될 것이다. 성화된다는 것은 점점 자범죄 발생 빈도가 낮아지게 되고, 선한 일 발생 빈도가 높아지게 된다는 것을 의미한다.

2부
행함을 하게 하심

제7장 기독론 1:
예수님이 나를 왜 책임져 주실까?

변화

금요기도회에서의 꿀단지 기도와 회개 기도는 삼위일체 하나님의 은총이었다. 하나님 아버지는 계획하시고 섭리하셔서 나를 회개 기도의 자리로 인도하셨고, 예수 그리스도는 보혈로 나를 씻기셨으며, 성령 하나님은 회개 기도를 하게 하시고 성화의 길로 이끌어 주셨다.

회개 기도 이후, 성령님은 내 안에 내주하시고, 본격적으로 역사하셨다. 삶을 변화시키셨다. 동네에서 어울리던 친구들과의 관계를 점차 정리하도록 인도하셨다. 욕설로 시작해 욕설로 끝나는 대화가 점점 괴로워졌고, 오락실에서 시간을 허비하는 것이 싫어졌다. 술과 담배가 가득한 장소가 불편하게 느껴졌고, 다툼과 폭력적인 언행 또한 마음을 불편하게 만들었다. 하나님에게 죄를 짓는 현장과 관계, 그리고 언행들이 점점 더 부담스럽고 괴롭게 느껴졌다. 자연스럽게 불량하게 놀던 친구들과의 연락을 피하게 되었고, 점차 거리감이 생겼다. 그 친구들은 "호종이를 교회에 빼앗긴 것 같다."라고 말하며 서운함을 표현하기도 했다. 단호하게 관계를 끊었기 때문이다. 하지만 그들과 멀어질수록 교회에서 보내는 시간은 점점 더 많아졌다.

그 당시에는 친구들에게 미안한 마음이 전혀 없었다. 그러나 지금의 나라면, 그들과의 관계를 이어가며 전도의 기회를 엿보았을 것 같다는 생각이 든다. 이제 와서 그들에게 미안한 마음이 생긴다. 하지만 그 시기에는 죄에 무방비로 노출되어 쉽게 넘어가던 연약하고 악한 나를, 죄악 된 환경으로부터 속히 분리하려는 성령님의 강한 인도하심이 있었음을 확신한다.

그때 친구 중 몇 명은 지금도 가끔 연락한다. 목사가 되었다는 사실을 알고는 '좋은 길 가는 것 같아서 자랑스럽다'라고 말하기도 했다. 그 말이 내게는 기분 좋은 감사와 위로로 다가온다. 그 친구들을 위해서 기도해야 한다는 생각이 든다. 그것이 지금 내게 주어진 십자가라고 믿는다.

교회 봉사

자범죄의 영향으로 인해서 교회를 등지려고 할 때 금요기도회로 초청하는 연락을 반복해서 하셨던 전도사님은 마침 구로동교회 교육부의 소년부(초등학교 4~6학년)를 맡고 있었다. 전도사님은 내게 소년부 보조교사 봉사를 제안했다. 전도사님에게 감사한 마음이 있어서 흔쾌히 교사로서 봉사하겠다고 답했다. 보조교사로 봉사하면서 5~6학년 학생들을 상담하면서 보람을 느꼈다. 무엇보다, 하나님을 위해서 봉사한다는 생각에 깊은 뿌듯함을 느꼈다.

봉사를 시작하자 청년부 선배들과 교회 어른들이 나를 칭찬했다. 그 칭찬은 자존감을 더 높여 주었고, 더 열심히 봉사하게 되었다. 청년부에서도 열심히 활동했다. 청년부 예배, 봉사, 교제, 목장 소그룹 모임까지 성실하게 참여했다.

사실, 처음부터 그리스도의 남은 고난을, 교회를 위해서 내 육체에 채우겠다(골1:24)는 깊은 신앙적 당위성으로 봉사를 시작한 것은 아니었다. 하나님을 위한다는 가벼운 결단과 함께 부담 없이 봉사를 시작했을 뿐이었다. 그 봉사 안에서 칭찬을 듣고 자존감이 회복되며 보람을 느끼게 되자, 교회 봉사를 감당할 수 있었던 것 같다. 교회 선배들과 대화하는 것이 즐거웠고, 교회 친구들과 동생들과 어울리는 시간이 참 좋았다. 교회 봉사를 하면서 칭찬을 들을 때마다 나의 마음은 무척 만족스러웠다. 다만 "호종 형제님"이라는 호칭이 여전히 굉장히 낯설고 낯간지럽게 느껴졌다. 그러나 몇 개월이 지나면서 형제, 자매라는 호칭에 점차 적응되었다.

돌이켜 보면, 하나님은 교육부 봉사를 통해서 교회 생활에 적응할 수 있도록 '칭찬에 의한 자존감 회복'과 '성취감에 의한 보람'을 느끼게 하셨다.

여름수련회

교회 생활과 봉사에 어느 정도 적응 되어가고 있을 때였다. 예수님을 영접한 2001년 초, 그해 6월쯤에 C.C.C 여름수련회가 있다는 사실을 사영리로 복음을 전해준 목자 누나에게서 들었다. 목자 누나는 C.C.C에서 순장으로 활동하고 있었다. 아니나 다를까, 내게 수련회에 함께 가자고 제안했다. 큰 은혜를 받을 수 있는 자리라며 강력하게 추천했지만, 내 처지에서 회비를 감당하기 어려웠다. 부담을 느껴 결국 가지 않겠다고 답했지만, 직접적인 이유를 밝히지는 않았다.

목자 누나는 여러 번 권유하다가 끝내 거절하자, 더 이상 가자고 하지 않았다. 그 무렵 청년부에 함께 다니던 동갑내기 친구 한 명이 있었다. 그는 목자 누나를 이성적으로 좋아하고 있었다. 그런 이유로 C.C.C 여름수련회에 가자고 나를 설득했다. 그 친구는 신앙적인 이유보다는 목자 누나와 함께하기 위해서 나에게 같이 가자고 설득했다. 그 친구에게도 가지 않겠다고 말했다. 비용도 부담스러웠고, 몇만 명이 모인다는 대형 수련회의 낯선 분위기가 내키지 않았기 때문이다.

수련회 당일 아침, 그 친구가 내 집으로 찾아왔다. 친구가 현관 벨을 눌렀지만, 나는 재빨리 숨었고, 사람 없는 척을 했다. 그 친구는 현관문 아래에 뚫려있던 우유 투입구를 열고 안을 들여다보고서 거기에 있던 나의 신발을 확인하고는 소리를 질렀다. "너 신발 있네! 집에 있는 거 다 알아! 나와! 내가 수련회 회비 내줄게. 너는 그냥 나랑 가기만 하자!" 나는 결국 문을 열었고, 친구에게 못 이기는 척 말했다. "정말 회비 내줄 거지? 회비 내주면, 수련회 갈게." 그렇게 해서 친구와 목자 누나와 함께 2001년 C.C.C 여름수련회에 참가하게 되었다.

그렇게 가기 싫었던 수련회에서 나는 예수 그리스도로 모든 질문의 답을 삼는 '예수 그리스도 100문 1답'을 고백하게 되었다. 집회를 인도하셨던 김준곤 목사님(1925-2009)이 "우리의 주인은 누구?, 비전을 주신 분은 누구?, 우리가 공부하는 이유는?, 우리가 살아가는 이유는? ..."이라고 100번 질문하시면, 우리는 "예수 그리스도!"라는 하나뿐인 답을 외친다. 이날, 평생을 복음 전하는 사람으로 살겠다고, 나아가 목사가 되겠다고 서원 기도를 하게 되었다. 성령님께 사로잡혀 통성기도를 드리고, 찬양을 부르며 나의 죄를 대신 책임져 주신 예수님께 너무 죄송하고 감사해서 뜨겁게 눈물로 회개 기도했다. 통회 자복하며 하나님의 백성으로, 예수님의 제자로, 성령 충만으로 살고 싶다고 고백했다.

수련회를 마친 후 나는 길거리에서 사영리로 복음을 전하고 예수님을 전하는 '거지 순례' 프로그램 신청서를 C.C.C에 제출했다. 목자 누나도, 친구도 신청하지 않은 프로그램이었지만, 예수님 은혜에 너무 감사해서 조금이나마 복음의 빚을 갚겠다는 마음으로 참여를 결심했다. 성령님이 주신 구원의 기쁨(시51:12) 때문이었다. 그리하여 '거지 순례' 프로그램이 진행되는 원주로 떠나게 되었고, 그곳에서 주택가, 번화가, 아파트 등을 다니며 노방전도를 했다. 모르는 시민들에게 길에서, 집 안에서 사영리로 복음을 전하고, 영접 기도까지 인도하는 놀라운 성령의 역사를 경험했다. 그 현장에서 한 영혼을 구원하시는 예수님의 은혜를, 모든 현장을 감동으로 이끌어주시는 성령님의 인도를, 하나님의 말씀에서 나오는 믿음의 역사를, 분명히 체험하고 믿게 되었다.

신발장 기도 결단

수련회 가자고 했던 친구는 C.C.C 수련회로 나를 꾀어서 데리고 갔지만, 거지 순례에 가자고 권해도 가지 않았고, 이후 목자 누나와의 교제가 물거품이 돼서 인지 교회를 떠났다. 정말 하나님의 섭리는 알 수 없다. 나는 단지 회비를 대신 내준다는 말에 끌려 수련회에 참석했을 뿐이었다. 그곳에서 성령님의 인도하심을 체험하게 될 줄은 꿈에도 몰랐다. 더 나아가 그 자리에서 목사가 되겠다는 서원 기도까지 드리게 되리라고는 상상도 못 했다.

서원 기도는 놀랍게도 지금까지도 유효하게 삶에 작용하고 있다. 신비롭고 감격스러운 하나님의 역사이다. 수련회를 다녀온 이후, 내 안에 열정이 불타오르기 시작했다. 성령의 충만함으로 복음 전파에 대한 열정이 가득 채워지는 기분이었다. 그러면서 내 안에 '예수님을 위해서 나는 무엇을 할 수 있을까?'라는 질문이 자연스럽게 떠올랐다.

그때 예수님이 마음에 감동을 주셨다. "집에 들어가면, 믿지 않는 부모님이 있고, 두 분이 다투면 네 마음이 혼란스럽고 고통스럽지 않으냐? 하나님의 살아 계심을 나타내고, 집안에 평화가 임하기를 소망하는 마음으로 집에 들어가자마자 신발도 벗지 말고, 신발장 앞에서 무릎을 꿇고 이렇게 기도하라. '하나님 아버지, 예수 그리스도의 사랑과 기쁨, 평화가 우리 가정에 있게 하시옵고, 부모님을 구원해 주시옵소서. 예수님 이름으로 기도드립니다. 아멘.' 기도하면, 응답을 주겠다." 이 감동에 순종했고, 결단했다. 집에 돌아온 날, 신발을 벗지도 않고 신발장 앞에 무릎을 꿇고 기도했다. 부모님은 이 모습을 보고 놀라시며 말씀하셨다. "뭐하냐? 허.. 참. 드디어 미쳤네. 야! 적당히 믿어."

그 소리를 듣고도 오히려 웃음이 나고 감사했다. 마치 예수님을 위해 뭔가 해낸 것 같은 뿌듯함이 있었다. 믿지 않는 부모님에게 예수님을 전했다는 사실에 마음이 근사해졌다. 신발장 기도를 1년간 계속했다. 이 기도 이후, 부모님의 다툼이 실제로 줄어들었다는 느낌이 있었지만, 여전히 싸움은 이어졌다. 그럴 때마다 마음이 찢어지는 것처럼 아프고 괴로웠다. 그러나 예수님의 살아 계심을 믿었고, 부모님의 싸움이 언젠가 그치고 결국에는 구원받게 되리라는 믿음을 포기하지 않았다.

나중에 이 믿음은 현실이 되었다. 몇 년 후, 하나님은 '어떤 특별한 사건'을 일으키셨고, 이 사건 이후 부모님은 세례를 받으시고 신앙생활을 시작하게 되었고, 다툼도 점차 사라졌다. 〈9장 기독론 3〉에 이 이야기를 기록했다. 신발장에서의 기도 결단은 인생의 어려운 순간마다 하나님의 도움부터 구하는 아주 중요한 신앙 태도로 내 안에 정착되었다. '신발장 기도 결단'과 같은 믿음의 태도는 위기의 길목마다 예수님의 도우심을 불러왔다.

당시에도, 지금도, 예수님은 내 인생에서 가장 중요한 분이시며, 살아 계신 분이시다. 침대에서 이불을 뒤집어쓰고 불안에 떨고 있을 때면, 예수님은 분명하게 말씀하신다. "호종아, 나는 너를 사랑한다. 나를 사람들에게 전하면, 나는 그들에게 구원을 줄 것이다. 나는 너를 절대 버리지 않고 포기하지 않는다(롬8:35-39). 나는 영원히 너와 함께 있을 것이다(마28:19-20)." 예수님을 통해 부모님, 친구들, 이웃, 친척들이 구원받고 천국 백성 되기를 간절히 원한다. 그래서 나를 사랑하시는 예수님을 더 알고 싶었고, 예수님에 관한 지식을 정리하기 시작했다. 더 잘 믿고, 따르고, 전하기 위해서였다.

양성론

예수님은 한 인격 안에 인성과 신성을 모두 가지신 분이다. 이것을 우리는 "양성론"이라고 부른다. 양성론은 예수님이 어떤 상황에서는 인성을 가진 존재로 활동하고, 어떤 상황에서는 신성을 가진 존재로 활동한다는 개념이 아니다.

양성론은 인성(참 인간)과 신성(참 하나님)이 서로를 용납, 포용, 이해, 사랑, 배려하는 상호 교류(헬라어: perichoresis)를 통해서 한 인격 속에 존재한다는 상보성(뜻: 역설적인 개념이 서로 보충하는 관계에 있음으로써 하나의 개념을 완성하는 성질)에 입각한 예수 그리스도에 관한 지식 체계이다.

양성론은 이해하기 어렵지만, 매우 중요한 진리이다. AD451년에 칼케돈(Chalcedon)에서 천명한 교리에 따르면, 양성론은 인성과 신성이 한 인격 안에 결합해 변질되거나 혼합되거나, 혼동되지 않는 상태를 의미한다. 이 상태가 가능한 이유는 한 인격 안에서 참 인간과 참 하나님으로 상호 존재할 수 있도록 상호 교류하기 때문이다.

누가복음 1장 35절에는 "이러므로 나실 바 거룩한 이는 하나님의 아들이라 일컬어지리라(눅1:35)"라는 말씀이 기록되어 있다. 말씀에 따르면, 사람(인성)에게서 태어난 예수님은 하나님의 아들(신성)이다. 골로새서 2장 9절 "그 안에는 신성의 모든 충만이 육체로 거하시고(골2:9)"에 따르면, 예수님의 육체(인성) 안에는 신적 본성이 거해 있다. 로마서 9장 5절 "조상들도 그들의 것이요 육신으로 하면 그리스도가 그들에게서 나셨으니, 그는 만물 위에 계셔서 세세에 찬양을 받으실 하나님이시니라"에 따르면, 예수님은 다윗의 자손(인성)이면서 하나님(신성)이시다.

양성론은 매우 중요한 교리이다. 양성론으로 존재하시기 때문에, 예수님은 인간을 이해할 수 있다. 하나님과 인간을 연결할 수 있는 중보 역할을 할 수 있다. 예수님은 인간이시기 때문에 인류를 대표해서 원죄를 책임지는 십자가에서의 대속 제물이 될 수 있었고, 하나님이시기 때문에 신적 능력을 발휘해서 부활 영광을 완성할 수 있었다. 십자가와 부활 역사는 양성론으로 존재하시는 예수님 때문에 가능한 것이다. 삶에 작용한 양성론을 보면, 참 인간이신 예수님은 신발장에서 무릎 꿇을 때 가졌던 나의 간절함과 아픔을 이해해 주셨고, 동시에 참 하나님이신 예수님은 목회자라는 비전을 발견할 수 있도록 나를 C.C.C

여름수련회로 인도하셨다.

아리우스주의

양성론이 중요한 진리인 만큼, 기독교 역사 속에는 이 진리를 왜곡하려는 이단들이 있었다. 이 이단들을 살펴보고 주의 경계할 때, 우리는 예수님과 올바르게 교제하면서 신앙과 교회 생활을 이룰 수 있다.

아리우스주의(Arianism) 이단은 예수님에게는 신성이 없고, 인성이 있다고 주장하는 이단이다. 이 주장은 예수님의 신성을 부정한다. 이 주장에 따르면, 예수님은 하나님이 아닌, 뛰어난 영적 감각을 가진 인간일 뿐이다. 그리고 피조물 중에서 하나님과 가까워진 존재일 뿐이다. 만약, 이 주장이 사실이라면, 예수님은 십자가에서 인간의 원죄를 해결할 수 없고, 부활하심으로 인간에게 생명을 줄 수 없다. 왜냐하면 속죄와 부활 사역은 참 하나님만이 하실 수 있기 때문이다. 현대 자유주의 신학자들은 아리우스주의처럼, 인간으로서의 예수만을 연구했다. 이 연구를 우리는 "역사적 예수 연구"라고 부른다. 이것을 연구한 이들은 신앙을 감정에 생기는 카타르시스(Catharsis)라고 주장했다. 이들의 주장에 빠진 성도는 기도, 예배, 찬양, 성경, 믿음, 성령 등의 영적인 능력과 역사를 믿지 못하게 되었다(딤후3:5). 이들은 단지, 예수님을 인간이라고 생각하기 때문이다.

현대 자유주의 신학자들은 오병이어 기적을 양성론적 존재이신 예수님이 행하신 기적의 역사로 해석하지 않는다. 5,000명의 인간이 이타적인 마음으로 서로 떡과 물고기를 먹는 척한 후에 배불리 먹었다는 이타적 선행에 의한 사건으로 해석한다. 그러면서, 이들은 성도들이 이타적인 마음을 가져야 한다고 윤리적 권면을 한다. 이것은 하나님의 능력을 인간의 견해로 축소하는 불경죄이다. 이들은 아리우스주의자처럼, 예수님을 통한 기적의 역사를 인정하지 않는다. 왜냐하면 이들은 예수님을 하나님이 아니라 인간 중에 가장 뛰어난 존재로 여기기 때문이다.

우리는 아리우스주의자처럼, 또는 현대 자유주의 신학자처럼, 신앙 생활을 해서는 안 된다. 이들에게 빠지면, 영이신 하나님을 인정하지 않게 될 것이다. 성도의 마음 안에 있는 영적인 교회를 인정하지 않게 될 것이다. 십자가와 부활을 인정하지 않게 될 것이다.

만약, 아리우스주의에 빠졌다면, 나는 목회자의 비전을 주신 하나님의 말씀을 거짓으로 치부했을 것이고, 예수님에게 삶의 문제를 해결해 달라고 기도하지 않을 것이고, 성령님이 주시는 모든 영적 은사와 역사를 가짜라고 치부했을 것이다. 따라서 우리는 인간적인 관점으로만 신앙과 교회 생활하는 아리우스주의적 신학자와 목회자, 교인을 주의 경계해야 한다(골2:19-20).

가현설

가현설(Docetism, AD 1세기 후반~2세기 초) 이단은 예수님에게는 인성이 없고, 신성만 있다고 주장한다. 가현설 이단 세력은 '영지주의(Gnosticism, AD 1세기 후반~3세기 초)'로까지 이어지게 된다. 이들 모두는 예수님의 인성을 부정한다. 예수님이 인성이 없는 신성만을 가진 하나님이라는 주장이 사실이라면, 예수님은 메시아 계보인 다윗의 자손이 아니며(구약성경을 부정), 십자가에서 인류의 죄를 대신해서 책임지는 어린양 대속 제물이 될 수 없으며, 땅에 존재하는 인간의 아픔과 슬픔, 절망, 고통을 전혀 이해하지 못하고 껍데기로만 교류했던 신적 존재일 뿐이다. 왜냐하면 메시아 계보, 십자가 대속을 위한 제물 되심, 인간과 깊은 교제는 인성을 가진 존재만 할 수 있는 일이기 때문이다 (요일4:2-3).

이단 신천지(교주: 이만희)는 가현설을 토대로 거짓을 설파하는 이단 세력이다. 신천지는 이 땅의 것은 헛것이고, 저 하늘의 영적인 것만 추구해야 한다고 주장한다. 이들에게 미혹된 추종자들은 이 땅의 것으로 여기는 결혼을 경시하고, 배우자와 이혼하는 것도 대수롭지 않게 여기고, 결과를 위해 거짓말을 일삼으며, 이 땅의 것으로 여기는 재산, 직장 생활, 가족 등의 모든 것을 포기하게 된다. 예수님은 하나님이시면서 인간이시기 때문에 우리를 더욱 섬세하게 이해하시고, 보듬어주신다. 인성을 가지신 예수님이시기 때문에 우리는 예수님을 저기 멀리 하늘 꼭대기의 '나와 상관없는 어떤 신'으로 여기지 않고, 내 안에 계신 가까운 친구로 여길 수 있다(출33:11, 요15:15).

영지주의

가현설과 비슷한 영지주의는 영은 좋은 것, 육은 나쁜 것이라는 이원론의 플라톤 철학에 편승해서 신성만 있는 예수님을 주장했다. 당시에 가장 인기 있는 플라톤 철학이었기 때문에, 대다수 성도는 영지주의에 미혹되었다. 교회는 진리 보존을 위해서 이원론을 기반으로 하는 영지주의에 강력하게 대응했다. 왜냐하면 이원론적 사고에서 비롯된 영지주의는 삶의 모든 영역을 분열시키고, 파괴할 수 있기 때문이다.

훗날 이러한 이원론은 17세기 데카르트 철학자의 사상에서도 보이게 된다. 영지주의에 영향을 준 이원론적 사고는 신성과 인성을 분리했을 뿐만 아니라, 자연과 인간, 남성과 여성, 노예와 주인, 크리스천과 미개인 등으로 분리하기도 했다. 데카르트 철학을 활용한 제국주의 국가들은 제3세계 국가에 쳐들어가 강제적으로 식민지화했다. 제국주의 국가들은 자신들에 대해서 영적인 사상을 아는 제1국가로 명명했고, 제3국가는 육적인 사상만 아는 비천한 노예 국가로 격하시켰다. 산업화의 맹주들은 인간과 자연을 분리한 이원론을 근거로 자연을 파괴했다. 이처럼 이원론은 상호 교류하지 못하도록, 분열하도록 만든다.

이원론적 사고는 사회를 파괴하고, 자연을 파괴하고, 인간성을 파괴하는 주범이다. 따라서 우리는 양극단을 조장하는 이원론과 영지주의적 이단을 배척해야 한다. 이것은 상호 교류를 통해서 양성론적 존재이신 예수님의 뜻에 맞서는 비진리이다. 예수님의 양성론은 이 세계 내에 있는 양극단을 통합시켜 줄 중요한 진리이다. 인간관계, 가정, 교회, 사회, 국가의 분열을 봉합하도록, 우리는 예수님의 양성론에서 흘러나오는 상호 교류를 삶에 적용해야 한다(엡2:14).

양성론의 상호 교류

참 하나님이신 예수님은 참 인간이시기도 하다. 그래서 우리의 얘기를 잘 들어주신다. 아팠던 것, 슬펐던 것, 상심했던 것, 자존심 상했던 것 등을 모두 들어주시고, 이해해 주신다. 우리가 짊어져야 할 죄책의 무거움에 대해서 함께 아파하기도 하신다. 같은 인간이기 때문이다. 또 참 인간이신 예수님은 참 하나님이시기도 하다. 우리의 얘기를 들어주시는 예수님께 우리는 이것, 저것 많이 구한다. 도와달라고 요청한다. 그리고 시공간의 변화가 있어도 언제나 우리와 함께 계신다는 것을 믿고 기도한다. 예수님은 하나님이시기 때문이다.

예수님 안에 있는 참 인간과 참 하나님이 상호 교류로 하나의 존재가 된다는 사실로 인해서 나는 세상에 평화의 연합이 온다고 믿는다(엡2:14). 상호 교류는 이 땅에 살고 있는 성도와 하나님과의 영적 교류를 가능하게 만들기 때문이다. 양성론의 상호 교류는 교인들로 하여금 연합을 추구하게 만든다. 교회 생활 중에 만나는 '새 성도와 기존 성도와의 연합', '평신도와 목회자와의 연합', '내 교회와 너희 교회와의 연합', '내 교단과 너희 교단과의 연합', '비성도와 성도와의 연합', '지역 교회와 지역 주민과의 연합', '내 종교와 너희 종교와의 연합' 등. 양성론의 상호 교류를 통해서 우리는 연합을 이루게 된다.

집 안에 들어가는 즉시 신발장 밑에 무릎 꿇고 예수님의 평안이 이 집에 가득하게 해달라고 기도했던 근거가 양성론의 상호 교류에 있음을, 나중에 알게 되었다. 양성론의 상호 교류를 근거로 기도하면, 하나님은 부모님을 사랑의 연합으로 묶어주신다. 사랑의 연합으로 묶이게 되면, 다툼은 사라진다. 양성론의 상호 교류는 우리 인생의 여러 갈등, 분열 상황에 적용될 수 있다.

제8장 기독론 2:
예수님처럼 왜 살아야 할까?

관계 형성

소년부 보조교사를 하면서 다양한 관계 속에서의 어려움을 경험하게 되었다. 교역자와의 관계, 동료 교사들과의 관계, 부장과 차장, 총무 등 임원진 교사들과의 관계, 그리고 학생들과의 관계 등, 다양한 관계를 처음 경험했기 때문이다. 목회자와의 목양 관계, 청년부 선후배와의 위계 관계, 교회 봉사자와의 사역 관계, 소년부 학생과의 사제 관계, 목장 소그룹 내에서의 영적인 가족 관계 등 다각도의 관계 형성은 나에게 낯설고도 부담스러웠다.

특히 회의나 모임 중에 내 의견에 반박이 들어오면 분노가 치밀었고, 표정 관리가 되지 않았다. 돌이켜보면, 이는 내 안에 자리 잡고 있던 열등감과 자격지심 때문이었던 것 같다. 그런데도, 믿음의 선배들이 나를 돌보고, 달래주었다. 점차 교회 생활에 적응해 갔다. "어린이를 한 마을이 키운다."라는 속설처럼, 나는 전 교인의 도움으로 신앙과 전인격의 성장을 경험했다. 혼나기도 하고, 칭찬받기도 하며, 삐진 마음을 풀어주는 밥을 얻어먹기도 하고, 함께 땀 흘린 봉사 후에 음료수와 아이스크림을 얻어먹는 교인들과의 상호 작용을 통해서 하나님은 나의 인격을 길러주셨다. 청년부실에서 잠들면 누군가가 이불을 챙겨다 주기도 하고, 필요한 물건을 챙겨주며 돌봐주는 지체들을 보내주셨다. 그렇게 위로, 돌봄, 권면을 겪으며 점차 성숙한 관계성을 이루는 내면의 성장을 이루어 갔다.

돌이켜보면, 너무 이기적인 생각일지 모르지만, 하나님은 전 교인으로 하여금 한 명의 청년을 예수님의 제자로 세워가기 위해 협력하게 하셨다. 하나님은 구로동교회 청년부 공동체를 통해 나를 빚어 가셨다. 이것이야말로 교회 공동체의 힘이자, 성도의 교제 가운데 임하시는 하나님의 은총이다.

전환 장애

2002년에 구로동교회 청년부 교역자로 새로운 전도사님이 부임했다. 전도사님은 부임 후 청년부 임원진을 새롭게 선출했다. 나는 갑작스러운 회심과 변화로 인해서 청년부 내 호기심의 대상인 덕분에 부회장으로 선출되었다. 당시에 회계 임원으로 함께 선출된 자매가 훗날 나의 아내가 될 줄은 상상조차 하지 못했다.

임원으로 사역하면서 청년부 남자 동생들에게 자연스럽게 영향력을 끼치게 되었다. 청소년 시절 불량한 무리 속에서 대장 노릇을 하던 버릇이 남아 있었는지, 청년부 내에서도 형이라는 이유만으로 동생들을 이끌고자 하는 성향이 있었다. 하지만 인격적 미성숙으로 인해 관계적 오류가 반복되었고, 전도사님은 이를 알아차리고 나에게 목회적 돌봄을 시도하셨다. 나의 이야기를 들어주시고, 위로와 조언, 권면으로 나를 품어주셨다. 목자 누나 이후 나에게 영적 돌봄을 해준 또 다른 귀한 분이었다. 내 마음은 점차 전도사님께 열렸다.

그 시점에 청년부에서는 부활절을 앞두고 뮤지컬 공연을 준비하고 있었다. 전도사님은 나를 예수님 역할로 지목했다. 갑작스러운 회심과 변화에 대해 긍정적인 평가를 반영한 결정이었던 것 같다. 대사는 많지 않지만, 동작과 표정, 특히 십자가 위에서의 절규를 연기해야 하는 부담스러운 역할이었다. 역시나 열등감과 자격지심이라는 내면의 쓴 뿌리는 무대 위에서 나를 얼어붙게 했다. 발음, 동작, 타인의 시선이 두려워 점점 자신감을 잃어갔다. 그럴수록 전도사님은 나의 잠재력을 끌어올리기 위해서 더 많은 훈련과 가르침으로 압박했다.

연습 중 혼나는 일이 반복되자, 청년부 동기, 선배의 시선이 부끄럽고 불편했다. 점점 내면에서 분노가 솟구치기 시작했고, 한편으론 전도사님에게 주먹을 날리고 싶다는 충동도 올라왔다. 옛날로 돌아가 힘으로 모든 것을 무너뜨리고 싶다는 어두운 감정이 올라왔다. 그때 마음속으로 부르짖었다. '예수님, 저 좀 도와주세요. 어두운 감정이 사라지기를 원합니다.' 기도하고, 다시 연습에 임했지만, 상황은 반복되었다. 기도와 분노, 분노와 기도의 악순환이 반복되던 어느 날, 연습 중 무대에서 쓰러졌다.

온몸이 뻣뻣해지고, 뒤틀리면서 발작했고, 전도사님과 청년들은 내 곁으로 달려왔다. 누군가는 기도했고, 누군가는 팔다리를 주물렀다. 전도사님은 머리가 땅에 부딪히지 않도록 손으로 받쳐주었다. 의식은 있었지만, 마음속에는 여전히 분노와 분열의 소리가 울려 퍼졌다. '그 전도사를 때려. 분노의 감정을 폭발시켜.' 그 순간 전도사님은 현장에 있던 청년들에게 "왕이신 나의 하나님" 찬양을 함께 부르자고 했다. 찬양이 울려 퍼지는 가운데, 나는 점점 평안을 되찾았다. 전도사님은 나를 붙잡고 찬양을 부르며 함께 일어서자 하셨고, 찬양하며 다시 일어설 수 있었다. 그다음 전도사님은 나를 위해서 기도하자고 청년들에게 요청했다. 기도와 찬양 가운데 임하시는 하나님은 현장을 지성소로 만드셨다. 현장에는 은혜가 가득했고, 모두 눈물을 흘렸다. 나는 회복되어 다시 뮤지컬 연습에 임했다. 며칠 후 부활절 뮤지컬 공연은 성황리에 마무리되었다.

돌아보면, 나의 내면은 쓴 뿌리로 인한 분노와 혈기를 잠재우기 위해서 성령님이 싸우시는 영적 전쟁터였다. 그 갈등은 단순한 심리적 스트레스가 아니라, 영혼 안에서 선과 악이 싸우는 것이 실제 신체로 드러나는, 즉, '전환 장애의 형태'로 표출된 것이었다. 전환 장애는 훗날 2019년 12월, 발리한인교회 수요예배 중에도 발생했다. 〈제13장 종말론 1〉에 기록했는데, 당시 발생한 이 약점을 하나님은 반전의 도구로 사용하신다. 어쨌든 병원의 의사는 내면의 다툼이 전환 장애로 표출되기 전에 그 다툼을 잠시 보류할 수 있도록 내면의 시선을 다른 곳으로 돌리라고 조언했다.

전환 장애 경험을 바탕으로 사도 바울의 고백을 더욱 진지하게 묵상할 수 있었다. "내 지체 속에서 한 다른 법이 내 마음의 법과 싸워 내 지체 속에 있는 죄의 법으로 나를 사로잡는 것을 보는도다. 오호라 나는 곤고한 사람이로다. 이 사망의 몸에서 누가 나를 건져내랴(롬 7:23-24)"

전도하기 위해서

중학교 3학년 때 유도를 수련했고, 고등학교 1학년 때는 합기도와 권투를 수련했다. 부모님의 싸움을 막으려는 무의식의 이유로 운동을 시작했고, 또래 집단에서 힘으로 자존감을 세우려는 의식의 이유로 운동을 열심히 했다. 예수님을 만난 후, 이러한 무술 재능을 한 영혼 전도를 위해 사용하고 싶다는 소망을 품었다. 그래서 고등학교 1학년 때부터 다녔던 합기도 도장을 다시 찾아가 수련을 재개했다. 이를 시작으로 구로동교회 본관 4층에 '전도를 위한 무술동아리'를 개설하고 싶다고 건의했고, 허락을 받게 되었다. 무술동아리는 월요일부터 금요일까지 무료로 무술을 가르치면서 소년부와 고등부 학생을 전도하기 위한 수단이었다.

그 결과, 동네 골목길에 있는 많은 초등학생과 고등학생이 참여하게 되었고, 자연스럽게 전도의 접촉점을 형성할 수 있었다. 2005년 11월 군대 입대 전까지 무술동아리를 통해 학생들과 상호 교류를 실천하면서 복음을 전할 수 있었다. 2004년쯤 무술동아리와 관련된 안 좋은 사건이 발생했다. 무술동아리 시간이 아닐 때, 초등학생 몇 명이 무단으로 4층 장소에 들어와 선풍기를 켜고 쉬다가 이를 끄지 않고 퇴실했고, 이 선풍기가 밤새 작동하면서 화재가 발생했다. 사무장님이 화재 발생 즉시 진화하면서 다행히 큰 피해는 막았지만, 사무장님이 병원에 입원하는 상황이 벌어졌다. 이 사건을 통해 무언가를 맡는다는 것은 책임이 따른다는 사실을 깊이 깨달았다. 이후 학생들에게 철저한 문단속, 시설관리, 규칙 준수의 중요성을 교육하게 되었다. 이 사건을 계기로 지도자가 가져야 할 책임감을 배울 수 있었다.

무술동아리가 활성화되면서 무술을 통한 복음 전도 사역의 가능성을 더 깊이 고민하게 되었다. 본격적인 무술 자격 취득에 나섰다. 합기도 4단을 시작으로 킥복싱 4단, 이종격투기 4단, 태권도 1단, 유도 2

단까지 총 15단을 취득하게 되었다. 무술이라는 달란트가 선교를 위한 도구로 사용되길 원했다. C.C.C 수련회 중에 하나님의 말씀으로부터 오는 믿음을 통해서 "하나님은 나를 예수님의 제자로 부르셨다."라는 분명한 부르심의 목적을 품게 되었기 때문이다. 이 목적 아래, 무술 달란트와 자격증을 영혼 구원하기 위한 도구로 사용하고자 했다.

2004년 겨울, 구로동교회 출신 선교사님이 계신 중앙아시아 타지키스탄 후잔트(Khujand) 지역으로 한 달간 혼자 단기 선교를 다녀왔다. 우즈베키스탄 타슈켄트(Tashkent)에 있는 고려인 가정에서 1박 한 뒤, 택시를 타고 2시간 30분 정도 이동해 국경을 넘었고, 선교사님이 사역하는 교회 청년의 도움으로 무사히 입국했다. 후잔트에 머무는 동안, 중앙아시아에 강제로 이주당한 고려인 후손들과의 만남을 통해 그들의 아픔과 애환을 느낄 수 있었다.

선교사님은 이들에게 필요한 것은 하늘 영광 버리고 이 땅에 낮은 자세로 오신 예수 그리스도의 섬김과 사랑이라 말씀하셨고, 나는 그 말씀에 공감했다. 고려인 2세였던 할머니는 한국에서 왔다는 이유만으로 너무 반가워하시며 집에서 가장 귀한 음식으로 대접해 주셨다. 선교사님 교회에 소속된 고려인 4세 청소년들은 무술 선교를 위해서 가져간 쌍절곤에 관심을 보이며 배우고 싶어 했다. 그들에게 기술을 알려주고, 마지막에는 쌍절곤을 선물로 주었고, 복음을 전했다.

현지 교회 안에서 러시아인, 타지키스탄인, 우즈베키스탄인, 고려인 등 다양한 민족의 청년들을 만날 수 있었다. 그러면서 민족마다 가지고 있는 독특한 정체성과 감정을 경험할 수 있었다. 특히 러시아인에게서 묘한 자부심과 우월감을 느낄 수 있었지만, 다른 민족과 고려인에게서 애환을 느낄 수 있었다. 민족마다 품고 있는 미묘한 감정의 굴레가 있었지만, 서로가 서로에게 마음이 열릴 수 있도록 무술이라는 도구를 사용했다. 이를 통해 '특정 달란트(무술 외에도)'가 선교를 위한 도구로 쓰일 수 있다는 사실을 보게 되었다. 그렇게 선교 현장에서 무술이라는 독특한 수단을 통해 사람들과 소통하고, 복음을 전할 수 있었다. 이 경험은 무술 선교라는 영역뿐만 아니라, 가지고 있는 달란트를 구체적으로 선교에 활용하고, 실제 사역으로 연결해 나가는 데 있어 귀중한 기초가 되었다.

돌아온 이후, '언젠가 그곳에서 선교해야지'라는 생각에 따라 러시아 삼보 단체를 찾아가 기술을 배우고 3단 단증을 취득했고, 도합 18단이 되었다. 처음에는 부모님의 싸움을 말릴 힘을 기르기 위해 시작했던 운동이 이제는 선교를 위한 선한 수단으로 변화된 것이다. 그렇게 해서 대학교 안에 있던 세계태권도선교회 동아리에 가입했고, 2005년 여름에는 동유럽에서 약 2주간 태권도로 선교하는 '태권도 단기 선교 여행 팀'에 참여하게 되었다.

당시, 무술을 통해 선교하겠다는 열정은 진지하고 분명한 방향이었다. 하나님이 무술이라는 달란트를 주신 것은 우연이 아니라고 확신했다. 그러나 시간이 지나 목회자가 되면서 성경과 신학에 집중했던 나는 무술을 할 수 있는 체력과 기술 연마를 점차 포기할 수밖에 없었다. 사도 바울의 고백을 패러디하자면, 다른 더 가치 있는 일을 위해서 무술 18단을 배설물처럼 여기게 되었다(빌3:8). 무술도 사라지고, 달란트도 바뀌었지만, 선교를 위한 열정은 지금도 가슴 속 깊이 살아 있다.

삶의 자리로

지금도 타지키스탄 선교사님의 고백이 귓가에 선명하다. "이들에게 필요한 것은 하늘 영광 버리고 이 땅에 낮은 자세로 오신 예수 그리스도의 섬김과 사랑이다."라는 말씀이다. 선교사님은 예수님처럼, 낮은 자세로 다양한 민족에게 복음을 전했다. 현지인의 삶으로 직접 들어가서 복음을 전했다.

마치, 빌립보서 2:7에 기록된 "자기를 비워", 즉 케노시스(뜻: 자기비하)를 실천하시고, 십자가 길을 걸어가신 예수님처럼, 선교사님은 케노시스적 삶을 실천하셨다. 케노시스적 삶은 예수님처럼 자기를 한없이 낮추는 섬김의 삶을 의미한다. 아마도, 선교사님은 이러한 케노시스적 삶을 살다 보면, 부활 은총에 따라 영광스러운 '의의 면류관(딤후 4:8)'을 받게 될 것을 소망했을 것이다. 〈제3장 계시론 2: 특별 계시〉에 기록된 목자 누나 역시 이를 소망해서 케노시스적 사랑을 나에게 실천했을 것이다.

천한 몸으로 낮아지신 예수님은(성육신), 다시 존귀하신 신분으로 높아지셨다(부활 영광/승천). '비하'와 '고양'을 인류 구원을 위해서 오가시는 예수님처럼, 우리는 선교를 위해서 낮은 자리로 갈 수 있어야 하고, 그 낮은 자리에서의 고통 속에서도 높은 자리를 소망할 수 있어야 한다. 선교를 위해서 예수님처럼, 우리가 실천해야 할 '낮아진 신분'과 소망해야 할 '높아진 신분'을 다음과 같이 정리했다.

낮아지신 신분

"낮아지신 신분(The State of Humiliation)"은 "예수님의 성육신(The

Incarnation of Christ), 그리스도의 고난(The Sufferings of Christ), 그리스도의 죽으심(The Death of Christ)"을 의미한다.

　예수님의 성육신을 증명하는 말씀은 다음과 같다. "말씀이 육신이 되어 우리 가운데 거하시매 우리가 그의 영광을 보니 아버지의 독생자의 영광이요 은혜와 진리가 충만하더라(요1:14)" 이 말씀은 우리에게 예수님의 성육신을 알려준다. 말씀에 따르면, 예수님은 육신이 되어 우리 가운데 거하셨다. 이는 예수님이 인간의 몸으로 성육신하셨다는 뜻이다. 예수님은 지금도 주일 예배 현장, 주중 삶의 자리에서의 큐티 묵상 현장, 찬송과 기도하는 현장에 성육신으로 임재하신다. 뮤지컬 연습 중 쓰러졌을 때, 예수님은 찬송과 기도하는 무리 가운데 오셔서 나를 일으켜 주시고, 위로하셨다.

　그리스도의 고난을 증명하는 말씀은 다음과 같다. "그는 멸시를 받아 사람들에게 버림받았으며 간고를 많이 겪었으며 질고를 아는 자라 마치 사람들이 그에게서 얼굴을 가리는 것 같이 멸시를 당하였고 우리도 그를 귀히 여기지 아니하였도다(사53:3)" 이 말씀은 우리에게 그리스도의 고난을 알려준다. 말씀에 따르면, 그리스도이신 예수님은 멸시받았고, 버림받았으며, 간고와 질고를 경험하셨다. 인간처럼 고난을 경험하신 예수님은 지금 우리가 겪는 아픔과 고통을 위로하실 수 있다. 왜냐하면 예수님도 아픔과 고통을 직접 경험하셨기 때문이다. 예수님은 인간의 아픔과 고통에 무감각하지 않고 공명할 수 있다. 예수님은 인간을 충분히 이해하기 위해서 고난을 받기까지 낮아지셨다.

　그리스도의 죽으심을 증명하는 말씀은 다음과 같다. "그리스도께서 우리를 위하여 저주를 받은 바 되사 율법의 저주에서 우리를 속량하셨으니 기록된 바 '나무에 달린 자마다 저주 아래에 있는 자라' 하였음이라(갈3:13)" 이 말씀은 우리에게 그리스도의 죽으심을 알려준다. 말씀에 따르면, 예수님은 율법의 저주에서 모든 인류를 속량하시기 위해 죽임을 당하셨다. 인간의 원죄가 하나님이신 예수님이 죽으셔야만 해결되는 죄라는 사실은, 원죄가 우리가 상상할 수 없을 만큼 추악하고 크다는 사실을 알려준다. 생명이신 예수님이 우리를 구원하시기 위해 죽음을 경험하셨다는 진리는, 우리를 향한 하나님의 사랑이 얼마나 깊고 넓은지를 깨닫게 한다.

결론적으로, 예수님이 낮아지신 신분을 경험하셨기 때문에, 우리는 하나님으로부터 위로, 공명, 사랑을 받을 수 있다. 우리는 예수님처럼 낮아지신 신분을 삶에 적용해야 한다. 대우받는 자리에서 섬김의 자리로 내려와야 한다. 가장 접근하기 싫은 상대에게 복음을 전해야 하는 상황이 찾아올 때, 낮아지신 신분을 실천하신 예수님처럼, 비하의 자세로 접근해 복음을 전해야 한다. 낮아지신 신분이 되신 예수님은 십자가의 길, 즉 인류에게 생명을 내어주는 길을 걸어가셨다. 우리도 이 길을 걸어가서 생명을 전해야 한다. 우리는 낮아지신 신분이 되신 예수님처럼 자기 비하의 케노시스적 삶을 살면서 타자를 위로, 공명, 사랑해야 한다.

높아지신 신분

"높아지신 신분(The State of Exaltation)"은 "부활(The Resurrection), 하나님의 우편에 계심(The Session at God's Right Hand), 재림(The Physical Return)"을 의미한다.

부활을 증명하는 말씀은 다음과 같다. "장사 지낸 바 되셨다가 성경대로 사흘 만에 다시 살아나사(고전15:4)", "그는 몸인 교회의 머리시라 그가 근본이시요 죽은 자들 가운데서 먼저 나신 이시니(골1:18)", "죽은 자들 가운데서 먼저 나시고 땅의 임금들의 머리가 되신 예수 그리스도(계1:5)" 이 말씀들은 우리에게 부활을 알려준다. 말씀에 따르면, 예수님은 죽음이라는 낮아지신 신분에서 부활이라는 높아지신 신분으로 들어가셨다.

예수님이 부활하셨기 때문에 우리는 죽음을 맞이해도 부활을 통해 영원한 생명을 얻게 된다. 로마서 6장 4절에 따르면, 부활하신 예수님처럼 성도는 부활하여 새 생명 가운데서 행하게 된다. 성도 중에는 십자가 고통처럼 죽을 것 같은 막막함과 고난을 겪는 이들이 있지만, 로마서 6장 4절 말씀처럼, 결국 성도는 부활 새 생명 가운데로 인도될 것이다. 또 성도는 자범죄로 인해서 좌절과 실패를 경험할 수 있다. 그러나 갈라디아서 5장 24절에 기록된 "육체와 함께 그 정욕과 탐심을 십자가에 못 박은" 성도는 부활 생명을 얻을 수 있다. 이 말씀을 믿고, 우리는 예수님의 부활을 소망해야 한다. 하나님은 고난과 고통의 상황을 넘어 부활 생명으로 성도를 인도하실 것이다. 이 진리를 확고히 믿을 때, 우리는 인생의 문제를 담대히 이겨낼 수 있다.

하나님의 우편에 계심을 증명하는 말씀은 다음과 같다. "그의 능력이 그리스도 안에서 역사하사 죽은 자들 가운데서 다시 살리시고 하늘에서 자기의 오른편에 앉히사(엡1:20)", "오직 그리스도는 죄를 위하여 한 영원한 제사를 드리시고 하나님 우편에 앉으사(히10:12)", "그는 하늘에 오르사 하나님 우편에 계시니 천사들과 권세들과 능력들이 그에게 복종하느니라(벧전3:22)" 이 말씀들을 종합하면, 예수님은 지금 하나님 우편에 계신다.

하나님 우편은 우주 내 공간이 아니라, 영적 세계에 있는 보좌를 뜻한다. 이 땅과는 차원이 다른 공간이다. 예수님은 차원이 다른 영적 세계에 계시면서도 인성을 가지신 분으로서 이 땅과 연결되어 계신다. 그렇기에 인성과 신성의 상호 교류를 통해서 양성론적 본성을 가지신 예수님은 하나님 우편에서 지상의 교회를 보호하시고, 다스리며, 통치하시고, 모든 선택받은 인류를 위한 중보자 임무를 수행하신다. 이 모든 사역은 양성론적 본성을 가지신 예수님이 하나님 우편에 계시기 때문에 가능하다.

재림을 증명하는 말씀은 다음과 같다. "너희 가운데서 하늘로 올려지신 이 예수는 하늘로 가심을 본 그대로 오시리라(행1:11)", "때가 이르기 전, 곧 주께서 오시기까지 아무것도 판단하지 말라(고전4:5)", "만일 누구든지 주를 사랑하지 아니하면 저주를 받을지어다 우리 주여 오시옵소서(고전16:22)", "볼지어다 그가 구름을 타고 오시리라(계1:7)" 이 말씀들을 종합해 보면, 부활하신 예수님은 이 땅에 재림하신다.

예수님의 재림은 세상을 심판하시기 위한 목적(요5:22)과 자기 백성의 구원을 완성하시기 위한 목적(빌3:20, 골3:4)을 가진다. 그날은 반드시 임한다. 이는 성경을 통해 하나님이 약속하신 날이기 때문이다. 우리는 이날을 기다리며, 소망해야 한다. 이날은 예수님을 믿는 성도에게 완전한 승리의 날이다. 이것이 예수님의 재림이 주는 은총이다. 높아지신 신분을 가지신 예수님은 예배 때마다 낮아지는 성육신을 통해서 성도를 만나주시고, 훗날 재림의 때에 높아진 부활의 몸으로 성도와 함께 궁극적인 만남을 이루실 것이다. 이와 관련된 자세한 내용은 〈제14장 종말론 2〉 '인격적 임재, 가시적 재림 / 부분적으로 인식, 전면적으로 인식'에서 기록했다.

결론적으로, 예수님이 높아지신 신분을 경험하셨기 때문에, 우리는 부활, 보호와 통치, 중보, 그리고 완전한 승리를 누릴 수 있다. 예수님 안에서 우리 역시 높아지신 신분을 얻었음을 믿어야 한다. 우리는 원죄로 인해 가장 비천한 존재가 되었지만, 동시에 예수님으로 인해 가장 존귀한 존재가 되었다. 하나님은 높아지신 예수님 안에서 예배자로, 성도로, 하나님의 백성으로, 자녀로 우리를 높여주셨다. 이 은혜는 높아지신 신분을 가지신 예수님을 통해 받은 것이다. 높아지신 예수님은 예배드리는 성도에게 시공간의 제약 없이 찾아오셔서 높아지신 신분을 부여하신다. 따라서 높아지신 신분을 받은 성도는 이 땅에서 의의 면류관을 소망하면서 용기 있게 케노시스적 삶을 살아가야 한다.

제9장 기독론 3:
예수님처럼 살면 인생이 달라질까?

사찰 청년

군대를 장교로 입대하고 싶었다. 그러나 그 꿈은 실패로 끝났다. 왜냐하면 대학 시절에 학사 경고를 두 번 받았기 때문이다. 나름대로 선교에 대한 진지한 열정과 교회 봉사에 몰입한 나머지 학교 수업을 자주 결석했고, 결국 학업을 소홀히 한 결과였다. 나는 교회에서 권사님들로부터 '사찰 청년'이라는 별명을 들을 정도로 교회에 상주하다시피 생활했다. 청년부실에서 거의 거주하다시피 했고, 교회 전체 문을 여닫을 수 있는 마스터키를 소지한 채 출입문을 여닫는 일도 도왔다. 말 그대로 교회 사찰 역할을 자처한 청년이었다.

교회에 몰입한 결과, 학교 수업은 뒷전이 되었고 결국 학사 경고 두 번이라는 결과를 초래하게 되었다. 돌이켜 보면, 교회 봉사를 핑계 삼아 책임감 없는 대학 생활을 했다. 이러한 대학 생활을 누구에게도 추천하고 싶지 않다. 다시 그때로 돌아간다 해도 교회 생활은 여전히 열심히 하겠지만, 학업에 대한 태도는 분명히 달라져야 한다.

대학 생활이 무너졌지만, 그 시기에 특별한 은혜도 있었다. 당시 매일 찬양하고 싶다는 열정으로 가득 차 있었다. 2002년과 2003년에 다녀온 몽골 선교여행에서, 팀원들과 함께 몽골의 들판에서 자유롭게 기타에 맞춰 목소리 높여 찬양했던 경험이 영향을 주었다. 그때, '기타만 있다면 어디서든 찬양할 수 있겠다'라는 생각이 들어 기타를 배우기로 결심했다.

청년부실에서 지내던 시절, 매일 6시간씩 기타를 치며 찬양했다. 슬픈 날, 기쁜 날, 우울한 날, 감사한 날, 어떤 상황에서도 기타를 치며 찬양했다. 그 결과, 3개월 만에 복음성가와 찬송가 대부분을 연주할 수 있을 정도의 실력을 갖추게 되었다.

이후 무술동아리 학생들과 매주 한 번씩 기타를 활용해 찬양 기도회 시간을 가졌다. 그때 얻은 기타 연주와 기도회 인도라는 기술적 은사는 지금도 목회 현장에서 매우 유용하게 사용되고 있다. 나중에 발리한인교회에서 사역할 때 예배 전 찬양을 기타로 인도했고, 남양주동안교회 사역에도 회중 앞에서 직접 기타를 연주하며 수요예배, 금요철야기도회를 인도했다.

하나님은 학사 경고 받으면서 사찰 청년으로 살아가던 나를 불쌍히 여기셔서 기타로 찬양할 수 있는 기술적 은사를 주셨다. 이 은사는 지금도 예배와 선교 현장에서 하나님의 이름을 높이는 도구로 귀하게 쓰이고 있다. 물론, 다시 그때로 돌아간다면, 학교생활도 충실히 할 것이다.

억지로 주일예배에 참석

장교로 군에 입대하고 싶었다. 그러나 현실은 달랐다. 대학 시절 두 번의 학사 경고로 인해 장교 지원 자격을 잃었고, 결국 일반 사병으로 입대해야 했다. 그 사실을 받아들이기 어려웠던 나는 교회 봉사를 이유로 입대를 미루고자 했다. 입대를 지연하기 위해 간호조무사 자격증을 취득해 의무병으로 입대하는 방법 등을 알아보기도 했다. 그러나 그 모든 시도는 하나님의 소명에 순종하기 위한 결단이 아니라, 군 복무를 피하고자 하는 자기중심적 욕심에서 비롯된 것이었다.

이 사실을 바로잡아 주신 분은 당시 청년부를 섬기시던 목사님이셨다. 청년부 뮤지컬 연습 도중 쓰러졌을 때 나를 일으켜주셨던 전도사님은 목사 안수를 받으시고, 청년부 교역자로 계속 섬기고 계셨다. 목사님은 최대한 빨리 군대에 입대하라고 권면하셨고, 복무를 마친 후에는 서원한 목사 후보생의 길을 가라고 조언해 주셨다.

망설이던 나는 결국, 2005년 11월 29일에 20대 중반의 나이로 입대했다. 사병 중에서 다소 나이가 많은 편이었다. 의정부 306 보충대를 거쳐 파주에 있는 1사단 신병훈련소에 입소한 후, 11연대 3대대 본부중대로 자대배치를 받았다. 신체 능력이 뛰어나 대대 '체력왕 선발대회'에 출전할 정도로 운동 실력이 있었고, 각종 체육 행사에서도 좋은 성과를 냈다. 그러나 하나님은 그런 나를 훈련 중심의 보직이 아니라, 본부중대에서의 행정병 보직으로 인도하셨다. 부대일지 작성, 간부와 병사 휴가 관리, 근무 편성, 훈련 시 이동 계획서 작성 등 각종 행정 업무를 한글 워드 프로그램으로 처리하는 업무를 담당했다. 업무 초기에는 극심한 스트레스에 시달렸다. 머리가 터질 것 같은 압박으로 인해 자주 눈물을 흘렸고, 탈모 증상까지 겪었다. 차라리 몸을 쓰는 힘든 훈련이 더 낫겠다 싶었다. 중대장과 행정보급관의 과도한 행정 업무 지시는 벼랑 끝으로 몰아세웠고, 탈영 충동에 시달리게 했다. 결국 한 번은 주임원사실에 뛰어 들어가 "너무 힘듭니다. 탈영하지 않도록 말려주십시오. 도와주십시오"라고 외쳤던 적도 있었다.

돌이켜보면, 하나님은 군대에서 나를 훈련하셨다. 중대장과 행정보

급관을 통해 절차, 질서, 행정의 중요성을 철저히 배우게 하셨고, 그 과정에서 견고한 정신적, 정서적 성장을 이루게 하셨다. 입대 1년 후 상병 계급을 달았을 무렵, 중대의 모든 행정 업무를 능숙하게 처리할 수 있었다. 대대 훈련이 있을 때면 본부중대의 치중대와 지휘소 병력 편성, 지휘소 설치 계획 등을 직접 준비하고 실행했다.

어떤 간부는 '간부 같은 병사'라 부르며 농담하곤 했고, 실제로 일부 간부들은 나에게 업무를 부탁하는 일도 잦았다. 이 시기에 습득한 한글 워드 단축키 활용, 행정 능력, 조직 운영의 절차와 질서에 대한 이해는 훗날 목회 사역에서 매우 중요한 자산이 되었다. 만약 훈련 위주의 특수부대에 배치되었더라면 이러한 행정 능력을 배울 기회는 없었을 것이다. 이것을 하나님의 특별한 인도하심이라고 믿는다.

한편, 군대에서의 신앙생활은 문화적 재미를 제거한 교회의 본질에 다가가게 했다. 교회에서 누리던 친교나 문화는 전혀 없었고, 예배만 드렸기 때문이다. 솔직히 재미가 없었다. 구레네 사람 시몬이 억지로 십자가를 메고 갔지만 초기 교회의 중요한 신자가 되었던 것처럼(마 27:32), 나 역시 억지로 주일예배에 참석했지만, 역설적으로 억지로 참석하다 보니 예배의 본질에 집중하기 시작했다. 축구하고 싶은 마음, 자고 싶은 마음, 쉬고 싶은 마음을 이겨내고 본질에 집중하는 주일성수를 했다. 군대에서의 주일성수를 통해 교회 생활의 본질을 다시 배웠다. 성도는 교제, 문화, 프로그램 때문에 주일성수를 하는 게 아니라, 예배자로서 주일에 당연히 예배드려야 하므로 주일성수를 해야 한다.

뇌 근육

2007년 11월 말, 군 제대 후 청년부 목사님을 찾아뵈었다. 목사님은 당시 구로동교회 부목사로 사역을 전환하신 상태였고, 입대 전 권면하셨던 것처럼 하나님께 서원했던 신학대학원 준비를 본격적으로 시작하라고 다시 상기시켜 주셨다. 그러나 그에 앞서 1년 남은 대학교 생활을 마무리해야 했다. 입대 전 빠진 학점이 많아 졸업을 위해 남은 두 학기 총 48학점을 수강해야 했다. 군대에서 배운 행정 능력 덕분인지, 1년 동안 48학점을 수강하면서 모든 과목에서 A+를 받을 수 있었다. '진작 이렇게 했더라면 성적 장학금을 받고 학교에 다녔을 텐데'라는 아쉬움도 남았다.

대학교를 졸업한 후, 2009년부터 신학대학원 입시를 본격적으로 준비했다. 장로회신학대학교 근처 광장사거리에 있는 고시원에 들어가 '말씀이 있는 곳에'라는 입시 공부 모임에서 공부를 시작했다. 한 평보다 작은 구조의 고시원에서 3개월 정도 생활하면서 신학대학원 입학을 위한 각오를 다질 수 있었다. 그러나 식사와 잠자리가 불편해 3개월 이상의 장기 투숙을 포기하고 집으로 다시 돌아갔다. 이 과정을 통해 목표를 위해 긴 시간을 공들여야 할 때도 있지만, 짧은 시간 안에 집중해서 해결해야 할 때도 있다는 중요한 전략을 배웠다.

당시 구로동교회에서 신학대학원 입학을 준비하던 인원은 나를 포함해 총 네 명이었다. 그중 청년부 선배 형이 먼저 입학했고, 함께 공부하던 두 명의 누나도 나보다 먼저 신학대학원에 입학했다. 현재는 모두 목회자로 사역 중이다. 그 당시까지 그렇게 본격적으로 공부해 본 경험이 없었다. 공부하다 보니 뇌도 근육처럼 쥐가 날 수 있다는 사실을 처음 알게 되었다. 1시간 앉아 있는 것도 버거웠다. 몸과 마음이 모두 녹초가 되는 날들이었지만, 꾸준히 운동하면 근지구력이 만들어지듯, 공부도 반복할수록 '공부 지구력'이 길러진다는 것을 체험하게 되었다. 운동처럼 공부도 절대적인 시간을 들여 땀 흘린 만큼 성과가 있다는 진리를 깨달은 시간이었다.

부모님은 교회를 다니지 않았지만, 신학교에 진학하려는 것에 대해 반대하지 않으셨다. 아마도 청소년 시절 철없이 방황했었던 자녀가 군대를 다녀와서 꿈꾸고, 비전을 품고, 자신의 앞날을 위해 책상에 앉아 열심히 공부하는 모습 자체를 대견하게 느끼셨던 것 같다.

책임감과 실행력

신학대학원을 준비하면서 나를 가장 괴롭게 했던 문제는 어린 시절부터 이어진 부모님의 다툼이었다. 그 갈등은 여전히 나를 힘들게 했다. 그러나 과거에 받았던 공황(panic, 뜻: 공황 상태)에 가까운 정신적 충격처럼, 그리 깊게 다가오지 않았다. 왜냐하면 입대 이후 '공간적 분리'와 함께 '정서적 분리'가 이루어졌고, 군대에서의 단체 생활과 업무, 훈련을 통해 형성된 '살아남아야 한다'라는 강한 정신력이 감정 조절과 위기 대응 능력을 성장시켜 주었기 때문이다. 특히 위기 대응 능력의 향상으로 인해서 내 안에 "책임감과 실행력"이 자연히 만들어졌던 것 같다. 그러다 보니 부모님의 싸움을 종식할 대안을 스스로 연구하게 되었다.

어린 시절에는 해결 불가능한 고통으로 여기며 몸부림만 치다가 지쳐갔지만, 이제는 해결 방법을 고민하게 된 것이다. 문제 해결을 위해서 마침내 아버지를 경찰에 신고하기로 결심했다. 그 과정과 결과가 머릿속에 그려졌고, 계획한 대로 실행에 옮겼다. 사건은 형사과로 넘어갔고, 자녀의 증언이 있으면 아버지가 유치장에 갇힐 수도 있는 상황이었다. 아버지는 나의 단호한 대응에 놀라움을 넘어서 충격을 받으셨다.

아버지는 자신의 잘못을 인정하셨고, 어머니 역시 이제는 신고를 취하했으면 좋겠다고 말씀하셨다. 경찰서에 가서 사건을 없던 일로 하고, 신고를 취하했다. 그 이후로 부모님은 더 이상 싸우지 않으셨다. 오랜 부부 싸움이 종식된 것이다. 부모님은 목사가 되려는 아들을 보며, 자신들도 교회에 출석하겠다고 고백하셨다. 나아가 세례도 받겠다고 하셨고, 지금은 두 분 모두 세례를 받고 교회에 출석하고 계신다. 하나님은 나를 통해 가정의 문제를 해결하셨다. 문제를 해결하셨을 뿐만 아니라, 부모님을 구원하시고 하나님의 백성으로 삼아주셨다.

부모님이 예수님을 믿고 더 이상 다투지 않게 된 사건은, 로마서 9장 3절의 사도 바울의 고백 "나의 형제 곧 골육의 친척을 위하여 내 자신이 저주를 받아 그리스도에게서 끊어질지라도 원하는 바로라"와 같은 심정으로 드렸던 기도가 응답한 것이다. 하나님은 부모님의 잦은 다툼의 영향으로 불량하게 지냈던 청소년 시절에 나를 연단하셨다. 마치 사사기 11장 3절에서 입다를 "잡류"와 어울리게 하시면서 사사로서의 능력을 기르게 하신 것처럼, 하나님은 나를 훈련하셨다. 이는 앞서 고백했던 베드로전서 4장 12~13절의 말씀을 통해 깨달은 바다. 부모님이 다투는 가정환경도 하나님이 주신 은총의 일부였음을, 믿는다.

그 당시 상황을 "예수님의 책임감과 실행력"이라는 관점에서 묵상

했다. 청년이 되었을 때 책임지고 추진했다면 해결될 수 있었던 부모님의 다툼을 그동안 회피해 왔다. 어린 시절의 두려움에 갇혀 청년 시기에 할 수 있는 책임감과 실행력을 발휘하지 않았다. 하지만 하나님의 섭리 가운데 군 복무를 마치고 정신적, 신앙적, 감정적으로 성숙해진 후, 마치 예수님처럼, 가정의 문제를 해결할 수 있는 대안을 책임감 있게 찾고 실행했다. 예수님은 인류의 원죄와 하나님의 구속 계획을 책임지시기 위해 공생애와 십자가 사역을 철저히 실행하셨다. 선지자, 제사장, 왕의 삼중직을 책임감 있게 실행하신 예수님처럼, 앞으로 나는 평생 맡은 바 사명을 책임감 있게 가정과 교회에서 실행하고 싶다. 이러한 삶을 살기 위해서 예수님의 삼중직을 다시 살펴보고, 정리하게 되었다.

삼중직

예수님은 세 가지 직무(삼중직)를 책임지시고, 온전히 실행하셨다. 하나는 선지자 직무(The Prophetic Office), 또 하나는 제사장 직무(The Priestly Office), 그리고 마지막은 왕의 직무(The Kingly Office)이다. 성도는 예수님처럼 책임감 있게 이 삼중직을 삶에서 실행해야 한다. 왜냐하면 예수님이 내 안에 거하시고, 나는 예수님처럼 십자가의 삶을 살아야하기 때문이다(갈2:20).

선지자 직무

선지자 직무는 하나님의 말씀을 전하는 임무를 의미한다. 누가복음

13장 33절에는 "오늘과 내일과 모레는 내가 갈 길을 가야 하리니 선지자가 예루살렘 밖에서는 죽는 법이 없느니라"라는 말씀이 기록되어 있다. 이 말씀에 따르면, 예수님은 자신을 선지자로 말씀하셨다. 선지자 직무를 감당하신 예수님은 하나님의 말씀을 전하셨고(요14:10), 장래 일을 예고하셨으며(마24:33), 신적 권위로 말씀하셨다(마7:29).

예수님이 선지자 직무를 실행하셨기 때문에, 우리는 성경을 읽을 수 있고, 믿음을 가질 수 있고, 하나님에 관한 지식을 얻을 수 있다. 성도는 선지자 직무를 본받아 하나님의 말씀을 전해야 한다. 때를 얻든지 못 얻든지 복음 전파에 힘써야 하며(딤후4:2), 하나님의 말씀을 듣고, 읽고, 묵상할 수 있는 시간을 의도적으로 확보해야 한다. 교회마다 다를 수 있지만, 이는 큐티 묵상, 주일예배 설교, 수요기도회, 금요철야기도회 등의 시간일 수 있다. 선지자 직무를 감당하기 위해 성도는 하나님의 말씀을 꾸준히 듣고, 읽고, 묵상하는 삶을 살아야 한다. 말씀을 알아야 전할 수 있기 때문이다.

때로는 선지자가 세상의 가치관과 정면으로 배치되는 하나님의 말씀을 선포해야 할 때도 있다. 예를 들어, 예레미야 선지자는 남유다의 정치적 입장과는 반대되는 하나님의 뜻, 곧 바벨론에 항복하라는 메시지를 선포했다. 왕이 반역자로 볼 수 있었지만, 예레미야는 선지자 직무에 책임을 다하기 위해서 듣기에 거북스러운 메시지를 담대하게 선포했다. 이처럼 선지자 직무를 맡은 성도는 세상의 인정과 이해 여부를 떠나 하나님의 말씀을 책임감 있게 선포해야 한다. 세상과 구별된 가치를 담대히 드러내며, 하나님의 진리를 선포하는 선지자 직무를 오늘날 우리는 감당해야 한다.

제사장 직무

제사장 직무는 하나님과 인간 사이를 잇는 중보자 임무를 의미한다. 예수님의 제사장 직무 덕분에 우리는 하나님과 소통할 수 있게 되었다. 예수님은 인류의 죄를 대속하는 희생 제물로서, 자신을 제물로 삼아 제사를 드리신 제사장이시다(히7:26).

예수님은 제사장으로서 하나님과 인간 사이의 중보자 임무를 수행하셨다. 로마서 8장 34절에는 "그는 하나님 우편에 계신 자요 우리를 위하여 간구하시는 자시니라"라는 말씀이 있다. 예수님은 중보자로서 인간을 대신하여 하나님께 간구하심으로, 하나님과 인간 사이를 연결해 주셨다. 이처럼 제사장 직무를 책임감 있게 실행하신 예수님 덕분에 우리는 하나님과 소통하고 교제할 수 있게 되었다.

제사장 직무를 본받는 성도는 하나님과 사람 사이를 잇는 중보자 역할을 실행해야 한다. 또, 교회 안에서 새 신자와 기존 성도를 연결하는 역할을 실행해야 한다. 천국의 기쁨을 누리는 거룩한 예배와 기도회로 사람들을 초대하는 일, 성경을 통해서 하나님의 말씀을 듣도록 권장하는 일 등이 모두 제사장이 책임지고 행해야 할 사역에 해당한다. 더 나아가 제사장은 자연과 인간, 모든 피조물과 하나님 사이를 잇는 임무를 수행한다. 제사장은 이원화된 영역 사이에 존재하는 단절을 회복하고, 단절이 아니라 서로가 소통할 수 있도록 도와야 한다. 제사장 직무를 가진 성도는 삼위일체 하나님의 상호 교류에 따라 모든 삶의 영역에서의 타자에게 용납, 포용, 이해, 사랑을 이루도록 책임감 있게 실행해야 한다.

왕 직무

왕의 직무는 교회와 우주를 통치하는 임무를 의미한다. 예수님의 통치는 '영적인 통치'와 '우주적 통치'로 구분할 수 있다. 예수님은 영적인 통치로 자기 백성의 내면을 평안으로 다스리시며, 성도의 마음 안에 있는 하나님의 나라(눅17:21)를 통치하시고, 다스리며 보호하신다(사9:7). 또한 예수님은 우주적 통치로 세상을 다스리신다. 마태복음 28장 18절에는 "하늘과 땅의 모든 권세를 내게 주셨으니"라는 말씀이 기록되어 있다. 에베소서 1장 22절에 따르면, 하나님은 만물을 그의 발아래 복종하게 하셨다. 예수님은 인류의 운명을 다스리시며, 피조물의 삶을 지배하시고, 하나님의 구속 사역을 위해 우주를 섭리하신다. 이것이 바로 우주적 통치이다.

예수님의 영적 통치와 우주적 통치로 인해 우리는 영적·육적으로 하나님의 뜻 안에서 평안을 누릴 수 있다. 왕으로서 통치하시는 예수님은 자신의 자녀를 향한 모든 계획을 "우연히"처럼 보이는 선하신 섭리로 인도하신다. "우연히" 단어의 의미에는 '확률적 우연'이 있고, '섭리적 우연(룻2:3)'이 있다. 우주적 통치를 통해서 하나님은 성도를 섭리적 우연으로 인도하신다.

왕의 직무를 지닌 성도는 자연 만물을 섬김의 태도로 다스려야 한다(창1:28). 왕으로서의 품위와 체통을 지키고, 위엄과 배포를 갖춘 신앙인의 면모를 드러내야 한다. 또한 왕의 직무를 가진 성도는 어둠의 영을 대적하기 위해서 하나님의 말씀으로 권위 있는 영적인 선포를 해야 한다. 하나님의 말씀으로 권위 있는 영적 능력을 행사해야 한다. 하나님이 주신 영적 은사는 왕의 직무를 감당하는 성도를 통해 발휘된다. 성도는 세상의 권력이나 어둠의 권세에 눌려 지내지 말고, 왕의 직무를 지닌 자답게 담대한 신앙생활을 해야 한다. 예수님은 선지자, 제사장, 왕의 직무를 온전히 수행하셨다. 성도는 이 세 가지 직무를 책임감 있게 실행해야 한다.

핵심적인 은혜

〈기독론 1, 2, 3〉을 통해 나는 인성과 신성의 상호 교류로 인해서 예수님이 양성론적으로 존재하심을 배웠고, 예수님의 두 신분(낮아지신 신분과 높아지신 신분)과 삼중직(선지자, 제사장, 왕)을 배웠다. 이러한 예수님에 관한 지식을 통해서 책임지고 실행해야 할 일을 깨달았다.

첫째, 양성론에 따라 인류 구원을 위해 십자가와 부활 사건을 행하셨기 때문에, 나는 한 영혼 구원을 위해서 예수님의 십자가와 부활 은총을 전해야 한다. 둘째, 낮아지신 신분과 높아지신 신분을 실행하셨기 때문에, 나는 케노시스적 삶을 실천해야 하고, 천국에서 받을 의의 면류관을 소망해야 한다. 셋째, 삼중직을 책임감 있게 실행하셨기 때문에, 나는 주신 은사와 믿음의 분량에 따라 삶의 현장에서 책임감 있게 선지자, 제사장, 왕의 사명을 실행해야 한다.

제10장 성령론:
이해 못 할 상황으로 왜 인도하실까?

딱 맞는 선물

주변에서는 다른 지역에 있는 통합 측 신학교보다는 서울에 있는 장로회신학대학교에 입학해야 목회 길이 풀릴 것이라고 조언했다. 그 조언에 따라 장로회신학대학교를 목표로 공부하기 시작했다. 그러나 공부하면 할수록 서울장신대학교에 더 마음이 끌렸다. 경기도 광주에 있는 서울장신대학교는 당시 살고 있던 안양에 있는 집과 가까웠고, 한적한 곳에 있어서 마치, 수도원 같은 분위기였기 때문이다. 이 학교에서 신학 공부에 몰입하여 하나님께 더 가까이 다가가고 싶었다.

장로회신학대학교로 가야 목회 길이 열린다는 누군가의 조언이 그리 큰 동기부여로 작용하지 않았다. 그래서 서울장신대학교에 지원서를 제출했고, 이 학교에서 시험을 보고, 면접을 보게 되었다. 면접관 중 한 분이 "유 씨인가요, 류 씨인가요?"라고 질문했다. 나는 "버들 류이지만, 호적에는 유 씨로 등록되어 있습니다."라고 대답했다. 이 질문을 하신 면접관은 두 번의 조직신학 논문을 지도하신 이명웅 교수님이다. 철저하게 실재론에 입각한 원칙에 따라 참된 실재를 찾아가는 교수님다운 질문이라는 것을 나중에야 깨닫게 되었다. 또 다른 면접관은 왜 이 학교에 지원했는지를 질문했다. 진심을 담아 학교 위치와 수도원적 분위기 때문임을 적절하게 답변드렸다. 면접을 무사히 마치고,

최종 합격 통보를 받았다.

성경 시험의 경우, 장로회신학대학교 입시 기준으로 공부했던 덕분인지 서울장신대학교의 성경 시험에서 만점을 받았다. 왜냐하면 장로회신학대학교 성경 시험이 조금 더 난도가 있었기 때문이다. 덕분에 학교생활 중에 치러야 하는 성경 추가 시험을 면제받을 수 있었다. 하나님의 인도하심 가운데 나에게 가장 잘 맞는 학교에서 공부할 수 있게 되었다. 돌이켜보면, 성도에게 어울리는 은사, 자리, 직분 등, 딱 맞는 선물을 주시는 성령님이 나에게 딱 맞는 신학교로 인도하셨다.

정직, 순종

신학교가 안양에 있는 부모님 집에서 가까웠지만, 학교 기숙사에 들어가고 싶었다. 기숙사를 신청하려고 보니, 안양에 거주하는 경우에는 학교까지의 거리가 가까워 기숙사 신청 자격이 제한된다는 사실을 알게 되었다. 잠시 고민했다. 살고 있는 지역을 먼 지방으로 거짓 기재하여 기숙사에 지원할지 고민했다. 가벼운 거짓말이지만, 기숙사에 들어가서 기도와 신학 공부에 전념한다면, 거짓말을 만회할 수 있을 것으로 여겼던 것 같다.

고민을 스승 목사님께 털어놓았을 때, 목사님은 이렇게 말씀하셨다. "그렇게 거짓말로 기숙사를 신청해서 선정되면, 진짜 멀리 거주해서 기숙사가 꼭 필요한 어떤 학생은 심사에서 탈락할 수 있어. 그건 누군가에게 피해를 주는 일이야. 하나님은 이 일을 기뻐하지 않으실 거야." 나는 그 말씀을 듣고 깊이 고민했고, 하나님께 옳은 길을 여쭤보며 기도했다. 결국 거짓말로 기숙사를 신청하려는 욕심을 내려놓았다.

이 결정은 별것 아닌 것처럼 보여도 인생에 있어 큰 전환점이었다. 가벼운 거짓말로 인생의 문제를 우회하는 것이 어느 정도 당연하다고 생각해 왔기 때문이다. 하지만 아무리 사소한 거짓말이라 해도 누군가에게는 해가 될 수 있고, 실제적인 피해를 줄 수 있다는 사실을 깨달았다. 스승 목사님의 권면에 순종했고, 나의 결정이 누군가에게 피해가 되지 않기를 기도했다. 이 순종은 성령님이 이끄셨기 때문에 가능했다. 진실하게 살아갈 수 있도록, 성령님은 순종의 길을 가르쳐 주셨다. 정직하게 기숙사를 포기한 나는 안양 집에서 서울장신대학교까지 통학했다. 통학해서 피곤함은 있었지만, 마음은 기쁘고 평안했다.

원활한 통학을 위해서 모닝이라는 경차를 구매했다. 이 차는 이후 교회 사역 현장에서 큰 도움이 되었다. 통학을 위해 아침 일찍 출발했고, 퇴근 시간을 피하고자 밤 11시까지 학교 도서관에서 공부한 후 집으로 돌아왔다. 수도원 같은 분위기의 학교에서, 처음 원했던 대로, '수도원 같은 학교생활'을 실천할 수 있게 된 셈이었다.

정직을 선택함에 따라 매일 통학하게 되었지만, 수도원 같은 학교생활을 누릴 수 있었다. 덕분에, 매 학기 성적 장학금을 받으며 신학대학원 과정을 마칠 수 있었다. 장학금은 정직을 따르는 나의 순종에 대한 하나님의 선물이었다(시84:11). 지금도 이 경험을 기억하며, 목회자로서 정직을 선택하려고 부단히 기도하며 노력하고 있다.

첫 사역

신학대학원에 입학하게 되었다는 소식을 '모(母) 교회'에 알렸다. 중학교 2학년 때 나를 처음 교회로 전도했던 친구의 아버지가 장로님이

신데, 장로님은 신학대학원에 입학했다는 내 소식을 듣고, 소년부(4~6학년) 교육전도사를 청빙 중이라고 알려주셨다. 막 신학대학원에 입학했던 나는 호기롭게 교육전도사로 사역하고 싶다고 말씀드렸고, 사역지원서를 교회에 정식으로 제출했다. 감사하게도 모 교회에서 교육전도사로 청빙되어 첫 사역을 시작하게 되었다.

첫 사역을 모 교회에서 한다는 생각에 감회가 새롭고 긴장도 되었지만, 의기양양한 마음도 있었다. '나는 이제 전도사라고 불릴 것이다. 나는 더 이상 청년이 아니라, 전도사라는 목회자의 반열에 오른 사람이다.'라는 뽐내고 싶은 마음이 내면에서 올라왔다. 교육전도사라는 직책으로 나의 영향력은 교육부 부서로 확대되었지만, 실제로는 한 부서를 맡을 수 있을 만큼의 교육전도사로서 품위와 목회적 은사나 인성을 갖추지 못한 상태였다. 설교도 해본 적 없었고, 신학대학원에 입학하긴 했지만, 첫 수업도 들은 적 없어서 예배 인도 및 신학적 지식이 전혀 없는 상태였다. 입시 준비 때 외웠던 성경 지식만 가지고 있었을 뿐이었다.

결국 아무것도 모르는 상태에서 그저 호기롭게 자원한 겁 없는 사역자였던 셈이다. 그런 나를 성령님이 도와주시지 않았다면, 그 어떤 사역도 해낼 수 없었을 것이다(마10:18-20).

모래 진흙

소년부 사역을 시작하고 매 주일의 설교를 간신히 감당했다. 교회에서 기회를 주셔서 교육전도사임에도, 장년부 금요기도회, 수요저녁예배 찬양인도, 주일 오후 찬양예배에서 설교 순번을 배정받았다. 설교 준비할 때마다 심적 부담으로 고통스러웠지만, 교육전도사에게도 기회를 주신 교회에 감사했다. 신학대학원 1학년 1학기를 지나 2학기 쯤, 원죄의 더러움과 추악함을 표현하고자 소년부 예배 중 설교에서 특이한 시도를 했다. 모래 진흙을 꺼내 나의 머리에 부은 것이다. 머리에서 모래가 쏟아졌고, 진흙은 하얀 와이셔츠와 넥타이, 온몸에 달라붙었다. 예배실은 아수라장이 되었다. 학생들은 무섭다며 예배실을 뛰쳐나갔고, 선생님들은 물티슈와 휴지를 가져오며 현장을 수습했다. 그럼에도 나는 그 상황 속에서 원죄가 얼마나 더럽고, 인생을 무너뜨릴 만큼 참혹한 것인지를 강조하며 설교를 마무리했다. 마지막까지 아무것도 아니라는 듯이 예배를 인도하고, 주기도문으로 마쳤다.

지금 돌이켜 보면, 그런 방식의 설교는 다시는 할 수 없고, 해서는 안 되는 설교였지만, 당시에는 진지한 마음으로 정말 원죄의 추악함을 전하고 싶었다. 그러나 지금은 그런 특이한 방식으로 원죄의 참혹함을 전달하는 것을 지양하고, 후배 사역자들에게도 그렇게 하지 않기를 권할 것이다. 회중의 입장을 전혀 고려하지 않은 무례한 설교 방식이었기 때문이다. 예배 후, 소년부 부장 권사님이 조심스럽게 말씀하셨다. "다시는 이렇게 설교하지 마세요. 학생들이 충격 받습니다."

신학대학원 일부 동기들에게 주일에 있었던 일을 이야기하니, 모두 폭소를 터뜨렸지만, 정작 나에게 따로 어떤 피드백도 하지 않았다. 어이없어서일 것이다. 첫 실물 설교는 그렇게 진심과 무모함이 섞인 하나의 사건으로 남게 되었다. 나의 진심을 하나님은 알아주시리라 믿지만, 다시 해서는 안 될 실물 설교임을 인정한다.

관계 설정

모 교회 장년부 어른들은 어린 시절부터 나를 보셨기에, '유호종'이라고 부를지, '전도사님'이라고 부를지 혼란스러워하셨다. 처음에는 이름으로만 부르시고는 미안해하셨고, 점차 '전도사님'이라고 호칭을 바꾸셨다. 청년부 동생들과 친구들, 선배들도 마찬가지로 어색해했고, 나도 무척 어색했다. 아직 정립되지 않은 관계 설정 속에서 겪는 긴장감은 나에게 또 다른 관계성의 기초를 쌓는 중요한 도전이 되었다.

전도사로 부임할 무렵은, 담임목사님이 20년 이상 목회하신 후 은퇴를 몇 달 앞두고 개인 사정으로 갑작스럽게 사임서를 제출하신 혼란스러운 시기였다. 청년부 시절부터 나를 신앙적으로 이끌어주시던 스승 목사님이 '임시 담임목사'로 교회를 섬기고 계셨다. 전임 사역자가 사임하고, 임시 담임목사가 세워진 과도기의 불안정한 상황 속에서 교육전도사로 부임하게 된 것은 우연한 일이 아니라 성령님이 인도하신 일이라고 믿는다. 왜냐하면 교회 내외적으로 질서가 재정립되어야 하는 시기였던 모 교회에서의 첫 사역을 통해서 목회자로서의 관계성과 정체성을 함께 배울 수 있었기 때문이다. 또한, 어려움을 겪는 모 교회에 온 마음과 뜻과 정성을 다하는 섬김과 봉사로 아주 조금이나마 빚을 갚는 귀한 기회였기 때문이다.

이상한 충성심

소년부 부서의 부장님은 친구 어머니이자 시무 권사님이셨다. 부장님은 많은 것을 가르쳐 주셨지만, 당시에 나는 타인과 사회적, 목회적, 인간적 관계를 맺는 훈련이 부족했기에 부장님의 가르침을 불편하게 생각했다. 불편한 감정은 부장님에게 전이 되어 갈등과 오해를 일으켰다. 나는 그 갈등과 오해의 원인을 전혀 이해하지 못한 상태로 관계를 회복하기 위해 노력했지만, 그 노력은 자기중심적 입장에서 진행된 것이었기에 문제 해결에 도움이 되지 못했다.

그 즈음, 새 담임목사님이 청빙 되었다. 부임하고 며칠 후 새 담임목사님은 교육부 각 부서의 부장과 차장을 대상으로 간담회를 진행하셨다. 교회 교육부에 새로운 교육 패러다임을 제시하고자 하는 의도였지만, 대부분의 부/차장들은 그 제안에 전혀 공감하지 못하였던 것 같다. 교육 패러다임 자체보다 담임목사님의 고압적인 주입식 비전 제시로 인해 불쾌한 인상을 받았기 때문인 듯했다. 소년부 부서의 부장님은 내게 전화해서 간담회에 관한 생각을 물으셨다.

나는 새 담임목사님을 향한 '이상한 충성심'으로 "제가 드릴 말씀은 없습니다. 노코멘트 하겠습니다."라고 답했다. 그러자 부장님은 "무슨 노코멘트에요. 생각을 얘기해 보세요. 저도 갈등을 풀려고 물어보는 거예요."라고 하셨지만, 나는 같은 답변을 반복했고, 부장님은 "알겠어요."라고 하시며 전화를 끊으셨다. 지금 돌이켜보면, 나는 지혜롭지 못하게 답변했다. 당시로 돌아간다면, 부장님의 감정을 헤아리고, 새 담임목사님과의 오해와 갈등이 해결되도록 노력했을 것이다. 사실, 부장님은 담임목사님과 부/차장들 사이에서 취해야 할 관계 정립을 도와주시려고, 나를 위해서 연락하셨던 것이었고, 오해와 갈등을 풀고자 하는 의도였는데, 이상한 충성심에 따라 잘못된 상호 작용을 했다.

이를 수습하고자 부장님의 사업장으로 찾아갔다. 부장님의 입장을 경청하며 끄덕였고, 그 과정에서 부장님은 의미심장한 질문을 하셨다.

"전도사님은 목회자와 부장의 관계가 어떤 관계라고 생각하세요?" 나는 관계성에 대한 목회적 경험과 교회론적 지식이 없었기에 무지한 답을 했다. "장교와 부사관의 관계라고 생각합니다." 이 답변은 교회 질서를 계급 질서로 여기고 있다는 오해를 불러일으킬 수 있는 답변이었다. 이러한 일련의 사건들은 부임한지 2년 차였던 2012년 1월부터 9월 사이에 벌어진 일이었다. 지금 생각해도 부장님께 오해를 살만한 말만 골라서 했다. 철없는 사역자로 인해서 속을 끓였을 부장 권사님께 죄송한 마음뿐이다. 그런데, 놀랍게도 성령님은 이 모든 과정을 인도하고 계셨다.

성령님은 힘든 일이든, 잘되는 일이든 모든 과정을 인도하신다. 성령님은 목회자로서 가져야 할 '상호 관계성'을 성장시키기 위해서 나를 훈련하셨다. 성령님은 나중에 다른 갈등과 상황으로 '상호 관계성'을 계속 훈련하셨다. 결국 새 담임목사님은 이러한 나를 부담스럽게 여기셨고, 새로운 사역지를 찾는 것이 좋겠다고 진지하게 권면하셨다.

새로운 교회로

다른 사역지로의 이동은 처음이었고, 어떻게 해야 할지도 몰라 많이 혼란스러웠다. 수도원적 공간을 지닌 신학교에서 밤 11시까지 도서관에 앉아 기도했다. 그곳에서 신학 책을 읽고, 글 쓰는 시간을 가졌다. 며칠을 그렇게 보내자, 성령님이 마음에 평안을 주셨다. 도서관에 있을 때면, 기도와 묵상으로 답을 찾아가는 시간을 가졌고, 실제로 답을 찾게 되었다. 특히 조직신학(또는 교리)을 공부하면, 답답했던 의문이 해소되면서 방향성을 찾을 수 있었다. 조직신학을 공부하면서 부장님에게 목회자와 평신도의 관계를 장교와 부사관으로 비유했던 것이 교회론과 전혀 일치하지 않고, 계급 질서를 불러올 수 있는 잘못된 표현이었음을, 깨달았다. 지금은 목회자와 평신도의 관계를 예수님과 성도의 관계처럼 "친구 관계(요15:15)"이고, 주어진 역할과 질서에 따라 친구 관계의 동역자로서 함께 하나님의 나라를 세워간다고 교회론적으로 생각한다.

도서관에서 사역지를 어디로 어떻게 옮겨야 할지 고민하며 기도하던 중, 신학대학원 동기 형이 나를 불렀다. 동안교회 소망2부라는 20세 이상 성인 발달장애인 부서에서 전도사를 청빙 중인데, 적합한 지원자를 찾지 못하고 있다는 것이었다. 나는 "제가 거기에 지원해 볼까요?"라고 물었고, 형은 "그래, 지원해 봐. 내가 추천할게."라고 말했다. 그렇게 동안교회에 이력서를 제출했고, 기도하면서 동안교회에서 사역하는 상상을 하게 되었다. 정말로 청빙 되고 싶었다. 당시 교제 중이던 아내에게 동안교회 건물 앞으로 함께 가자고 했다. 이력서를 낸 교회라고 소개한 후 교회 건물 앞에서 간절히 함께 기도했다. "하나님, 동안교회 소망2부에서 사역할 수 있게 도와주시옵소서. 예수님 이름으로 기도드립니다. 아멘."

며칠 후 면접 연락이 왔고, 면접 후 동안교회에서 사역하라는 통보를 받았다. 기도가 응답 되었다. 모 교회에서 담임목사님, 부장님과 교인들로부터 축하와 격려 인사를 받았다. 신앙의 시작과 정립을 도와주고, 사역자로 성장할 수 있도록 터전이 되었던 모 교회를 떠난다고 생각하니, 마음 안에 서운함이 밀려왔다. 그래도 서운함을 뒤로 할 수 있었던 것은 성령님이 기도한 대로, 더 성장할 수 있는 새로운 교회로 나를 인도해 주셨다는 믿음이 있었기 때문이다.

발달장애인

　나름대로 교육전도사로 약 2년 동안 사역했던 경험 덕분인지, 소망2부에서 즐겁고, 의미 있게 사역할 수 있었다. 설교 중에 어떤 발달장애인 지체가 넥타이를 잡아당기거나, 단상 위에 있는 물을 벌컥벌컥 마시는 일이 종종 있었지만, 그런 행동에 아랑곳하지 않고 설교를 이어갔다. 신학적 사고가 형성되어 가던 무렵 신학대학원 수업 중에 『존 웨슬리의 일기』를 읽게 되었다. 이 책을 통해 도전과 영감을 받았다. 설교와 복음 전도 중에 수많은 핍박을 견뎌낸 웨슬리 목사님의 삶을 읽으면서 '웨슬리 목사님은 돌에 맞으면서도 설교했는데, 나는 장애인 지체의 가벼운 설교 방해에 어려워하거나 당황해서는 안 된다.'라는 마음가짐으로 예배 인도에 임했더니, 지체의 귀여운 방해는 아무 문제도 아니었다.

　소망2부에는 자폐증, 다운증후군, 지적장애, 소아마비 등 다양한 발달장애가 있는 지체들이 있었다. 나는 장애인에 대한 신학적 소양을 갖추고자 안교성 교수님의 『장애인을 잃어버린 교회』, 김홍덕의 『장애신학』, 헨리 나우웬의 『아담』 등을 읽으며 장애인을 신학적으로 이해하려는 노력을 기울였다. 그러다 보니 발달장애인 성도에 대한 편견을 해소할 수 있는 장애신학을 연구해야 한다는 결심을 하게 되었다. 발달장애인 성도를 제대로 보기 위한 장애신학을 부서 교사들과 함께 공부하기 위해 신국판 기준 200페이지 분량의 『신앙과 신학으로 이해하는 발달장애인』이라는 미간행 책을 집필하게 되었다. 그 책을 바탕으로 교사 교육을 진행했다.

장애신학을 통해 발달장애인 지체들을 편견 없이 바라보고, 사역했다. 장애신학의 관점으로 바라보니 새로운 시각이 열렸다. 발달장애인도 비장애인과 동일하게, 주님의 몸 된 교회를 든든히 세워가는 데 이바지하는 성령님의 은사를 받은 한 지체로서 존재적으로 분명한 역할을 하고 있다는 점을 확신할 수 있었다. 장애신학에 따르면, 발달장애인 성도는, 교회 내에서 '지극히 작은 자'(마25:40)라는 존재적 은사를 부여받은 자로서, 비장애인 성도로 하여금 '지극히 작은 자'를 섬기게 함으로써, 하늘의 상급을 받을 기회를 제공한다. 이러한 존재적 역할은 발달장애인 지체들이 단지 도움을 받는 대상이 아니라, 오히려 교회를 하늘의 가치로 이끄는 통로 역할로 쓰임 받고 있다는 점을 보여준다.

다른 이야기지만, 특별히 소망2부에서 미간행 책을 만들면서 '책을 만드는 기술적 은사가 나에게 있구나.'라는 사실을 깨닫게 되었다. 아마도 군 복무 시절 행정 업무를 하며 익혔던 편집 기술과 신학대학원 시절 매일 밤 11시까지 도서관에서 공부했던 시기에 성령님이 나에게 이러한 기술적 은사를 주셨으리라 믿는다. 그때 당시에는 이해할 수 없는 일들이었지만, 지나고 보면, 성령님이 인도하신 역사였고, 그 역사 어느 것 하나도 헛된 것이 없음을 깨닫게 된다.

준전임전도사

교사들을 위해 장애인을 신학적으로 이해하는 미간행 책을 제작하고 열정적으로 사역한 덕분에, 교육부 목사는 사역의 성과를 칭찬했다. 이후 교육부 목사는 신학대학원 졸업 후 곧바로 준전임전도사로 사역할 수 있도록 선임 부목사를 통해 담임목사님에게 나를 추천했다. 그 추천에 따라 교회의 배려 속에서 소망2부의 준전임전도사로 섬기게 되었다. 그렇게 인정을 받으며 사역하던 중에 한편으로는 농아인을 섬기는 교사와의 갈등이 있었다. 농아인 성도를 보조교사로 세우는 문제, 농아인 예배를 별도로 구성하는 문제 등을 두고 교사와 의견 차이가 있었고, 나는 '행정 절차 우선주의' 입장에서 그 갈등을 신속하고 명확하게 해결하지 않은 채 미적지근한 태도로 대응했다. 이에 따라 일부 교사들의 마음을 불편하게 만들었다.

나는 갈등을 해결하기 위해 노력했지만, 노력이 부족했기에 오히려 갈등의 불씨가 더 커졌다. 결국 소망2부 부장님은 이 문제를 직접 농아인 교사와 만나 대화하고 중재했다. 이 사건을 통해서 여전히 타인과 쌓인 오해를 풀어내는 소통 능력의 부족함이 내 안에 있다는 것을 확인할 수 있었다.

이 사건을 통해 갈등을 해결하기 위해서는 '행정 절차 우선주의' 접근이나 논리적인 설명만으로는 충분하지 않으며, 무엇보다도 성령님의 도우심을 절실히 구한 후에 이뤄지는 대화와 타협, 소통의 장이 중요하다는 사실을 깊이 깨달았다. 그때 마음속에 '나는 갈등 해결에 부족함을 가진 사역자다.'라는 자기 인식이 자리 잡게 되었고, 이 부족함을 채워달라고 매번 간절히 기도하며 사역에 임했다.

나의 라헬

2013년에 나와 아내는 동안교회에서 결혼했다. 담임목사님이 결혼

예식을 집례하셨다. 청년부에서 함께 신앙생활하고 봉사도 함께했던 친구와 결혼했다. 결혼 전에 청년부 임원으로 함께 사역하며 다양한 봉사를 함께 했었다. 청년부 초기 생활 중에 아내가 눈에 들어오지 않았다. 그러나 청년부 임원으로 함께 사역하면서 점차 아내가 눈에 들어오기 시작했다. 대부분의 자매들은 청년부 프로그램을 마친 후 청소나 설거지를 잘 하지 않았지만, 선교여행이나 농촌 선교 봉사를 가면 아내는 누구보다 열심히 청소와 설거지를 했다. 교회를 위해서 헌신하는 모습에 반하게 되었다. 성령님이 반하게 하신 것 같다.

어느 날, 솔직하게 아내에게 다가가 좋아한다고 고백했다. 그러나 아내는 단호하게 "나는 너 싫어."라고 말했다. 나는 "계속 너를 좋아하겠다."라고 말했고, 아내는 "그러던지."라고 했다. 그렇게 계속 좋아했다. 약 7년 동안 짝사랑을 했다. 7년의 짝사랑은 내적 괴로움을 겪게 했지만, 아내만 바라보게 만드는 체질로 만들었다. 창세기 29장 20절 말씀처럼 "야곱이 라헬을 위하여 칠 년 동안 라반을 섬겼으나 그를 사랑하는 까닭에 칠 년을 며칠 같이 여겼더라"라는 말씀처럼, 야곱이 라헬 때문에 살았다면, 나는 아내 때문에 살았다. 그래서 아내는 '나의 라헬'이다.

당시에는 이해 못 했지만

동안교회에서 사역할 당시 신학대학원 3학년이었다. 신학교에서 한창 운동했을 때처럼 열심히 공부했다. 1학년 1학기 성적은 중간 정도였다. 신학 용어도 익숙하지 않았고, 내용을 이해하기에도 버거웠다. 그러나 1학년 2학기부터는 1등을 하게 되었고, 성적 장학금을 받았다.

당시 동안교회에서는 교육전도사에게 신학대학원 장학금을 지급했지만, 나는 교회로부터 장학금을 받지 않고, 성적 장학금으로 학비를 충당할 수 있었다. 이후에도 성적 장학금을 꾸준히 받으며 학업을 이어갔고, 졸업할 때는 수석 졸업의 영예를 안으며 총회장상을 수상하게 되었다. 이 수상은 정직을 선택함으로 인해 기숙사를 포기하게 되면서 일찍 등교하고 밤 11시까지 도서관에 붙들려 땀 흘릴 수밖에 없는 상황을 주신 성령님의 도우심으로 받은 것이다. 그래서 더 감사 찬송을 올리게 된다. 성령님의 인도하심을 당시에는 이해 못 했지만, 모든 것이 나를 위한 은총이라는 것을 확인할 수 있어서 더욱 감사했다.

선물이

결혼 후, 금천구에 있는 반 지하 월세 집을 신혼집으로 정했다. 도배를 새로 했지만 금세 곰팡이가 생겼고, 습기와 탁한 공기로 생활하기 어려운 환경이었다. 그러나 나와 아내는 그런 것에 개의치 않고, 불편함 속에서도 감사 제목을 찾으려고 했다. 그러던 중, 2014년 6월 초에 첫 아이를 배게 되었다. 태명은 '선물이'로 정했다. 우리에게 주신 하나님의 선물이었기 때문이다. 그러나 2014년 6월 말, 장모님에게 새벽에 전화가 왔다. 불길한 예감은 틀리지 않았고, 급히 처가로 달려갔더니 장인어른이 소천하신 상황이었다. 장모님이 새벽기도회를 다녀온 후 집에 돌아오셨는데, 장인어른은 조용히 주무시다가 하나님의 부름을 받은 것이었다.

장례는 갑작스러운 상실감으로 인해 슬픈 분위기 속에서 치러졌지만, 천국 소망을 품은 장모님과 온 가족이 담담하게 빈소를 지켰고, 예배와 절차를 감당했다. 장인어른과의 추억이 제법 있다. 과묵하셨는데, 늘 사위만 보시면 웃으시고 따뜻하게 대하셨다. 함께 산소 제초 작업을 한 적이 있었다. 그때, 동네 어른들과 친구들께 나를 맏사위라고 소개하셨다. 목사 될 사람이라는 소개도 자랑스럽게 하셨다. 장인어른과 나중에 천국에서 만나게 될 것을 장례 예배가 진행될수록, 온 가족은 더욱 진하게 믿었다. 성령님이 주시는 말할 수 없는 평안과 위로가 온 가족에게 임했음을 믿음 안에서 느낄 수 있었다.

전임

나와 아내는 장모님 곁으로 이사해서 함께하는 것이 우리의 당연한 도리라 생각했다. 그래서 처갓집 근처로 사택을 제공하는 교회로의 부임을 진행하고자 했다. 우선, 동안교회에 사임하겠다고 얘기를 했다. 선임 목사님은 준전임전도사 자리를 어렵게 배려해서 만들어주었는데, 개인 사정으로 나간다고 하니 많이 혼을 내셨다. 혼나도 어쩔 수 없다고 생각했고, 그저 죄송하다고 말씀드릴 수밖에 없었다. 장모님을 살피는 것이 우선이었다.

나는 동안교회 소망2부에 후임 사역자가 정해지면 그때 사임하고, 이후 사역지를 구하겠다고 말씀드렸다. 사역지가 손해를 입지 않도록 하는 것이 당연한 도리라고 생각했기 때문이다. 그래서 소망2부 사역자가 정해진 후에 사임했고, 그때부터 구체적으로 기도하며 사역지를 알아보기 시작했다.

"하나님, 처갓집 근처 서울 구로구 또는 영등포 지역으로, 사택에 햇빛이 잘 드는 곳으로, 교구 사역을 할 수 있는 곳으로, 안수를 받을 수 있는 전임 자리로, 부목사로 사역할 수 있는 사역지로 저를 인도해 주옵소서. 예수님 이름으로 기도드립니다. 아멘."

이렇게 기도하며 수십 군데 교회에 이력서를 제출했다. 교육전도사와 준전임전도사까지의 경력과 소년부와 소망2부 사역 경험만 있었고, 지역 신학대학원 출신이었다. 이런 경험과 출신을 가지고, 서울 구로구 또는 영등포 지역에서 전임전도사로 사역하다가 안수받고, 부목사로 사역하는 자리로 청빙 된다는 것은 당시 분위기상 현실적으로 거의 불가능한 일이었다. 기도 제목에 맞는 자리를 얻는다는 것은 인간적으로 보았을 때 낙타가 바늘귀로 들어가는 것보다 더 어려운 일이었다(마19:24). 그러나 하나님으로서는 하실 수 있음을 믿고, 간절히 기도했다(마19:26).

어느 날, 임신 중인 아내에게 머리를 식힐 겸 짧은 1박 2일 여행을 제안했고, 제주도로 향했다. 제주도 여행 중에 우도에 갔고, 전기 전동차를 빌려 탔다. 전동차는 두 발로 균형을 맞춰야 넘어지지 않는, 매우 허술한 탈것이었다. 허술한 전동차에 나의 감정이 순간 이입되었다. 그 전동차와 우리 가정을 빗대어 아내에게 푸념했다.

"장모님 곁에 있기 위해 서울 지역 교회를 알아봤지만 쉽지 않네. 뱃속에 있는 선물이 까지, 우리 가정은 지금 타고 있는 허술한 전동차 같아. 넘어질 듯 간신히 버티고 있는 것 같아. 우리를 어디로 인도하실까?" 그렇게 말한 후, "하지만 분명 기도대로 하나님이 도와주실 거야. 믿고 계속 나아가자."라고 다짐했고, 비틀거리며 전동차를 몰고 우도 항구로 돌아왔다. 그리고 그날 하루를 마무리했다.

다음 날 아침, 한 통의 전화를 받았다. 영등포 노회에 속한 영문교회의 선임 부목사의 연락이었다. 제출한 이력서를 보고, 전임전도사로 사역하다가 안수를 받고 부목사로까지 사역할 수 있는지 물으셨다. 나는 가능하다고 긴장된 목소리로 대답했고, 면접을 보러 오라는 안내를 받았다. 내게는 이것이 기적이었다. 기도 제목과 정확히 일치하는 조건을 가진 교회로 면접하러 갔기 때문이다. 약속된 날에 면접을 보았고, 최종 설교 면접이 남아 있었다. 청년부 예배에서 설교한 후, 청년들의 투표를 통해 청빙 여부가 결정되는 방식이었다. 감사하게도 청년들의 긍정적인 투표로 청빙이 확정되었고, 영문교회에서 사역을 시작하게 되었다. 청빙 과정에서 또 하나의 사건이 있었는데, 그 사건을 〈11장 구원론 - 처음 기도대로 따르라〉에서 기록했다.

기도를 통해 기적적인 응답을 받았고, 청빙이 이루어졌다. 그러나 그때, 나는 이 청빙이 고생과 고난의 길로 통하는 '좁은 문(마7:13)'이라는 것을 몰랐다. 2014년 11월쯤 영문교회에 부임했고, 전임전도사로서 청년부, 교구, 교육부 총괄, 행정 보조 사역을 감당하게 되었다.

대면보고

첫째 아이는 영문교회에 부임한 후 태어났다. 출산 과정에서 나는 좌충우돌, 크고 작은 실수를 했다. 아내에게 진통이 와서 산부인과에 갔는데, 선임 부목사가 담임목사님께 보고하지 않고 갔다고 나무라는 얘기를 해서, 진통 중인 아내를 병원에 두고 담임목사님께 보고하러 고속으로 운전해 교회로 돌아갔다. 그러나 담임목사님은 전화를 주었으면 되었을 일을 굳이 대면 보고하러 왔냐며, 얼른 병원으로 가라고 하셨다. 지금 돌이켜보면 전화 한 통이면 되었을 것을, 무모하게 고속 주행을 했던 나의 미숙함이 부끄럽다. 이 일은 지금도 아내가 종종 이야기하며 서운해 한다. 진통 중인 아내와 태어나는 아이를 두고 교회로 보고하러 갔던 나의 무지를 타박하는 것이다. 당시에 나는 정말 많이 부족했다.

전임 목회자의 길에 들어서자, 판단하고 모든 사역에 의미를 부여하며 고민하고 분석해야 할 일들이 많아졌다. 삶의 밀도가 점점 짙어졌고, 순간적인 결단과 판단이 필요한 상황이 반복되었다. 전임 목회자의 삶은 생각보다 훨씬 무겁고 벅찼다. 내 능력 밖의 목회 사역이 너무 많았다. 당시엔 무엇이 어떻게 돌아가는지 잘 몰랐고, 하루하루가 마치 군 생활처럼 지나갔다.

사택은 교육관 4층에 자리 잡고 있었다. 5층은 중등부 예배실, 3층은 초등부실, 2층은 교역자 사무실이었다. 교육관에 있는 사택이라 불편함도 있었지만, 이전 집이 곳곳에 곰팡이가 피는 반지하에 위치해서 햇빛이 잘 드는 사택으로 기도한 대로 응답한 것이었기에 사택의 모든 것이 감사하게 느껴졌다.

대예배실은 교육관 옆 건물에 있었고, 두 건물 사이엔 연결 통로가 있었다. 새벽기도회 설교는 요일마다 달랐다. 월요일과 화요일은 내가 담당했고, 수요일과 목요일은 선임 부목사, 금요일과 토요일은 담임목사님이 설교를 맡았다. 수요일부터 토요일까지는 선임 부목사와 번갈아 가며 새벽기도회를 위한 방송실 조정을 담당했다. 설교하지 않더라도 방송실에서 새벽기도회를 섬겨야 했기에, 새벽부터 밤까지 이어지는 목회 사역은 체력적으로 절대 쉽지 않았다.

전임 사역이 너무 힘들었다. 괴로웠다. 다른 교회도 이러는지, 다른 사역자도 이렇게 힘들어하는지 궁금했다. 하지만 이상하게 아무리 힘들어도 모든 사역이 일단은 감당되었다. 지나고 보니 모든 것이 은혜였다. 당시에는 그 사실을 잘 몰랐다. 지금 돌아보면, 성령님은 일반 은총과 특별 은총으로 나를 인도하시며 목회자의 길을 걸을 수 있도록 도와주셨다는 것을 고백할 수 있다.

"지나고 보니 모든 것이 은혜입니다."라는 고백은 "계속해서 성령님이 도와주셨습니다."라는 또 다른 표현의 신앙고백이다. 성령님은 우리가 모두 살아갈 수 있도록, 특별한 상황뿐 아니라 평범한 일상에서도 끊임없이 도우시는 분이시다. 성령님은 우리에게 '도움의 은총(요14:26)'을 주시는 분이다. 광야 생활과 같은 전임 사역 기간에 체험한 그 은총을 교리적으로 정리해 보았다.

성령님의 일반 은총

성령님은 성도와 비성도 모두에게 일반 은총(Common Grace)을 주신다. 온 세상이 죄의 저주 아래 놓여 있음에도 불구하고 비교적 질서 있는 삶을 살아갈 수 있는 이유는, 성령님이 보편적으로 부어주시는 일반 은총 덕분이다.

이와 관련하여 다음과 같은 질문들이 있다. 왜 원죄를 지닌 인간이 수고할 때, 땅에서 가시덤불과 엉겅퀴만이 아니라 먹을 수 있는 소산물이 나올 수 있는가? (창3:18-19) 왜 원죄를 가진 인간이 과학과 예술의 발전을 할 수 있는가? (창4:21) 왜 원죄를 가진 인간이 특별한 재능이나 은사를 지닐 수 있는가? (창4:22) 왜 예수님을 믿지 않는 자조차

신적 존재에 대해 생각하고 종교적 열망을 품는가? (전3:11) 왜 거듭나지 못한 자가 진리를 말하거나 타인을 돕는 삶을 살 수 있는가? (대하 36:22-23)

이 모든 질문의 답은 하나이다. 성령님은 모든 만물과 모든 인류에게 일반 은총을 주시기 때문이다. 창세기 1장 2절에는 "땅이 혼돈하고 공허하며 흑암이 깊음 위에 있고 하나님의 영은 수면 위에 운행하시니라"가 기록되어 있다. 이는 성령님이 천지 창조의 시기부터 모든 피조물 위를 운행하셨음을 보여준다(창1:2). 성령님의 사역은 인간의 내면에만 국한되지 않고, 온 우주 만물을 포함한다. 로마서 1장 19절은 "하나님을 알 만한 것이 그들 속에 보임이라 하나님께서 이를 그들에게 보이셨느니라"라고 말씀한다. 이 구절은 성령님이 비성도에게도 하나님의 존재를 흐릿하게나마 보여주셨다는 것을 의미한다.

성령님은 성도에게는 특별 은총(Particular Grace)과 일반 은총을 모두 주시고, 비성도에게는 일반 은총을 주신다. 일반 은총은 모든 피조물, 모든 인간에게 적용되는 보편적인 은총이다. 마태복음 5장 45절은 하나님이 "그 해를 악인과 선인에게 비추시며 비를 의로운 자와 불의한 자에게" 내려주신다고 말씀한다. 이것이 바로 일반 은총을 적용한 대표적인 사례이다.

원죄를 가진 인간이 세상 속에서 양심에 따라 공동선(Common Good, 성도와 비성도가 모두 공감하고 인정하는 보편적인 선)을 추구하고, 재능을 발휘하는 이유는 모두 성령님의 일반 은총 때문이다. 성령님은 이 은총을 통해 원죄로 인해 타락한 인간과 자연, 우주가 당연히 받아야 할 심판과 저주를 유예하신다(롬2:4). 그 이유는 디모데전서 2장 4

절에서 밝히듯, "하나님은 모든 사람이 구원을 받으며 진리를 아는 데에 이르기를 원하시기" 때문이다. 정리하자면, 성령님은 성도와 비성도에게 은혜를 주시며, 성도에게는 일반 은총과 특별 은총을, 비성도에게는 일반 은총만을 주신다.

일반 은총은 다음과 같은 성격을 지닌다.
1) 모든 피조물과 인간의 생명을 유지하게 하는 은혜
2) 삶과 사회에 있는 죄의 세력을 일시적으로 제한하는 은혜
3) 인간 사회에 일정한 질서를 부여하는 은혜
4) 공동선과 의를 행하게 하는 은혜
5) 타고난 재능을 발전시킬 수 있도록 돕는 은혜

일반 은총은 하나님의 심판을 유예한다. 그러나 이 은총은 구원의 실질적인 효력을 지니지는 않는다. 구원의 능력은 오직 특별 은총에 있다.

비성도는 일반 은총으로 인해 삶의 윤택함, 평안, 형통함을 얻을 수 있다. 하나님은 비성도의 형통을 통해 성도를 더욱 복되게 하시고, 하나님의 일을 행하시며 교회를 강건하게 하신다. 하나님은 앗수르, 바벨론, 페르시아와 같은 이방 국가들을 일반 은총의 도구로 사용해서 이스라엘을 연단하셨고, 헤롯과 본디오 빌라도를 일반 은총의 도구로 사용해서 예수 그리스도의 길을 준비하게 하셨다(하박국, 시편2편, 행 4:23-31). 군대에서 나는 일반 은총으로 살아가는 불신자 간부들의 강압으로 행정 업무와 편집 기술을 배웠고, 그 기술을 교회 사역에 사용할 수 있었다. 하나님은 불신자를 통해서 나에게 기술적 은사를 주셨

다. 이러한 간증은 우리 주변에 무궁무진할 것이다.

일반 은총은 국가 운영, 정치, 경제, 문화, 교육 등의 영역을 통해 모든 인류에게 영향을 미치며, 이를 통해 일정한 평화와 번영이 가능해진다. 하지만 일반 은총만으로는 구원에 이를 수 없다. 절대자의 존재 여부를 흐릿하게나마 느끼게는 하지만, 궁극적인 구원을 주지는 못한다. 죄의 문제를 해결하고 구원을 이루기 위해서는 특별 은총이 필요하다.

성령님의 특별 은총

성령님은 성도에게 특별 은총을 주셨다. 특별 은총은 인간의 원죄를 제거하고, 인간이 받아야 할 죄의 책임과 형벌을 면제한다. 성령님은 특별 은총을 통해 인간의 내면을 변화시키시며, 죄로 인한 부패로부터 점진적으로 정화해 가신다. 특별 은총의 궁극적인 목적은 성도의 구원과 영원한 생명이다.

일반 은총은 세상이 멸망하지 않도록 죄의 결과를 일정 부분 완화한다면, 특별 은총은 인간의 본성 전체를 갱신하고 재창조한다. 특별 은총은 인간에게 믿음을 부여하며, 인간이 예수 그리스도 안에 있는 구원의 제안을 받아들일 수 있도록 인도하고, 성령의 열매를 맺게 한다(갈5:22-23).

일반 은총은 인간의 양심, 자연법, 도덕적 설득, 인간의 의지를 수단으로 역사하시는 성령님의 간접적인 사역이다. 반면, 특별 은총은 인간의 마음속에 직접적으로 구원 역사를 일으키고 변화시키는 성령님의 직접적인 사역이다. 특별 은총은 인간의 의사와 상관없이 하나님의 주권적 선택에 따라 인간에게 전달된다. 이는 인간이 거부할 수 없는 불가항력적인 은총이며, 하나님의 선택을 받은 자는 성령님이 주시는 특별 은총으로 인해 반드시 구원을 얻게 된다. 성령님이 특별 은총을 주셔야만 인간은 구원에 이를 수 있으며, 인간 자신의 노력으로는 특별 은총을 얻거나 불러올 수 없다.

성령님은 "말씀과 기도, 성례전(세례와 성찬)"이라는 특별 계시를 수단으로 인간에게 특별 은총을 전달하신다. 따라서 구원의 방편은 성경, 기도, 성례전이다. 성령님은 이러한 구원의 방편을 통해 인간에게 특별 은총을 주신다. 성도는 말씀과 기도, 성례전의 현장에 있어야 한다. 성령님이 바로 그 현장에서 성도에게 특별 은총을 부어주시고, 그 특별 은총이 성도의 삶을 인도하시기 때문이다.

이 모든 것과 그 외 모든 것이

성령님은 내게 딱 맞는 수도원과 같은 신학교에서 신학 공부하게 하셨다. 정직을 선택함에 따라 통학하면서 남들보다 긴 시간을 도서관에 머물 수 있는 환경을 주셨다. 교회 사역 중에 일어나는 다양한 관계적 갈등에서 벗어나고 해결되는 과정을 인도하셨다. 교회 청빙의 자격 조건이 미흡했지만, 청빙 되도록 인도하셨고, 결국 장모님 곁에서 지낼 수 있게 하셨다. 전임 사역자의 길을 도우심의 은혜로 걸어갈 수 있게 하셨다. '이 모든 것'과 '그 외 모든 것이' 성경, 기도, 성례전을 수단으로 성령님이 내게 주신 특별 은총의 인도하심이다. 성령님이 주시는 특별 은총에는 어느 하나도 헛된 것이 없다. 성도는 성경, 기도, 성례전의 현장에서 받은 특별 은총을 삶에서 누리고 있다.

3부
광야로 인도하심

제11장 구원론:
성화 될 때 어떤 유익이 있을까?

처음 기도대로 따르라

영문교회에서의 전임 사역은 하나님이 주신 선물이다. 나는 그 확신 가운데 사역을 시작했다. 하나님이 인도해 주셨다는 사실은, 경기도에 있는 한 대형 교회와 관련된 사건을 통해 내 안에 더욱 분명하게 각인 되었다.

동안교회를 사임하고 새로운 사역지를 찾던 중, 아는 목사님의 추천으로 경기도의 어떤 큰 교회 대학부 준전임전도사 자리에 이력서를 제출하게 되었다. 그러나 처음 기도 제목에서 1순위였던 "장모님 곁에서 거주"라는 기도 내용과 부합하지 않았고, 다른 기도 내용들 "전임", "안수 보장", "사택 제공" 등과도 전혀 맞지 않았다. 그럼에도 교세가 있는 교회의 대학부 사역이라는 조건에 이끌려 이력서를 제출했던 것은, 지금 돌이켜보면 매우 잘못된 결정이었다. 하나님이 주신 기도 내용대로 믿고, 지원하지 않았기 때문이다.

그 교회의 대학부 목사는 며칠 후에 청빙하기로 했다고 나에게 연락했다. 그러나 이미 제주도 여행에서 신세 한탄을 하던 중 영문교회 연락을 받고, 이력서를 제출한 후 면접과 청빙을 위한 설교까지 마친 상태였고, 결과를 기다리고 있었다. 먼저 이력서를 제출한 교회는 기도 내용과 일치하지 않았지만, 청빙 통보를 먼저 했고, 나중에 이력서를 제출한 영문교회는 기도 내용과 일치했지만, 아직 확답을 받지 못한 상태였다. 고민에 빠졌고, "나는 어떻게 해야 할까?"라는 질문을 품고 간절히 기도하게 되었다.

　하나님은 처음 기도대로 따르라는 확신을 주셨다. 나는 그 음성에 순종하기로 결심하고, 아직 청빙 발표 전이었지만 영문교회 담임목사님께 솔직하게 현재 상황을 설명했다. 그러자 담임목사님은 영문교회로 오라고 말씀하시며, 당회를 열어 청빙 절차를 밟겠다고 하셨다. 청빙을 결정했으니, 그 사실을 경기도에 있는 교회에 정중히 전달하라고 권면하셨다. 즉시 대학부 목사님께 연락드려, 상황을 솔직하게 말씀드리고, 청빙 절차 중단을 부탁드렸다. 그리고 기도한 대로 기다리면서 사역지를 구하지 않고 불안한 마음에 조바심을 냈던 나의 믿음 없는 행동에 대해 하나님께 회개했다. 기도 내용과 행동의 불일치를 회개했다.

　그로부터 몇 년 후, 경기도에 있는 그 교회 대학부에서 자매와 담임목사 사이에 부적절한 사건이 발생했고, 결국 교회가 큰 혼란을 겪으며 담임목사와 대학부 목사 모두 사임하게 되었다는 소식을 들었다. 이 소식을 접한 나는 하나님의 섭리가 얼마나 신비롭고 정교한지를 다시금 깊이 깨닫게 되었다.

　이 사건을 통해 하나님이 주신 처음 기도대로 따르는 게 얼마나 중요한지를 배웠다. 기도와 행동이 따로 움직이는 게 아니라, 기도와 행동의 일치가 중요하다는 것을 배웠다. 기도한 대로 허락하신 영문교회에서의 사역은 하나님이 주신 선물이었으며, 그 선택은 결국 나를 보호하시고 인도하신 하나님의 은혜였음을 고백하게 된다. 이 믿음의 고백 때문에 앞으로 펼쳐질 영문교회에서의 험난한 전임 사역의 과정을 견딜 수 있었다.

풋내기 사역자

영문교회에 부임했을 당시, 교육부 총괄, 청년부, 그리고 2교구 사역을 담당했다. 영문교회의 교구는 1교구와 2교구로 구성되어 있었고, 청년부 인원은 약 17명이었다. 당시 청년부는 이전 사역자와 청년 간의 갈등으로 인해 공동체 활동이 많이 약화 된 상태였고, 상처로 인해 출석하지 않는 청년이 많았다. 반면 교구는 담임목사님의 안정적인 목회 활동으로 평안한 상태였다.

이 글을 작성하고 있는 지금에서야 과거 영문교회 사역을 되돌아보며 이 정도 분석을 할 수 있는 것이지, 부임했을 때 나에게는 목회 상황을 제대로 파악할 능력이 없었다. 무엇을 해야 할지, 어떤 일에 집중해야 할지, 어떻게 준비해야 할지를 전혀 몰랐다. 그저 동안교회에서 소망2부 사역했다는 경력과, 신학대학원을 수석으로 졸업했다는 자부심만 가진 풋내기 사역자였다.

그런 상태에서 부임한 지 일주일 만에, '일반대학원 신학석사(Th.M) 공부를 해야 내 목회 인생이 찬란하게 빛날 것이다.'라는 단순한 생각으로 담임목사님께 공부해도 되는지를 여쭈었다. 돌아온 답변은 "유호종 전도사, 지금 배울 게 얼마나 많은데 그런 소리를 해. 책으로 배울 게 있고, 현장에서 배울 게 엄연히 다른 거 몰라?"였다. 그 말을 듣고, 당황해서 속으로 '하지 말라면 안 할 생각으로 물어본 건데 왜 질문도 못 하게 하지? 그리고 내 돈으로 내가 공부하겠다는 건데 왜 못 하게 하지?'라고 생각했다.

지금 돌아보면, 이 질문이 정말 잘못된 것이었음을 인정한다. 전임 사역을 이제 막 시작한 풋내기 사역자가 집중해서 목회 사역을 배워도 모자랄 판에, 공부하겠다고 나섰으니, 시기적으로도, 사역적으로도, 태도적으로도 매우 미숙한 생각을 했다. 2~3년 정도 전임 사역자로서 목회 현장의 사역을 충실히 배우고, 아름다운 결과물을 만들어 내고, 담임목사님의 목회를 성심성의껏 돕고 난 후에 공부 허락을 구했어야 한다. 당시, 그 질문은 나의 미성숙한 생각을 여실히 드러낸 행동이었다.

꾸중과 압박

그날 이후로 담임목사님의 꾸중이 시작되었다. 자존심이 완전히 바닥을 치고, 뭉개질 정도로 질책을 받았다. 동료 부교역자들이 있는 자리에서도 사역 과정 중 미흡한 부분이 보이면 가차 없이 지적받았다.

담임목사님은 "유 전도사, 책으로 읽을 것과 현장에서 배울 것을 구별하면 좋겠어."라고 자주 말씀하셨다. 또 어떤 상황에서는 "나는 그게 좋아. 나는 그게 싫어."라고 명확하게 말씀하셨다. 담임목사님은 나의 성향을 파악하시고, 알아들을 수 있도록 '좋다', '싫다'를 분명히 구분하여 표현하셨다. 하지만 당시에는 그 꾸중 듣는 상황 자체를 이해하기 어려웠다. 특히 이해할 수 없었던 부분은 나의 잘못으로 청년부 인원을 줄어들게 한 것도 아닌데, 청년부 예배 출석 인원이 30명 이하일 경우 반드시 채우라는 압박이 계속되었다는 점이다. 부임했을 때 청년부 인원은 약 17명 정도였는데, 예배 후 종례 회의에서 30명에 미치지 못하면 받게 되는 끈적거리는 질책을 이해할 수 없었다.

"그게 뭐야, 유 전도사. 나는 출석 인원 30명으로 만들 줄 알고 유

전도사를 청빙했어. 그렇게 하면 안 되지. 30명 못 만들면 나는 유 전도사랑 같이 가기 어려워. 목사 안수 주는 것도 어려워."라고 반복해서 말씀하셨다. 다른 꾸중은 참을 수 있었지만, 이 말씀에는 참을 수 없는 분노가 치솟았다. 회의가 끝난 뒤, 분노로 가득 찬 눈동자를 동료 부교역자들에게 보이기 싫어 1층 화장실로 내려가 세면대에 얼굴을 묻고 펑펑 울었다. 거의 매주 눈물을 흘렸던 것 같다. 억울함 때문이었다. 그러나 시간이 지나고 나서야 알게 되었다. 담임목사님의 꾸중과 압박은 나를 무너뜨리기 위한 것이 아니라, 나를 성장시키려는 것이었다. 다른 사역을 제쳐 두더라도, 최우선으로 한 영혼에 대한 간절한 목자의 심정, 즉 "예수 그리스도의 심장(빌1:8)"을 가질 수 있도록 가르쳐 주셨다. 시간이 지나 성령님은 담임목사님의 가르침을 깨닫게 하셨다. 그제야 담임목사님의 목양실에 걸려 있던 '목양일념(牧羊一念)'이라는 액자 속 글귀의 뜻이 이해되었다.

철저히 순종

그러한 상황이 매주 반복되었지만, 담임목사님의 가르침 속에 성장과 성숙을 바라는 진심이 있음을 알게 된 뒤로 나의 태도는 변하기 시작했다. 담임목사님의 말씀을 경청하고, 기억하고, 말씀대로 행동하려고 노력했다. 사소한 것도 순종하려고 노력했다. 함께 심방을 가서 음식을 먹는 자리에서 음식이 남게 되면, 담임목사님은 "유 전도사, 음식은 남기면 안 돼. 접시에 있는 건 다 먹어."라고 말씀하셨다. 나는 웃으면서 남은 음식을 모두 먹었고, 그러면 심방 자리에 함께 있던 권사님들은 웃으며 "전도사님이 참 잘 드시네요."라고 말씀하셨다.

담임목사님의 사소한 말 한마디에도 철저히 순종하려고 노력했다. 교회 차량으로 교인들을 모셔야 할 때는, 하루 전날 인터넷 지도를 통해 이동 거리와 동선을 파악하고 암기했다. 당일에는 차량 상태를 30분 전에 점검하고, 10분 전에 시동을 켜며, 교인들의 차량 탑승을 돕고 담임목사님을 정중히 모셨다. 철저히 순종하려고 노력했다.

마음 깊은 곳에 있던 순종의 동기에는 주일예배 청년 출석 인원과 사역의 미숙함으로 인해 혼나기 싫다는 불안감도 있었다. 그러나 혼내는 담임목사님의 의중에는 나를 성장시키기 위한 진심이 있었기 때문에, 자발적으로 순종했다. 담임목사님의 가르침에 따라 전임 사역자로서 잘 성장하고 싶다는 간절한 열망도 나를 순종으로 이끌었다. 철저한 순종 이후 점차 나를 대하는 담임목사님의 태도가 부드러워지기 시작했다. 물론, 청년부 주일예배 인원이 30명 이하로 떨어진 날에는 여전히 큰 꾸중과 압박이 있었다. 담임목사님은 전임 사역자가 교회 인원수 유지에 대해 얼마나 간절한 마음과 책임 의식을 가져야 하는지를 지속적으로 가르치셨다. 그 꾸중과 압박 속에서 목회자의 무거운 책임 의식을 배워갔다.

과감한 제안

물론, 꾸중과 압박의 상황을 견디는 게 쉽지는 않았다. 이 상황이 몇 달간 계속되자, 나는 참다못해 담임목사님께 제안했다. 부임하기 전부터 청년부에는 이미 문제가 있었고, 부임한 이후에도 갈등이 있었기 때문에 몇 개월 만에 인원을 30명 이상으로 늘리는 것은 현실적으로 어렵다는 점을 솔직하게 말씀드렸다. 그리고 1년의 기간을 주신다면 반드시 청년부 인원을 30명 이상으로 만들겠다고 제안했다. 만약 그렇게 이루지 못하면 사임하겠다고 말씀드렸다. 과감한 제안 이후부터는 청년부 인원이 30명 이하가 되더라도 이전처럼 큰 꾸중을 받는 일은 줄어들었다. 제안 이후 더욱 간절하게 사역에 임했다. 진심으로 청년부를 30명 이상의 건강한 공동체로 세우고 싶다는 간절한 열망이 내 안에 있었기 때문이다. 하나님이 '과감한 제안'을 하게 하셨다는 믿음이 있었기 때문에 사임에 대한 두려움은 전혀 없었다. 청년들이 예수님의 제자로 변화되고 믿음이 자라나기를 바라는 마음으로, 최선을 다해 사역을 수행했다. 성령님이 30명 이상의 예배 인원으로 채워주실 것을 믿었다.

나는 더욱 간절히 기도하게 되었고, 청년부 사역에 모든 열정을 쏟아부었다. 매일 청년들을 심방하고, 만나고, 함께 식사하고, 차를 마시며 소통했다. 밑 빠진 독에 물 붓는 심정으로 청년들에게 사랑과 환대를 베풀었다. 12개월 동안 매달 교제와 교육 프로그램에 집중했고, 청년부 주보도 내용을 풍성하게 가득 채워 정성스럽게 만들었다.

여름에는 선교 봉사 사역을 기획하여 영등포역 뒤편의 '쪽방촌'과 주변 노숙인들을 섬기는 사역을 했고, 영등포역 앞에서 버스킹 찬양도 진행하며 청년부 활동에 활력을 불어넣었다. 기회가 주어져 하와이 예수전도단 열방대학 학장이자 "사랑하는 나의 아버지" 찬양곡의 작사, 작곡자인 CCM 사역자 밥 피츠(Bob Fitts) 목사님을 초청해서 찬양집회를 열기도 했다. 헌신적으로 청년부 사역에 몰입한 결과, 1년 후 청년부 인원이 30명을 넘게 되었다. 그 이후 담임목사님이 나를 대하는 태도가 한층 부드러워졌고, 나는 이 과정을 통해 목회자로서 한 단계 성장할 수 있었다.

기술적 은사

영문교회에 "40일 말씀 양육"이라는 프로그램이 있었다. 이 프로그램은 40일간 월~금, 저녁 8시~9시 30분까지 저녁에 진행되는 성령 집회이다. 찬양을 약 20분간 인도하고, 담임목사님이 영적 세계와 믿음에 관한 설교 말씀을 약 40분간 전한다. 이어서 통성기도를 30분 정도 진행한다. 프로그램이 진행될수록 통성기도 시간은 점점 늘어난다. 40일이 되어갈 무렵에는 거의 1시간 정도 통성기도를 하게 된다.

찬양과 통성기도 인도는 전임 사역자가 둘뿐이었기에 선임 부목사와 내가 맡았고, 담임목사님은 설교를 담당하셨다. 이전에도 "주여!"를 부르짖는 통성기도에 익숙했지만, 이렇게 월요일부터 금요일 저녁까지 40일간 연속으로 참여하며 찬양과 통성기도를 인도하는 일은 체력적으로 매우 힘든 일이었다. 40일간 말씀을 전하시는 담임목사님을 볼 때면, 정말 대단하다는 존경의 시선으로 바라보곤 했다. 목도 쉬고 몸도 지쳐갔지만, 시간이 지날수록 성령님의 운행하심과 은혜 베푸심이 더욱 깊이 느껴졌다. 영적인 사역은 육신의 힘과 능력으로 하는 것이 아니라, 성령님이 주시는 은혜로 감당하는 것임을 배울 수 있었다.

특히 프로그램에 참여한 성도들의 삶에 변화가 일어나는 것을 보았다. 기도 응답의 역사가 나타났고, 절망에 빠져 있던 성도들이 삶에서 소망을 발견하고, 믿음으로 상황을 해석하는 참된 크리스천으로 변화되는 모습을 직접 목격할 수 있었다. 성령님이 기도와 말씀을 수단으로 성도들에게 특별 은총을 부어주시고, 변화시키신다는 것을 체험하는 귀한 시간이었다.

개인적으로도 이 프로그램을 통해 배운 점이 많았다. 긴 통성기도를 인도하는 방법과 전체 분위기를 기도할 수 있는 흐름으로 이끄는 기술적인 부분도 체득할 수 있었다. 목이 쉬어도, 몸이 지쳐도, 기도할 내용이 잘 떠오르지 않아도 통성기도를 유지하는 법을 익혔다. 무엇보다 성령님이 말씀과 기도를 수단으로 특별 은총을 부어주신다는 체험을 할 수 있었던 귀중한 훈련 시간이었다.

목회 조언

언젠가 영문교회 담임목사님이 '살얼음 목회'에 대해 가르쳐주셨다. 담임 목회를 20년 넘게 하셨지만, 여전히 살얼음판을 걷는 것처럼 목회하고 계신다는 말씀이었다. 언제 어떻게 깨질지 모르는 살얼음 위를 걷는 심정으로 목회를 하시기에, 매일 새벽기도회가 끝난 후 강단에 무릎을 꿇고 기도하신다고 하셨다. 나는 실제로 매일 강대상 십자가 아래에서 무릎을 꿇고 기도하시는 담임목사님의 모습을 보았다. 그래서 이 가르침은 더욱 깊이 마음에 다가왔다. 그것은 정말 배워야 할 모범적인 목회자의 모습이었다. 담임목사님은 매일 새벽기도를 통해 살얼음과 같은 목회 현장이 무너지지 않도록 지켜내고 계셨다.

살얼음판 같은 목회 현장에서의 매일 기도는 너무도 당연했다. 신중하고 철저하게 목회 일정을 감당하려면, 그리고 성도들에게 은혜를 끼치려면 매일 기도를 해야 함을, 배울 수 있었다. 처음에는 꾸중과 압박만 있었던 담임목사님과의 관계 속에서, 어느 순간부터 목회의 본질과 원리에 대한 깊은 가르침이 나에게 다가오기 시작했다. 성령님은 담임목사님을 통해서 '목회를 배울 기회'를 주셨다. 성령님은 사람을 통해 일하시며, 때로는 엄한 꾸중과 질책을 성장하기 위한 자양분으로 삼게 하시고, 연단과 훈련을 통해 목회자를 세워 가신다.

지혜롭게 대처하는 것

영문교회에서 14개월 정도 사역했을 무렵, 선임 부목사의 출타로 인해 나는 집사님의 아들이 결혼하는 예식에서 주례를 맡으신 담임목사님을 수행하게 되었다. 예식 수행은 처음 맡은 임시 사역이었다. 담임목사님, 담임 사모님, 교구 담당 장로님, 그리고 나는 결혼식 시작 15분 전에 예식장에 도착했다. 결혼식장 관계자와 만나 예식 식순을 조율했다. 이때 관계자와 집사님의 아들, 즉 신랑은 주례자가 전체 집례를 하는 것이 아니라 친구가 사회를 보며 예식을 진행하겠다고 강경하게 말했다. 이 상황을 담임목사님께 보고 드렸고, 담임목사님은 "이렇게 진행되면, 나는 주례 못 해. 다시 조율해 봐."라고 단호히 말씀하셨다. 나는 이 말씀을 그대로 관계자에게 전달했다. 예식 5분 전이었다. 촉박한 시간이 계속 흘러갔다. 신랑 측은 결국 주례 없이 진행하겠다고 주장했고, 예식은 그대로 시작되었다.

그리하여 주례 없는 결혼식이 진행되었다. 사회자가 예식을 진행했다. 담임목사님을 주례자로 초청한 신랑 측과 신부 측 부모님은 당황한 기색이 역력했다. 당시 나는 담임목사님의 강단 있는 태도에 존경심을 가졌고, 나름대로 잘 조율했다는 자부심을 느꼈다. 예식이 끝난 후, 담임목사님은 어두운 낯빛으로 식사하지 않으시고 곧바로 교회로 복귀하자고 하셨고, 함께 참석했던 일행은 교회에 도착한 후 각자 귀

가했다. 다음 날 주일 사역을 모두 마친 후, 담임목사님은 나를 목양실로 부르셨다. 그 자리에 신랑 측 어머니이신 집사님, 해당 교구 권사님, 담임 사모님, 그리고 담임목사님이 계셨다.

　담임목사님은 전날 결혼식 상황을 모두에게 설명하라고 하셨고, 집사님은 눈물이 맺힌 눈빛으로 예식을 망쳤다고 말했다. 나는 모든 상황을 최대한 정확히 설명해 드렸다. 설명해 드리던 중, 순간 깨달았다. 담임목사님의 "나는 주례 못 해."라는 말씀은 "이 상황을 어떻게든 주례할 수 있는 상황으로 조율하라"라는 뜻이었음을.

　나는 신랑과 친구의 완강한 태도와 5분 남짓 촉박한 조율 시간 속에서 결혼식이 주례 없이 진행하는 쪽으로 흘러갔다고 말씀드렸다. 책임이 나에게 쏠리는 상황이라 말하던 중에 긴장하여 더듬거리기도 했다. 그 순간, 집사님은 나의 얼굴을 잠시 바라보시더니 갑자기 아들과 친구의 잘못이라며, 그들이 무리하게 사회자를 세우려 했다고 말씀하셨다. 더듬거리던 내 모습을 안타깝게 여기신 듯했다. 교구 권사님도 평화로운 분위기를 위해 말씀을 거들어 주셨고, 나에게 너무 마음 쓰지 말라고 위로해 주셨다. 담임목사님과 담임 사모님도 위로의 말씀을 건네주셨다. 그렇게 사임으로 이어질 수도 있었던 중대한 책임의 상황에서 벗어날 수 있었다. 만약 이 일로 책임을 지게 되었다면 교회를 떠나야 했을지도 모른다. 이 일을 회상하면 지금도 죄송한 마음이 들고, 얼굴이 화끈거린다. 주님의 사랑으로 용납해 주시고, 이해해 주신 것에 무한한 감사를 드린다. 어떤 급박한 상황이든 성령님의 도우심을 구하면서 지혜롭게 대처하는 것이 얼마나 중요한지를 절실히 깨닫게 된 평생 잊지 못할 일화이다.

장례예배, 임종예배

영문교회에서 장례 예배와 임종 예배를 체험할 수 있었다. 기억에 남는 장례 예배는 집 안에서 갑자기 소천하신 집사님의 친동생을 위한 예배였다. 그분은 평소 교회를 다니지 않았다고 했다. 이럴 때 어떤 본문으로 어떻게 설교해야 할지 고민되었고, 매우 난감했다. 목회적 입장에서 세상을 사랑하시는 하나님의 보편적인 사랑에 기대어 설교했던 것으로 기억한다(요3:16).

어느 날, 밤 10시에 담임목사님이 나에게 교회 차를 운전하라고 전화하셨다. 권사님의 남편이 임종 직전이라고 말씀하셨다. 담임목사님을 모시고 권사님 댁으로 향했다. 권사님의 남편은 임종이 가까워진 상태라 호흡이 거칠었다. 담임목사님은 찬송을 부르고, 성경 말씀을 읽고, 설교를 하셨다. 그리고 귀에 보혈 찬송을 계속 들려주셨고, 나도 그 옆에서 함께 찬송을 따라 불렀다.

2시간 정도 지났을 때, 상황이 길어질 것 같아 담임목사님은 집으로 가자고 하셨다. 집으로 돌아가기 전에 가족에게 휴대전화로 찬송가를 틀고 귀 가까이에 대어 들려드리라고 하시며, 상황을 보고 다시 연락하라고 당부하셨다. 담임목사님을 모시고 교회로 복귀했다. 다음 날 오전, 임종하셨다는 연락을 받고 장례 절차를 진행했다.

장례와 임종의 현장을 집례하고 참여할 수 있다는 것은 목회자로서의 특권이라는 사실을 체험하며 배웠다. 목사는 성경 말씀과 찬양을 통해 하나님의 위로와 천국 소망을 성도에게 '전할 수 있는 권한'과 '전해야 한다는 의무'가 있음을 깨달았다. 임종 직전의 성도와 가족에게 천국을 소망하게 하고, 구원의 은총을 전하는 막중하면서도 감사한 목회적 사명을 깊이 새기게 된 귀한 경험이었다.

안수

봄 노회 때 안수를 받기 위해 담임목사님께 청원서를 올려드렸다. 그런데, 동안교회에서의 준전임 사역 1년이 6개월 사역으로 인정된다고 하셨다. 영등포 노회 규정이라고 하셨다. 그래서 담임목사님은 이번 봄 노회 안수자로 나를 청원할 수 없다고 말씀하셨다. 전임 사역 2년을 채워야 하는데, 6개월 정도가 충족되지 않기 때문이라고 하셨다. 6개월 지나서 2년 사역을 꽉 채운 가을 노회 때 안수자로 청원하겠다고 하셨다. 6개월 늦어지는 것이었다.

나는 이 결정에 대해 섭섭하고 서운했다. 그래서 동안교회에 직접 찾아가 재직 기간 증명서를 발급받고, 준전임 사역도 전임 사역 기간으로 인정받을 수 있다는 근거 서류를 만들어 담임목사님께 다시 건의 드렸다. 그러자 담임목사님은 이렇게 말씀하셨다. "지금 영등포 노회 규정에서 정한 기간대로 안수를 진행하지 않으면, 나중에 혹시라도 문제가 생겼을 때 후회할 수도 있을 거야." 당시에는 그 말씀조차 서운하게 들렸다. 왜냐하면 동안교회에서 함께 사역했던 동료 준전임전도사들과 타 교회에서 준전임전도사로 2년간 사역했던 동기들이 모두 그해 봄 노회에서 안수 받는다는 이야기를 들었기 때문이다.

나만 뒤처지는 것 같아 화가 나고, 억울하고, 서운했지만, 안수자로 청원할 수 있는 권한을 가진 담임목사님의 뜻에 순종했다. 결국, 영등포 노회에서 2년 사역을 채운 후 가을에 목사 안수를 받았다. 지금에 와서는 그때 원칙대로 안수 일정을 진행해 주신 담임목사님께 진심으로 감사드린다. 이 일을 통해 다소 늦어지더라도, 규정과 원칙이 중요하다는 것을 배울 수 있었다.

선임 부목사

목사 안수를 받은 후, 선임 부목사가 사임하면서 내가 선임이 되었다. 선임 부목사로서 전체 교회 행정을 맡게 되었다. 이후 함께 사역할 후임 부목사를 청빙하는 과정에 들어갔다. 청빙 과정에서 거짓말로 이력을 속이는 목회자들을 경험하게 되었다. 자기 이력을 속이는 지원자를 직접 보게 된 것이다. 예를 들어, 신학대학원 목회학석사(M.Div.), 과정을 졸업하지 않고, 목회연구반 과정을 졸업했는데, 목회학석사(M.Div.) 졸업이라고 속이는 지원자가 있었다. 어떤 목회자는 청빙 되어 부임하기로 결정된 후, 사택을 방문한 뒤 다음 날 교통사고가 났다고 거짓말하고, 아무런 연락도 없이 다른 교회로 부임했다.

이러한 일들을 겪으면서 거짓말을 예사로 하는 목회자가 생각보다 많다는 사실을 확인하게 되었다. 목회자는 정직함과 신실함으로 공동체를 섬겨야 할 사역자인데, 기본적인 신뢰를 저버리는 모습을 보며 마음이 무거웠다. 동시에, 어떤 목회자가 되어야 하는지를 깊이 성찰하는 계기가 되었다.

심방

행정 사역을 하면서 주보 작성, 교회 일정 관리, 담임목사님을 보좌하는 일, 교인을 위한 목회적 돌봄 등 다양한 업무를 선임 부목사로서 감당했다. 담임목사님을 모시고 심방에 참여한 적도 많았다. 그때마다 나는 유심히 심방의 전 과정을 관찰했다. 담임목사님은 교인의 가정과 자녀를 위한 이야기와 질문을 건네시며 기도 제목을 직접 심방록에 기록하셨다. 기도 제목을 바탕으로 해당 가정을 위한 축복기도를 정성스럽게 하셨다.

한 번은 심방을 받는 여러 가정이 한 집에 모여 있었는데, 무려 6~7가정이 함께한 자리였다. 이때 담임목사님의 축복기도는 쉬지 않고 40분 이상 이어졌다. 각 가정의 형편과 자녀, 사업과 건강, 신앙생활 등을 하나하나 언급하시며 간절히 기도하셨다. 그 장면을 보면서 담임목사님이 각 가정들을 위해서 절절하게 행하시는 기도의 깊이와 넓이에 깊은 감명을 받았다.

이후 그 가정들이 교회를 위해 헌신적으로 봉사하는 모습을 볼 수 있었다. 심방 현장에서 간절하고 정성 어린 기도가 목회 현장을 얼마나 풍요롭고 은혜롭게 만드는지를 몸소 확인할 수 있었다. 심방은 단순히 집에서 만나는 프로그램이 아닌, 기도와 말씀으로 특별 은총을 전달하는 역동적인 현장 사역임을 절실히 깨닫는 시간이었다.

만능 목회자

교회에서 다양한 사역을 감당했다. 매년 11월이면 전 교인이 함께 김장했고, 목회자들도 모두 참여했다. 튼튼한 나는 삽을 들고 양념장을 버무리는 일을 주로 맡았다. 교회의 CCTV를 직접 수리한 적도 있었고, 헌금함에서 헌금이 사라진 사건이 발생했을 때는 영등포 경찰서 형사와 함께 범인을 잡기도 했다. 이 모든 과정을 통해 담임목사님은 나에게 목회자는 스스로 모든 것을 할 줄 알아야 한다는 '만능 목회자 정신'을 가르쳐 주셨다. 단순히 설교만 잘하는 것이 아니라, 교회에서 발생하는 모든 문제에 능동적으로 대처할 수 있어야 한다는 것이었다.

설교에서도 강도 높은 까다로운 훈련을 받았다. 주중에는 새벽기도회 설교를 두 번, 주일에는 청년부 예배에서 매주 설교를 맡았다. 이 과정에서 담임목사님은 설교는 반드시 듣는 회중이 "잘 들리게" 해야 한다는 중요한 원칙을 강조하셨다. 설교는 잘해도 기본이고, 못하면 안 되는 것, 즉 목회 현장에서 "기본 값"이라고 하셨다. 담임목사님은 '잘 들리는 설교의 구조'에 대해 구체적으로 가르쳐 주셨다. 서론에서 청중의 관심을 끌 수 있도록 갈등 구조를 만들고, 자연스러운 질문을 통해 본론으로 청중의 집중력을 유도해야 한다고 하셨다. 이렇게 집중된 흐름을 본론의 대지 설교로 연결하면, 설교자는 설교가 끝날 때까지 청중의 집중력을 모을 수 있다고 가르치셨다. 그 가르침을 바탕으로 매주 설교 피드백을 받았다. 당시에는 매번 긴장되고 힘든 시간이었지만, 돌이켜보면 그 훈련 덕분에 지금은 기본적으로 회중에게 '들리는 설교'를 할 수 있게 되었다고 생각한다. 담임목사님께 감사한 마음이 크다.

'성화 되어 짐'에 비례해서

영문교회에서의 목회 활동이 익어가던 중에, 나는 이것을 느꼈다. 믿음이 흔들리면, 심방 중 삶의 어려움을 토로하는 교인에게 위로와 권면을 전하기 어렵다는 것을 느꼈다. 천국을 향한 소망이 희미하면, 장례 예배를 인도할 때 확신 없는 선포로 유가족에게 민폐를 끼칠 수 있다는 것을 느꼈다. 사랑을 실천하지 않으면서 예수님의 사랑을 설교하면, 허공에 울리는 메아리처럼 메시지가 사라져 목회자가 견디기 어려워진다는 것을 느꼈다. 이런 이유로 믿음, 소망, 사랑이 성장하지 못하면, 목회 활동 역시 성장할 수 없다는 것을 느꼈다. 믿음, 소망, 사랑과 목회 활동은 서로 비례해서 성장한다.

여기서 믿음, 소망, 사랑의 성장을 '성화 되어 짐'으로 표현할 수 있다. 왜냐하면 성화 되어 짐은 '거룩하게 변화하면서 영원히 존재하는 믿음, 소망, 사랑이 성장해간다(고전13:13)'라는 의미를 함축하고 있기 때문이다. 목회 활동은 성화 되어 짐에 비례해서 성장한다. '믿음'부터 '실천'까지의 무르익어가는 성화 되어 짐은 목회 활동의 발전으로 이어진다. 성령님은 믿음, 소망, 사랑의 성화 되어 짐을 나의 전인격 안에서 진행하셨기 때문에, 나는 목회 활동의 성장을 이룰 수 있었다.

조직신학은 "구원의 순서(라틴어: Ordo Salutis)"로 성화의 과정을 설명한다. 구원의 순서는 구원론의 핵심 내용이다. 구원의 순서는 부르심, 중생, 회심, 성화, 성도의 견인으로 이어지는 성도의 성화 되어 짐의 과정을 보여준다. 구원의 순서에 따라 나의 신앙생활이 점점 성화되어졌고, 목회 활동도 함께 무르익어 갔다. 나는 구원의 순서를 통해서 이 변화의 여정을 확인할 수 있었다.

구원의 순서

살펴볼 구원의 순서는 다음과 같다.
"부르심, 중생, 회심, 성화, 성도의 견인"

부르심: 외적, 내적

원죄를 가진 인간은 하나님을 만날 수 없다. 그러나 하나님은 원죄를 가진 인간이 하나님을 만날 수 있는 방편을 마련하셨다. 그 방편을 우리는 "외적 부르심"과 "내적 부르심"이라고 부른다.

외적 부르심은 죄인들에게 그리스도 안에 있는 구원을 성경 말씀으로 제시하는 것을 의미한다. 마태복음 28장 19절에는 "그러므로 너희는 가서 모든 민족을 제자로 삼아 아버지와 아들과 성령의 이름으로 세례를 베풀고"라는 말씀이 기록되어 있다. 이 말씀은 복음을 전하는 외적 부르심을 실천하라는 명령이다. 외적 부르심의 장소는 가정, 교회, 삶의 현장 등 성경 말씀을 선포하는 모든 공간이다. 설교, 복음 전파, 성경 공부 등은 외적 부르심을 구체적으로 실천하는 예다. 성령 하나님은 외적 부르심을 통해 원죄를 가진 인간을 내적 부르심으로 이끄신다.

내적 부르심은 외적 부르심에 의해서 인간의 영 안에 들어간 하나님의 말씀이 작용하는 것을 의미한다. 외적 부르심을 통해 하나님의 말씀이 인간 마음 안에 들어갈 때, 성령님은 이 말씀을 효과적으로 작용하게 하신다. 하나님의 말씀은 내적 부르심을 통해 인간의 마음에 믿음을 발생시킨다. 사도행전 13장 48절은 이렇게 말씀한다. "이방인들이 듣고 기뻐하여 하나님의 말씀을 찬송하며, 영생을 주시기로 작정된 자는 다 믿더라." 이 말씀은 외적, 내적 부르심의 작용을 보여준다.

성령님은 "듣고 기뻐하여(행13:48a)"라는 외적 부르심을 통해 하나님의 말씀이 인간 내면에 들어가게 한다. 내면에 들어간 하나님의 말씀은 "작정된 자는 다 믿더라(행13:48b)"라는 내적 부르심을 통해 믿음을 발생시킨다. 〈제3장 계시론 2: 특별 계시〉에서 언급했듯, 외적 부르심을 통해 사영리 소책자에 기록된 하나님의 말씀이 나의 내면에 들어왔다. 내적 부르심의 작용으로 그 말씀이 나의 내면에 믿음을 발생시켰다.

종교의 씨앗 관점에서 보면, 외적 부르심을 통해 성경에 기록된 하나님의 말씀은 인간의 영 안에 들어간다. 이 말씀은 내적 부르심의 작용으로 인해서 인간의 영 안에 있는 종교의 씨앗에 영향을 미쳐 믿음의 싹을 틔우게 한다. 종교의 씨앗에서 나온 믿음의 싹은 성령님에 의해 성장하고, 꽃을 피우고, 성령의 열매를 맺게 된다. 구원을 위해 기도하고 있는 가족, 친구, 이웃이 주변에 있다면, 가장 먼저 해야 할 일은 외적 부르심이다. 즉, 성경에 기록된 하나님의 말씀을 어떻게든 전해야 한다. 교회 예배로 초대해서 설교 말씀을 듣게 해야 한다. 외적 부르심의 작용으로 인해 귀로 말씀이 들어가고 마음에 자리 잡으면, 그다음 내적 부르심의 작용으로 인해 믿음이 발생한다. 이것이 구원의 순서 중 첫 번째 과정이다.

중생

중생은 죄인에서 의인으로 존재가 변화된 것을 의미한다. 요한복음 3장 5절에는 "예수께서 대답하시되 진실로 진실로 네게 이르노니 사람이 물과 성령으로 나지 아니하면 하나님의 나라에 들어갈 수 없느니라"라는 말씀이 기록되어 있다. 이 말씀은 거듭남, 즉 중생에 관한 말씀이다.

외적 부르심을 통해서 성령님은 하나님의 말씀을 죄인의 심령에 들어가게 하신다. 하나님의 말씀은 내적 부르심이라는 작용을 통해 인간의 영 안에 구원을 일으키는 믿음을 제공한다. 이때, 성령님은 죄인을 의인으로 변화시키는 존재적 변화, 곧 중생(=거듭남)을 일으킨다. 죄인은 이에 따라 '새로운 피조물(고후5:17)'로 거듭나게 된다.

성령님은 성도의 전인격이 여전히 자범죄를 짓고 있을지라도, 의인으로의 존재적 변화를 위하여 중생을 일으킨다. 그래서 중생의 또 다른 이름이 바로 '칭의'이다. 삼위일체 하나님은 죄인에서 의인으로 존재적 변화를 이룬 자에게 칭의를 선언하신다. 칭의는 죄인의 전인격 안에 여전히 원죄의 부스러기가 남아 있어 자범죄를 범할 수 있음에도 불구하고, 하나님은 그를 의인으로 간주하신다는 법적 선언이다. 이에 따라 다음과 같은 의문이 생길 수 있다.

"중생(=거듭남. 또는, 칭의)을 받았다고는 하지만, 예나 지금이나 나는 변한 것이 없다. 여전히 자범죄를 범하고 있다. 나는 정말 믿음을 받고, 구원을 받았으며, 의인으로 변화된 것일까?" 이러한 질문에 성도는 이렇게 답할 수 있다. "네, 구원을 받았습니다." 성도는 여전히 원죄의 부스러기로 인해 자범죄를 범하는 상태이지만, 존재적으로 분명히 중생을 받은 상태이다. 하나님의 법적인 선언에 따라 의인이라고 칭하는 칭의를 받은 것이기 때문에, 중생을 받은 성도는 원죄의 부스러기와 그로 인한 자범죄가 여전히 남아 있더라도 '믿음 받은, 또 구원 받은, 또 의인으로 변화된 존재'이다. 따라서 중생은 성도에게 운명 변화(죽음에서 생명으로), 신분 변화(종에서 자녀로), 존재 변화(죄인에서 의인으로)를 가져다준다.

회심

회심이란, 중생한 성도가 자범죄를 범할 때, 성령님께서 그 성도의 내면을 의롭게 성장시키고자 회복과 치유를 베푸시는 방편을 의미한다. 성도는 회심 과정에 따라 회개 기도를 드리고, 다시 믿음의 삶을 살게 된다.

회개 기도란, 성령님의 인도에 따라 자신의 죄를 인식하고 하나님께 용서를 구하는 행위이다. 성령님이 죄를 자각하게 하시면, 성도는 회개 기도를 할 수 있다. 성령님은 죄 범한 성도가 회개할 수 있도록 죄를 깨닫게 하신다(딤후2:25). 성령님은 죄 범한 성도를 회개 기도를 하도록 이끌어주신다. 성도는 회개 기도를 통해 주님과 깊이 동행하는 신앙생활을 할 수 있다.

원죄의 부스러기는 자범죄를 유발하는 주된 원인이다. 자범죄는 성도의 영을 오작동하게 만든다. 회개 기도는 자범죄로 인해 비정상적으로 오작동하는 영을 다시 정상 작동하게 만들고, 원죄의 부스러기를 점점 제거하도록 믿음 성장을 일으킨다. 회개 기도는 성령님으로 하여금 자범죄를 용서받고 정상 작동하는 성도의 영 안에 내주하게 만든다. 내주하신 성령님은 성도 안에 있는 믿음을 더욱 견고하게 하신다. 성령님은 전인격에 붙어 있는 원죄의 부스러기가 점차 제거되도록 믿음의 강화를 이끌어주신다. 원죄의 부스러기가 제거될수록, 자범죄가 점점 줄어들게 된다.

시편51편 9~12절에서 다윗은 다음과 같이 회개 기도한다. "9 주의 얼굴을 내 죄에서 돌이키시고 내 모든 죄악을 지워 주소서 10 하나님이여 내 속에 정한 마음을 창조하시고 내 안에 정직한 영을 새롭게 하소서 11 나를 주 앞에서 쫓아내지 마시며 주의 성령을 내게서 거두지 마소서 12 주의 구원의 즐거움을 내게 회복시켜 주시고 자원하는 심령을 주사 나를 붙드소서"

자범죄를 범한 다윗은 믿음의 흔들림을 경험했다. 그는 회개 기도를 통해 성령님의 내주하심을 구했고, 다시 믿음의 삶을 살고자 했다. 다윗처럼, 성도는 자범죄에 노출되더라도 회심을 결심해야 한다. 성령님은 자범죄를 범한 성도를 회개 기도로 이끌어주시며, 회개 기도를 통해 성도는 성령님의 내주를 회복하고, 다시 믿음의 강화를 이루게 된다. 믿음의 강화는 신앙생활에서의 기쁨과 감사를 누리게 만든다. 반복적으로 회심을 실천하는 성도는 점차 내면에 남아 있는 원죄의 부스러기를 제거하게 되고, 믿음의 삶을 살게 된다. 나는 현재도 계속 회심을 실천한다. 처음으로 회심했던 경험은 〈제6장 인간론〉에 등장하는 금요기도회 회심 사건이다. 회심으로 인해 성령님은 나를 계속 성화로 인도하신다.

성화, 성도의 견인

성화란, 하나님의 자녀이자 예수 그리스도의 제자로서 성령의 인도하심을 따라 살아가는 성도가 전인격적으로 그리스도의 장성한 분량으로 성장하는 것을 의미한다(엡4:13). 성화는 철저히 성령님의 인도하심으로 이루어진다. 성도는 성령님의 인도하심에 이끌려서 성화 되어져 간다. 성도는 성령님이 이끌어 가시는 대로 순종해야만 성화 되어짐을 체험할 수 있다(벧전1:22). 성도는 성령님의 인도하심에 따라 행할 때 성화를 체험한다(갈5:16).

성도의 견인(堅忍)은 십자가의 길 같은 신앙생활을 끝까지 참고 견디는 것을 의미한다. 이 견딤은 구원을 이루기 위한 조건이 아니라, 이미 보장된 구원의 결과로 나타나는 자발적인 실천이다. 하나님은 성도에게 고난과 환난을 견딜 수 있는 은사와 부르심을 주셨다(롬11:29). 하나님은 견인을 추구하는 성도에게 혼자 외롭게 싸우지 않도록 적극적으로 도움을 주신다(딤후4:18).

고난 가운데 있는 성도, 천국에 대한 확신이 약해진 성도, 헌신이 식은 성도, 그리고 십자가 길을 걷다가 낙심한 성도에게 성령님은 견인할 힘을 주신다. 견인할 힘으로 인해서 성도는 결국, 천국에 이르게 된다. 성도에게 참는 힘이 있는 게 아니라, 성령님이 견인을 주셨기 때문에 성도는 신앙/교회 생활을 계속할 수 있고, 십자가 길을 갈 수 있다.

구원의 여정은 "외적, 내적 부르심 → 중생 → 회심(회개 기도와 믿음의 삶) → 성화 → 성도의 견인"이라는 순서로 우리 삶 속에 적용되고 있다. 성도는 이 구원의 과정대로 성화를 경험한다. 성도 개인의 믿음, 소망, 사랑의 성화만큼, 그 성도는 믿음, 소망, 사랑을 삶의 현장에 적용할 수 있다. 성령님이 나를 성화하셨고, 성도의 견인을 주셨기 때문에, 버티고 견디며 신앙생활과 목회 활동을 할 수 있다. 성도의 견인 다음 순서는 영화, 즉 천국에서 살아가는 것이다.

제12장 교회론:
그래도 교회가 왜 희망일까?

동안교회로의 이동

영문교회에서 선임 부목사로 사역하던 중, 동안교회 부목사로부터 연락이 왔다. "동안교회에서 부목사를 청빙 중인데, 추천하고 싶으니, 이력서를 제출해 보지 않겠느냐"라는 제안이었다. 평소 연락을 주고받은 적도 없는 분이어서 놀라서 여쭈었다. "왜 갑자기 저를 추천하시려는 건가요?"라고 묻자, 그분은 과거 이야기를 하셨다. 피아노 반주자가 없는 상황에서 급히 행사 전 10분 정도 찬양 인도를 맡아줄 사역자를 찾고 있었다고 한다. 어떤 전도사님께 부탁했더니 피아노 없이 인도하는 것은 어렵다고 했고, 또 다른 전도사님은 두통이 있어서 못하겠다고 거절했다고 한다. 그때 옆에 있던 나에게 마지막이라는 심정으로 부탁하셨고, 흔쾌히 기타를 직접 치며 찬양 인도를 했다고 한다. 그 모습을 인상 깊게 보셨고, 오랫동안 기억해 오셨다고 한다. 그때 나는 훗날에 있을 청빙 추천을 기대하고 행동한 것이 아니었지만, 결국 그 일이 100배, 60배, 30배의 열매로 돌아오게 하셨다(마13:8).

나는 그 제안을 수락하고, 절차대로 이력서와 추천서, 아내의 이력서를 작성해서 모두 제출했다. 이 과정에서 영문교회 담임목사님께 상황을 말씀드리고, 추천서를 부탁드렸다. 아브라함이 롯을 향해 넓은 품을 보여준 것처럼(창13:8-9), 담임목사님은 기꺼이 추천서를 작성해

주셨다. 그 넓은 마음에 깊이 감사했다.

이후 면접 절차를 밟게 되었고, 동안교회 담임목사님을 직접 뵙고 면접에 참석했다. 현재 사역하는 교회의 담임목사님 추천서를 받아온 것에 대해서 좋은 평가를 하셨다. 면접이 통과되면 인사위원회에 상정되고, 별다른 문제가 없으면 최종 청빙 될 수 있다는 설명을 들었다. 모든 절차에 성실히 임했다. 며칠 후 최종 청빙 되었다는 연락을 받았다.

가족 무시

2017년 8월 1일에 동안교회에 부임했다. 당시 아내는 태명 '소망이'로 부르던 둘째를 임신한 상황이었다. 삼복더위 중에 갑작스럽게 이사를 하게 되어, 아내가 무척 고생했다. 나는 동안교회의 목회 현장에 적응하느라 가정을 돌보지 않았다. 아내는 집안정리와 이사, 두 살이 막 지난 첫째 아이를 돌보며, 뱃속의 둘째 소망이를 품고 있었기에 매우 힘들었을 것이다. 둘째 아이는 동대문구의 한 산부인과에서 태어났고, 아내는 산후조리원에서 2주간 머물렀다. 첫째 아이는 외할머니의 보살핌 속에서 지냈다. 나는 동안교회에 적응하는 데 모든 힘을 기울이고 있었기에 가족을 충분히 돌보지 못했다.

동안교회에서의 사역은 새벽을 열고, 밤공기를 마시며 퇴근하는 긴 시간의 근무를 요구했다. 나는 배운 대로 실천하면서 성취감, 동료 부교역자들의 인정, 사역 권한의 확대, 그리고 담임목사님의 칭찬 속에 행복하게 사역했다. 하지만 목회에만 집중한 나의 부족한 행보로 인해, 아내에게는 남편이 없었고, 두 자녀에게는 아버지가 없었다. 이것은 동안교회의 목회 시스템 문제가 아니라, 목회와 가정 사역 사이의 균형을 극단적으로 목회 쪽에만 기울였기 때문에 발생한 일이었다. 나의 부족함에서 비롯된 결과였다. 가족과 함께 시간을 보내야 한다는 개념이 부족했고, 가족의 고통을 제대로 이해하지 못한 채 이기적으로 행동했다. 가장 밀접하고 친밀해야 할 가족에게 부족하게 행동했음을 나중에야 깨달았다.

이후 2021년, 인도네시아 발리에서 COVID-19(이후, 코로나19) 팬데믹(Pandemic, 사람들이 면역력을 갖고 있지 않은 질병이 전 세계로 전염·확산되는 현상)으로 인해 가족과 공간적으로 강제 이별을 겪으면서, 가족을 돌보며 목회 사역하는 것이 하나님의 뜻이며(딤전5:8), 그것이 따뜻한 목회의 시작점이라는 사실을 마음 깊이 깨닫게 되었다. 가족과 함께하면서 가족을 돌보는 일이 목회 사역에 연결된다는 사실을 깊이 배우게 되었다.

칭찬, 인정

동안교회에서 신혼마을(또는 교구)을 섬기게 되었다. 영문교회에서 배운 심방 사역을 동안교회에서 적용하니, 담임목사님께 칭찬받았다. 심방 보고서를 보시고, 끝까지 한 영혼을 책임지고, 권면하는 열정에 대해 칭찬하셨다. 뭐든 열심히 하고, 성실하며, 진정성 있게 사역한다는 평가를 받았다. 그런데, 선임 부목사는 나에게 복장과 관련해서 몇 가지 따끔하게 질책했다. 입은 와이셔츠와 양복에 다림질이 필요하다고 했다. 와이셔츠의 목이 잠기지 않으니, 목이 잠길 수 있도록 목 크기가 더 넓은 와이셔츠를 입으라고 했다. 복장을 더욱 깔끔하게 갖추고, 머리 헤어스타일을 단정하게 할 것을 매우 엄중하게 질책했다. 나는 자존심이 상하거나 기죽지 않고, 즉시 월~주일까지 입을 수 있도록 와이셔츠 일곱 벌을 구매하고, 모든 사항을 질책의 내용대로 즉각 조치했다. 그러자 선임 부목사는 나를 기특하게 여겼다. 나에게 이 정도의 변화와 적응은 매우 쉬운 일이었다. 영문교회에서 전임 사역자로서 호되게 훈련받은 경험이 이곳에서 의미 있게 적용된 것이다. 영문교회에서 사역의 기본을 배웠다면, 동안교회에서 그 배움을 적용했다.

담임목사님은 거듭되는 칭찬을 넘어서, 당시 평북 노회에서 진행된 '종교개혁 500주년 기념 유럽 여행'에 나를 보내셨다. 칭찬과 함께 실제적인 포상을 주셨고, 부목사에게 더 넓은 세상을 보여주고자 하셨다. 2018년 4월말에 유럽 종교개혁지로 2주간 다녀오면서 많은 것을 보고, 느낄 수 있었다.

마음에 울림

동안교회에서 사역하던 중, 2018년 하반기에 나는 동안교회와 지교회 관계로 있는 인도네시아 발리한인교회에서 발생한 문제를 알게 되었다. 문제의 내용은 파송된 목사가 예산 관련 사항, 그리고 동안교회와 발리한인교회 사이에 체결한 양해 각서(MOU) 관련 사항에서 문제를 일으켰다는 것이었다. 그 내용을 당회 때와 관련자를 통해 충분히 전해 들었지만, 당시에는 단순히 '그런 일이 있구나' 하고 넘겼다. 그러던 중, 2019년 초에 발리한인교회 목사가 사임했고, 그가 발리한인교회의 대다수 교인을 데리고 나가서 새롭게 한인교회를 개척하게 되었다는 상황을 듣게 되었다. 이에 따라, 동안교회 부목사 중 한 명을 3년간 발리한인교회에 담당목사로 파송해야 할 것 같다는 내용을 접하게 되었다.

며칠 후 담임목사님은 발리한인교회가 직면한 위태로운 상황을 설명하셨다. 목회적으로는 교회 공동체가 둘로 갈라진 아픔을 위로해야 한다고 말씀하셨다. 선교적으로는 건축된 비전센터를 선교적으로 활용하기 위해서 세금, 용지 설정, 법인 정관 개정 등의 법적인, 행정적인 문제를 해결해야 한다고 말씀하셨다. 그리고 부목사 중 누군가는 3년 정도 이곳에 가서 상황을 수습해야 한다고 말씀하셨다. 부목사 중 누구도 지원하려 하지 않았다. 누가 보기에도 그 자리는 고생스러운 자리로 여겨졌고, 십자가를 지는 자리라고 생각했던 것 같다. '그곳에 간다고 잘못 지원하게 되면 목회 경력이 막힐 수도 있다.'라는 얘기도 부목사들 사이에서는 흘러나오던 터라 막연한 불안감을 가졌던 것 같다. 이런 얘기뿐만 아니라, 그곳에 가게 되면, 한국에서 사용하던 자동차와 살림살이를 정리해야 하고, 자녀가 다닐 학교도 알아봐야 하고, 갑자기 전혀 낯선 땅에서 적응해야 하고, 한국의 목회 현장으로 다시 돌아와서도 적응하기 힘들 수 있다는 말들이 실제로 흘러나오고 있었다.

이런 다양한 얘기를 접하던 나에게는 인도네시아 발리로의 파송은 남의 일이었다. 교회에서 파송할 사람을 계속 찾았지만 2019년 5월까지도 정해지지 않았다. 그러던 중 5월 초, 새벽기도 중에 "호종아, 네가 가거라. 교회를 위해 그리스도의 남은 고난을 네 육체에 채우거라 (골로새서 1:24)"라는 하나님의 말씀이 마음에 다가왔다. 이 감동을 하나님의 뜻인지 분별하기 위해서 기도와 말씀으로 묵상하고, 아내와 의논했다. 그 후에도 계속 마음에 울림이 있었다. 울림은 성령님이 주시는 감동으로 변했다. 감동에 따라 나는 인도네시아 발리한인교회에서

3년간 사역하겠다고 담임목사님께 보고 드렸다.

핑계와 번복

가겠다고 결심한 후, 발리한인교회 담임목사직의 공석을 메우기 위해 선임 부목사는 먼저 한 달간 선발대로 들어가 발리에 체류하며 상황을 정리했다. 발리 선교지로 올 수 있도록 나의 파송 준비를 현지에서 진행했다. 선임 부목사는 체류하는 동안 매일 비자 문제, 자녀 학교 문제, 비전센터 상황, 교인들의 사정 등 많은 정보를 나에게 전달했다. 그러나 쏟아지는 정보의 양을 나의 머리와 마음, 기도와 준비하는 행동이 따라가지 못했다. 집 정리와 이삿짐 정리만으로도 벅찬 상태였다.

그 무렵, 건강검진을 받고 출국하라는 권유를 받아 아내와 함께 건강검진을 받았는데, 아내의 고관절에서 종양이 발견되었다. 이 일로 인해 결심이 흔들렸다. 인도네시아 선교지로 가야 할지 재차 고민하게 되었다. 결국 아내를 핑계 삼아 선임 부목사에게 가지 못하겠다고 말하게 되었다. 선임 부목사는 결정을 존중한다고 답했고, 담임목사님께 보고 드리겠다고 했다. 그런데, 아내는 나에게 "그래도 가야 해요. 약속했으면 지켜야죠. 흔들리지 말아요. 간다고 해서 건강검진을 받게 되었고, 그래서 종양이 발견되게 하신 것이기 때문에 이것도 하나님의 은혜입니다. 만약, 발리로 간다고 결심 안 했다면, 건강검진도 안 받았을 테고, 종양이 있는지 몰랐을 거예요."라고 권면했다. 그 말에 나는 마음을 잡고, 다시 가겠다고 결정을 번복했다. 짧은 시간 안에 "간다, 안 간다"라는 결단이 수차례 뒤집혔다. 결심이 반복적으로 흔들린 만큼 믿음의 밑바닥을 스스로 인지하게 되었고, 주변에 노출하게 되었다. 이 약함은 훗날 발리에서 혹독한 시련을 불러왔다.

종양 발견

의사이신 동안교회의 집사님은 아내의 고관절 종양 검사와 관련하여 병원에 예약을 잡아주셨다. 검사 결과는 양성 종양이었고, 6개월 단위로 추적 치료를 진행하고, 계속 경과를 지켜봐야 한다는 진단을 내렸다. 교회는 1년에 두 번씩 정기적으로 검사를 받을 수 있도록 지원해 주신다고 하셨고, 우리 가족은 하나님께 감사기도를 드렸다. 발리로 간다는 결정으로 인해 건강검진을 받게 되었고, 그 덕분에 종양을 조기에 발견할 수 있었던 것은 정말 하나님의 은혜였다.

발리에 도착한 이후, 시간이 흘러 아내의 종양은 호전되어 점점 1년에 한 번만 추적검사, 또 시간이 흘러 2년에 한 번만 추적검사를 받는 상태로 바뀌었고, 현재는 아플 경우 검사를 받자는 진료 결과를 들었다. 이 모든 과정은 신비로운 하나님의 섭리이다.

교회를 위해서

한편, 선임 부목사는 장기 체류 비자 발급을 위해 태권도 사범증, 체육 교사 자격증 등을 영어로 번역해서 공증받은 후 발송하라고 요청했다. 또한 자녀의 학교 입학을 위해 여러 서류를 준비하라고 지시했다. 당시에는 그 절차가 확실한 방법이라고 생각했다. 나중에 발리에 도착해서 알게 된 사실은 선임 부목사와 함께 진행했던 준비 절차가

엉뚱한 절차였고 헛수고에 불과했다는 것을 알았다. 그만큼 우리는 발리에 대해서 아무것도 몰랐다.

자동차를 팔고, 사택을 부동산에 내놓고, 일부 짐을 임시물품 보관 창고 컨테이너에 3년 6개월 동안 맡겨두는 것으로 신청했다. 나머지 짐을 양가 부모님 댁에 겨우겨우 넣어두었다. 출발 이틀 전 2019년 6월 3일 오후에 사택에 있던 남은 짐들을 정리할 때, 선임 부목사의 지도로, 교육전도사, 준전임전도사, 전임전도사, 부목사까지 전 교역자가 짐을 버려주고, 정리하는 것을 도와주지 않았다면, 비행기 탑승을 하지 못할 뻔했다. 살림살이를 정리하는 것이 이렇게 어렵고, 힘든 일인지 이때 알았다. 그렇게 우여곡절 끝에 2019년 6월 5일 새벽 1시 30분, 우리 가족은 인도네시아 발리 땅에 두 발을 디뎠다.

도착했을 때 마음속에서 "교회를 위해 인도네시아 발리로 왔습니다."라는 신앙고백이 자연스럽게 흘러나왔다. 이 신앙고백은 감정과 경험에 치우친 선언이 아니었다. '교회란 무엇일까?'라는 질문을 묵상하는 가운데, 하나님은 나에게 이 신앙 고백을 주셨다. 하나님은 발리한인교회로 가기로 결심한 것이 감정이나 개인적 경험에서 비롯된 것이 아니라, 성령님이 주신 교회를 향한 마음에서 비롯된 것임을 깨닫게 하셨다. 하나님은 분명히 나를 발리한인교회로 보내셨다. 나를 이곳으로 보내신 하나님의 이유를 더 깊이 깨닫고 싶었다. 다시 말해, "발리한인교회를 향한 하나님의 마음은 무엇일까?"라는 질문에 대한 답을 찾기 위해 교회론을 정리하게 되었다.

교회의 명칭

구약성경은 교회를 지칭할 때 "부르다"라는 뜻의 동사에서 파생된 단어를 사용했다. 신약성경은 교회를 지칭할 때 "불러내다"라는 뜻의 동사에서 유래된 단어를 사용했다. 구약과 신약 성경에 기록된 교회를 지칭하는 두 단어를 종합해 보면, 교회란 "하나님의 부르심에 반응하여 모이게 된 성도들의 모임"이라고 정의할 수 있다. 이런 의미에서 교회는 사람이 만든 동아리가 아니며, 사람의 목적을 수행하는 기관도 아니다. 교회는 하나님의 부르심에 합당하게 반응하는 공동체이며, 사람의 생각이 아닌 하나님의 뜻을 수행하는 공동체이다. 하나님의 부르심 때문에 모이게 된 공동체가 교회이기 때문이다.

사람을 교회로 불러내는 하나님의 부르심은 교회로부터 나온다. 왜냐하면 교회의 머리는 예수 그리스도이시기 때문이다. 교회는 사람들이 스스로 모여서 교회가 된 것이 아니다. 교회의 머리 되신 예수님이 세우신 교회가 사람들에게 믿음을 제공한다. 그 믿음을 받은 사람들은 성도가 되어 교회로 모인다. 이렇게 본다면, 교회가 교회를 세운다. 이와 같은 관점에서 볼 때, 교회는 존재적으로 선교하는 공동체이다. 존재적으로 교회가 교회를 세우기 때문이다.

교회보다 선교가 앞서지도 않고, 선교보다 교회가 앞서지도 않는다. 교회 그 자체가 선교이며, 교회는 선교적 교회이다(창12:1-3, 요17:18). 사역했던 구로동교회, 영문교회, 동안교회, 발리한인교회, 현재 사역하는 남양주동안교회는 교회의 머리 되신 예수님이 세우기로 하신 교회이며, 선교하기 위해 보내심을 받은 선교적 교회이다.

교회의 두 측면: 유형교회와 무형교회

우리는 교회를 유형 교회와 무형 교회로 구별할 수 있다. 유형 교회는 "보이는 교회(또는 가시적 교회)"이고, 무형 교회는 "보이지 않는 교회(또는 비가시적 교회)"이다. 유형 교회는 교회 건물, 성도들의 예배, 찬송, 기도하는 모습 등 눈에 보이는 모습들로 나타난다. 무형 교회는 하나님의 택하심을 받은 영적인 성도들로 구성된다. 그러므로 우리는 유형 교회를 알 수 있지만, 무형 교회를 알 수 없다. 무형 교회는 하나님의 택하심을 받은 자들로 이루어졌기 때문에, 하나님만이 무형 교회에 속한 성도를 아신다. 따라서 우리는 무형 교회에 속한 사람을 임의로 판단할 수 없다.

우리는 교회 생활을 열심히 하는 성도를 보면서 "구원받은 사람일 것 같아, 믿음이 좋은 사람일 것 같아"라고 추측할 수 있다. 반대로, 성실하지 않은 사람을 보면서도 "구원받지 않았을 것 같아, 믿음이 약한 것 같아"라고 추측할 수 있다. 하지만 사람의 영 안에서 발생하는 구원과 믿음은 무형 교회의 영역이기 때문에 단정할 수 없다. 하나님만이 정확히 아시기 때문이다.

무형 교회를 강조하는 이들 중에는 유형 교회를 부정하는 경우가 있다. 이들은 무형 교회만이 참된 교회라고 주장하며, 유형 교회를 허례허식이나 외식으로 여기고, 교회 건물이나 시스템, 목사직의 필요성을 부정한다. 최근에는 유튜브나 메타버스를 통해 온라인 교회와 예배만을 강조하며, 오프라인 교회에 참여하지 않는 무(無)교회주의자들도 있다.

유형 교회는 하나님의 말씀을 세상에 전파하는 도구 역할을 한다.

하나님은 구원의 방주로서 유형 교회를 사용하신다. 구원의 방주라는 보이는 실체가 없었다면 노아와 그의 가족은 구원받을 수 없었고, 이 땅을 향한 하나님의 뜻도 이루어질 수 없었다. 또한 예수님이 성육신 하셔서 사람의 눈에 보이는 육신으로 오셨기 때문에 세례의 의미, 표적과 기사, 떡과 포도주를 통한 새 언약, 십자가 대속 사역, 부활 몸체를 보여주실 수 있었다. 노아의 방주와 성육신하신 예수님은, 은총의 구체적 공간 역할을 하는 유형 교회의 필요성을 상징적으로 보여준다. 그러므로 유형 교회는 하나님의 도구로서 필요하다.

교회 안에는 알곡(무형 교회 성도: 하나님이 택하신 자들)과 가라지(신앙 있는 척하는 자들, 비성도)가 함께 있다. 그러나 우리는 누가 알곡이고 누가 가라지인지를 알 수 없다. 겉모습이 아무리 신실해 보여도 무형 교회에 속한 자가 아닐 수 있고, 겉모습이 불성실해 보여도 무형 교회에 속한 자가 맞을 수 있다. 중요한 것은 우리가 이 사실을 단정할 수 없다는 것이다. 하나님만이 아신다. 그러므로 우리는 겉모습만 보고 다른 성도의 신실함이 있다, 없다를 판단해서는 안 된다. "나중 된 자가 먼저 되고, 먼저 된 자가 나중 될 수 있다(마20:16)."라는 말씀처럼, 우리는 일단 모두를 구원의 방주인 유형 교회에 초대하고 포함해야 한다.

우리는 무형 교회에 가까운 성도를 추측할 수는 있다. 예를 들어, "신앙고백을 하는 성도(고전12:3), 성령의 열매를 맺는 성도(갈5:22-23), 행함이 있는 성도(약2:26)"는 무형 교회에 가까운 성도라고, 우리는 강하게 추측할 수 있다.

우리는 다른 성도의 믿음 상태나 깊이를 쉽게 판단해서는 안 된다. 하나님은 성도 각자를 향한 놀라운 계획을 세우고 계시기 때문에 우리는 한 영혼이 신앙고백을 할 수 있도록, 또 성령의 열매를 맺을 수 있도록, 또 순종과 행함에 따라 봉사하고 섬길 수 있도록, 격려하고 돌봐야 한다.

교회의 속성(내적 특성)

교회에는 "속성(내적 특성)"과 "표지(외적 특성)"가 있다. 교회의 속성에는 보편성, 통일성, 거룩성, 사도성이 있다. 나는 '보.통.거.사'라는 약칭으로 부르면서 교회의 속성을 외우곤 한다.

보편성

교회의 보편성은 모든 교회가 보편적인 하나님의 말씀으로부터 나오는 영향력 아래에 있다는 속성을 의미한다(시2:8, 마28:19-20, 계7:9). 하나님의 말씀은 시대, 인종, 성별, 국가, 종교, 철학, 성품, 나이, 재산 등을 초월하여 모든 사람에게 동일하게 보편적인 영향력을 행사한다. 이러한 보편적인 영향력이 교회에서 선포되기 때문에, 교회는 보편성을 지닐 수 있다. 따라서 교회에서 하나님의 말씀이 선포되지 않으면, 그 교회는 보편성을 상실한다.

사도신경에는 "공교회(the catholic church)"에 대한 고백이 포함되어 있다. 공교회는 보편적인 하나님의 말씀이 선포되는 공동체로서 특정한 지역 교회에 국한되지 않고 모든 시대, 모든 장소, 모든 민족 가운데 존재할 수 있다. 하나님의 말씀은 모든 교회를 예수 그리스도를 머리 삼는 공교회로 연합시킨다. 하나님의 말씀은 교회를 인간의 사사로운 감정이나 취향에 따라 운영되는 기관이 아니라, 보편적인 진리에 따라 세상을 위한 공적 책임을 감당하는 공교회로 만든다. 지역 교회 역시 공교회 안에 속하여 보편적인 하나님의 말씀에 따라 공적 책임을 감당한다.

지구상의 모든 교회는 보편적인 하나님의 말씀을 기준으로 예배(성례전과 설교), 교육(성경과 교리), 교제(식사와 나눔), 봉사(교회와 지역), 선교(총체적과 존재적) 사역을 수행한다. 하나님의 말씀은 교회의 보편성을 유지하는 핵심 조건이다. 보편성을 유지하려는 모든 교회는 하나님의 말씀 아래에 철저히 종속되어야 한다. 이러한 자세를 견지할 때, 교회는 보편성 안에서 온 세상을 향한 공적 책임을 유지할 수 있다.

통일성

교회의 통일성은 예수 그리스도를 머리로 삼고, 예수 그리스도의 몸 된 모든 교회는 "하나"라는 속성을 의미한다(엡4:4-6). 남양주동안교회와 동안교회는 하나이다. 더 나아가, 사역했던 구로동교회, 영문교회, 동안교회, 발리한인교회, 그리고 현재 사역하는 남양주동안교회는 예수 그리스도를 머리 삼고, 예수 그리스도의 몸 된 교회로서 모두 하나이다. 그 외에도 모든 교회는 하나이다. 이는 모든 교회가 예수 그리스도를 머리로 삼고, 예수 그리스도의 몸 된 교회이기 때문이다. 지역 교회들은 여러 곳에 흩어져 있지만, 통일된 한 교회이다. 마치 손, 발, 무릎, 손가락, 발가락, 발꿈치, 허벅지 등 다양한 신체 부위가 몸 전체에 흩어져있지만, 통일된 하나의 몸을 이루고, 한 머리의 통제를 받듯이, 다양한 지역 교회들은 통일된 하나의 교회이고, 교회의 머리 되신 예수 그리스도의 통제를 받는다. 교회의 통일성은 각각의 지역 교회가 가진 독특한 개별성을 인정한다. 지역 교회는 각 지역의 특색, 문화, 교육, 정치, 경제, 기후, 인종의 영향을 받는다. 그러나 지역 교회는 예수님을 머리 삼고 통일성을 이룬다.

삼위일체 하나님은 성부, 성자, 성령으로서 각 위격의 독특한 개별성을 유지하신다. 동시에 상호 교류(페리코레시스)를 통한 사랑의 관계로 서로가 서로에게 자신을 내어주고 용납하면서 일체가 되신다. 이는 개별성을 지닌 모든 지역 교회가 통일성을 이룰 수 있다는 또 다른 근거이다.

통일성을 지닌 교회는 교인들의 개성을 인정하면서도 같은 마음과 같은 뜻으로 하나님의 뜻을 함께 이루어 간다. 통일성을 지닌 교회는 교인 간의 관계적 통일성을 이루기 위해 상호 교류를 적극적으로 추진한다. 모든 교회는 통일성을 지녔기 때문에, 다른 교회들과의 연합 선교 사역을 감당하게 된다. 통일성에 따라 교회들이 연합과 교류를 진행할 때 모든 교회는 각각의 지역 교회와 교인들이 가지고 있는 고유한 개별성을 배려하고 존중해야 한다.

거룩성

교회의 거룩성은 성령님의 역사로 인해 교회가 성화를 이루어 간다는 속성을 의미한다(벧전2:9). 성령님이 역사하시기 때문에, 교회의 성도들과 교회는 성령님으로 인해 성화를, 즉 거룩한 속성을 이루어간다. 거룩성을 가진 교회는 세상의 더러움과 죄악을 거부한다. 교회는 세상 속에서 빛과 소금의 역할을 감당해야 한다(마5:13-14). 죄악 된 세상 속에서 거룩함을 드러내고, 죄악과 분리되기를 추구해야 한다(레

19:2).

거룩성을 지닌 교회의 성도들은 불신자들과는 구별된 삶을 살게 된다. 만일 성도들이 죄악을 추구하는 불신자들의 기준대로 살아간다면, 교회의 거룩성은 성도들에게 회개를 촉구할 것이다. 교회가 세상 속에 있지만, 죄악 된 세상과 다를 수 있는 이유는 교회의 거룩성 때문이다. 어느 교회에서 "그래도 교회가 희망입니다"라는 현수막 문구를 본 적이 있다. 교회가 거룩성을 가지고 있는 한, 교회는 여전히 세상 속에서 희망이다.

예배(성례전과 설교), 교육(성경과 교리), 교제(식사와 나눔), 봉사(교회와 지역), 선교(총체적 차원과 존재적 차원)라는 교회의 모든 활동 속에서 성도들은 거룩성을 유지해야 한다. 그래야만 교회는 세상 속에서 참된 희망이 될 수 있다.

사도성

교회의 사도성은 하나님의 말씀을 직접 계시로 받은 사도들의 가르침에 의해 교회가 세워졌다는 속성을 의미한다(마16:18, 마28:20, 행15장). 1)번에서 7)번까지 시간 순서대로 현재 교회로 사도성이 전달된 과정을 정리했다.

1) 예수님은 하나님의 말씀을 열두 제자에게 직접 전달하셨다. 2) 열두 제자는 예수님에게 받은 하나님의 말씀을 이해한 내용을 체계적으로 정리하여 자신들의 제자에게 전승했다. 이 제자들을 속사도라고 부른다. 3) 속사도 역시 받은 말씀을 이해해서 체계적으로 정리한 하나님에 관한 지식을 교회의 지도자들, 즉 교부들에게 전달했다. 4) 교부들

은 이 지식을 바탕으로 사도신경, 니케아 신조, 니케아-콘스탄티노플 신조, 칼케돈 신조에 따라 체계적으로 정리하고 공적으로 천명했다. 5) 이후, 어거스틴(354~430년)과 같은 교회 지도자들은 이 신조들을 고백하고 가르치며 강화했다. 6) 16~17세기의 종교 개혁자들도 이 신조들을 바탕으로 벨기에 선조, 하이델베르크 요리문답, 스위스 신조, 웨스트민스터 신앙고백서 등을 제정했다. 7) 대한예수교장로회(통합)는 이러한 에큐메니컬 신조의 내용을 계승하여 "대한예수교장로회 신앙고백서(1983년)", "21세기 대한예수교장로회 신앙고백서(1997년)"를 발표했다. 사도들로부터 내려온 예수님께 직접 받은 가르침이, 현재 모든 교회 위에 강화된 내용과 체계로 전해졌다. 이처럼, 모든 교회는 사도들의 가르침, 즉 교리 위에 서 있다. 이것이 교회의 사도성이다.

사도성을 가진 교회는 교리를 성경 해석의 제1 도구로 삼아야 한다. 왜냐하면 교리는 사도들이 가르쳐 준 하나님에 관한 지식을 체계적으로 정리한 진리 체계이기 때문이다. 성도는 교리를 바탕으로 성경을 해석할 때 하나님의 뜻에 가장 부합한 해석을 할 수 있다. 사도성을 고백하는 교회는 예수님으로부터 내려온 진리를 간직하고 유지하는 교회이다. 이단은 사도들로부터 시작된 신앙고백인 사도신경을 고백하지 않는다. 그들은 교주가 만든 우상을 섬긴다. 그 우상에 관한 교주의 견해를 신봉한다. 사도신경은 삼위일체 하나님에 대한 올바른 지식을 담고 있다. 사도신경을 고백하면, 교주가 만들어낸 우상은 무너진다. 이단이 사도신경 고백을 꺼리는 이유가 여기에 있다. 따라서 사도성이 있는 교회는 참된 교회이며, 사도성이 없는 교회는 교회처럼 보이려고 시도하는 악한 거짓 세력이거나, 교회가 아니다. 지금까지 살펴본 교회의 네 가지 속성인 보편성, 통일성, 거룩성, 사도성은 교회가 존재적으로 가지고 있는 속성이다. 이 속성이 한 가지라도 없는 교회가 있다면, 그것은 교회가 아니거나, 교회를 가장한 이단 세력이다.

교회의 표지: ① 교회 안에서의 표지

교회 안에서의 표지에는 "말씀 전파(딤후1:13, 딛2:1)"와 "성례 집행(행19:4-5, 고전11:28-30)"이 있다. 이것은 교회가 반드시 수행해야 할 본질적인 실천 사항이다. 말씀 전파와 성례 집행은 믿음을 '발생'시키고, '성장'시키는 성령님의 방편이기 때문이다.

말씀 전파는 설교, 전도, 성경 공부, 큐티(QT) 묵상 등의 형태로 구체화한다. 교회는, 하나님이 창조주이시며 역사의 주관자라는 말씀을, 오직 예수 그리스도를 통해서만 인류의 구원이 가능하다는 말씀을, 성령님의 내주하심이 성화를 이루게 하신다는 말씀을 전파함으로써 성도에게 믿음 발생과 성장을 이루게 한다.

성례 집행은 예수님의 십자가와 부활 은총을 눈에 보이는 세례식과 성찬식으로 진행하는 예식을 의미한다. 세례는 성도로 하여금 신앙생활을 시작하게 하고, 성찬은 성도로 하여금 신앙생활을 지속하고 유지하게 한다. 세례는 내 안에 들어온 믿음의 내용을 고백하는 예식이고, 성찬은 내 안에 들어온 믿음을 통해서 예수님의 살과 피가 내 몸 안에 영적으로 임하는 예식이다.

말씀 전파와 성례 집행은 성도의 믿음 발생과 성장을 위한 방편이다. 이 두 가지 방편을 통해 교회는 참된 교회로서의 정체성과 사명을 지속적으로 구현해 나간다. 만약, 이 방편이 교회에 없으면, 그 교회 안에는 믿음도 없고, 성도도 없다. 우리는 말씀 전파와 성례 집행에 성실히 참여해야 하고, 주변 사람들도 참여하도록 이끌어줘야 한다. 이렇게 할 때, 나의 믿음은 성장할 것이고, 주변 사람들도 믿음 발생과 성장을 누리게 될 것이다.

교회의 표지: ② 교회 밖에서의 표지

교회 밖에서의 표지에는 "제자도"가 있다. 제자도는 교회 밖에서 예수님의 제자로 살아가는 것을 의미한다. 그리스도인은 세상의 소금과 빛의 역할을 감당해야 한다(마5:13-16). 세상에 속하지 않으나, 세상을 등지지 않고 예수님의 제자로서 삼위일체 하나님의 뜻을 이루는 삶을 살아야 한다(요17:14-15). 제자도적 삶을 추구하는 성도는 세상의 부패를 막아야 한다. 하나님의 공의를 확립해야 한다. 세상 모든 사람이 하나님의 말씀으로부터 나오는 은총을 누리도록 구제와 섬김을 실천해야 한다. 세상 사람들의 영이 비정상적으로 작동하여 바른길을 가지 못할 때, 그들에게 그리스도의 빛을 비춰줌으로써 어두운 세상을 밝히는 '등대 역할'을 감당해야 한다. 그리스도인은 존재적인 이유로 제자도를 실천해야 한다. 마치 교회 그 자체가 선교를 수행하는 선교적 교회인 것처럼, 그리스도인 역시 본질적으로 제자도를 실천할 수밖에 없다.

교회에 이 두 가지 표지가 있는지 살펴야 한다. 참된 교회라면, 이 표지들이 반드시 있다. 교회는 살펴본 두 표지를 통해 믿음 발생과 성장을 이루고, 세상에 은총을 전파한다. 말씀 전파와 성례 집행은 믿음 발생과 성장을 위한 방편이다. 제자도는 세상에 삼위일체 하나님의 은총을 전하는 방편이다.

여기서 짚고 가야 할 지점이 있다. 말씀 전파, 성례전, 제자도는 모두 교회 안팎에서 실천될 수 있다. 그런데도 이를 "교회 안에서의 표지"와 "교회 밖에서의 표지"로 구분한 이유는, 표지가 드러나는 '주된 장소에서의 공적 기능' 때문이다. 즉, 말씀 전파와 성례전은 성도들의 정체성을 세우기 위한 교회의 공적 기능으로써 주로 나타나고, 제자도는 그리스도를 따르는 삶을 세상에 드러내기 위한 교회 밖에서의 공적 기능으로써 주로 나타난다.

하나님이 세우신 교회

누구나 자신이 생각하는 자기만의 교회 모습이 있는 것 같다. 미디어 매체에서 교회를 다니지 않는 비신자가 "교회는 이런 거야"라고 평가하는 말을 들은 적 있다. 그 비신자의 말이 기억나지는 않지만, '비신자도 자기 나름의 교회 모양이나 상태를 규정짓는구나.'라고 생각했다. 이 글을 쓰기 전에, 나름대로 생각하는 교회 상(狀)을 가지고 있었다. 그것은 건강한 교회, 행복한 교회였다. 그러나 이것은 짧은 생각이었다. 건강하지 않아도 교회는 교회이고, 행복하지 않아도 교회는 교회이기 때문이다.

교회의 머리가 예수 그리스도시라면, 교회가 건강하지 않아도, 행복하지 않아도, 예수님이 머리이신 그 교회는 여전히 교회로 존재한다. 하나님이 세우신 교회의 본질은 교인들의 봉사 참석 여부나 믿음의 높낮이에 따라, 교인들의 건강과 행복의 변화에 따라 달라지지 않는다. 그러므로 우리는 자기가 생각하는 교회 상태나 모습이 아니라,

하나님의 말씀이 알려주시는 본질적인 교회 상을 알아야 한다. 이것을 알 때, 성도는 하나님이 세우신 교회를 위해서 사역을 할 수 있다.

하나님이 세우신 교회의 상태와 모습을 『교회, 나의 고민 나의 사랑』(필립얀시, 1949~)과 사도행전 2장 42-47절에 기록된 하나님의 말씀을 통해서 발견할 수 있었다. 나는 하나님이 세우신 교회에서 사역하고 싶다. 이를 위해서 하나님이 세우신 교회의 상태와 모습을 기록하게 되었다.

위로부터 오는 은혜

하나님이 세우신 교회는 위로부터 오는 은혜를 붙잡는다. 사도행전 2장 46절 "성전에 모이기를 힘쓰며", 2장 47절 "하나님을 찬미하며" 말씀에 따라, 교회는 "위"에 계신 하나님을 예배한다. 위에 계신 하나님이 교회에 은혜를 부어주시기 때문이다. 위로부터 오는 은혜를 붙잡기 위해서 교회는 주일예배, 수요예배, 금요철야기도회, 새벽기도회를 드린다. 특별한 은혜를 구하면서 특별새벽기도회, 말씀사경회, 부흥집회 등을 열기도 한다. 하나님이 이 땅에 성육신하신 것처럼, 은혜는 위에서 아래로 내려온다(요1:14).

아래로부터 일어나는 죄 사함

사도행전 2장 46절의 "떡을 떼며"(성찬식을 의미함)라는 말씀에 따라, 교회는 예수님의 살과 피가 성도의 마음 아래쪽 깊숙한 곳에 흐르도록 인도해야 한다. 왜냐하면 예수 그리스도의 보혈이 성도의 마음에 흐를 때, 성도는 죄 사함의 은총을 경험할 수 있기 때문이다.

죄 사함의 은총은 성도로 하여금 다음과 같은 고백을 하게 만든다. '나는 죽을 수밖에 없는 원죄를 지닌 죄인이지만, 예수 그리스도께서 나를 대신하여 십자가 대속 제물이 되셨고, 부활하심으로 나를 구원해 주셨다.' 이에 따라 성도는 십자가와 부활의 은혜를 마음에 깊이 간직하게 된다. 그 은혜에 대해 '감사하고 또 감사하게 된다. 빚진 자의 심정으로 이 은혜를 어떻게 갚을 수 있을까?'라는 태도를 보이게 된다. 이 태도에 따라 평생 하나님을 위해서 봉사하는 삶을 살게 된다.

교회는 성도들이 죄 사함의 은혜에 더욱 가까워질 수 있도록 다음과 같은 다양한 방식을 통해 사죄의 은총을 전한다. 큐티 묵상, 성찬식, 성경과 교리 교육, 주일예배 때의 사죄 선언이다. 죄 사함의 은총을 받은 성도 안에는 성령님이 내주하신다. 성령님은 성도를 성화의 길로 인도하신다. 성화 되어 가는 성도는 자연스럽게 제자도적 삶을 실천할 수 있게 된다.

안에서 실천하는 성도의 교제

사도행전 2장 46절 "날마다 마음을 같이하여, 기쁨과 순전한 마음으로 음식을 먹고"라는 하나님의 말씀은 성도들이 교회 "안"에서 "날마다 마음을 같이하여" 성도의 교제를 실천하도록 장려한다. 특별히 음식을 통한 식탁 교제를 통해서 교제하라고 장려한다. 예수님은 식탁 교제를 통해서 성도의 교제를 실천하셨다. 예수님은 제자들과 함께 식사하는 것을 즐기셨다(마11:19). 배고픈 무리에게 빵과 물고기를 나누어 주셨으며(마14장, 막6장, 눅9장, 요6장), 십자가에 달리시기 전에는 제자들과 함께 떡과 포도주를 나누며 살과 피를 기념하는 새 언약을 가르치셨다(마26장, 막14장, 눅22장, 요13장).

구약성경에도 식탁 교제를 통해서 성도의 교제를 실천하는 일이 기록되어 있다. 창세기 14장 18절에 따르면, 하나님의 제사장 멜기세덱은 떡과 포도주로 아브라함과 교제하며 함께 하나님을 경배했다. 열왕기상 19장 6절에서는 하나님이 지친 엘리야에게 음식을 제공하시며 위로와 용기를 주신다. 이와 같이 신구약 성경의 모범을 따라, 사도행전 2장 43-47절에서 초대교회는 자연스럽게 성도의 교제로서의 식탁 교제를 실천했다. 따라서 식탁 교제는 중요한 성도의 교제 방법 중 하나이다. 음식을 준비하는 일, 설거지를 돕는 일, 함께 자리에 앉아 식사하는 일 모두가 하나님이 기뻐하시는 성도의 교제이다.

우리는 성도의 교제를 식사 교제에만 한정하지 않고, 교회 안에서 이루어지는 모든 사역에 적용할 수 있다. 예를 들면, 교회 봉사, 목장 소그룹, 제직회, 당회, 남선교회, 여전도회, 공동의회, 수련회, 여름성경학교, 대 심방, 목회적 돌봄 등 모든 활동 속에 성도의 교제를 적용해야 한다. 삼위일체 하나님의 상호 교류(페리코레시스)는 성도들이 실천해야 할 사랑, 이해, 환대, 포용의 본을 보여준다. 성도의 교제는 교회 안에 시기, 질투, 분열, 다툼을 제거하고, '용납과 포용', '이해와 환대', '공감과 용서'를 만들 것이다.

밖으로 보내는 공동선

사도행전 2장 45절 "재산과 소유를 팔아 각 사람의 필요를 따라 나눠 주며, 온 백성에게 칭송을 받으니 주께서 구원 받는 사람을 날마다 더하게 하시니라"라는 말씀에 따라, 교회는 "밖"에 있는 지역 사회를 섬기고, 세상을 위해 공동선(common good, 온 인류를 위한 선)을 추구해야 한다. 교회는 그 선함을 외부로 확장해야 한다. 예수 그리스도가 머리 되신 교회만이 참된 공동선을 세상에 전달할 수 있다. 왜냐하면 참된 선함은 오직 예수님 안에서만 나오기 때문이다. 교회가 세상에 참된 선함을 전달하지 않으면, 세상은 그 선함을 공급받을 수 없다.

공동선을 실천하기 위해서 교회는 공적 책임에 따라서 민관 협력을 중요시해야 한다. 2022년 12월 25일, 남양주동안교회의 담당목사로 부임한 이후, '관(읍사무소, 주변 군부대)'과 '민(대학생선교회: C.C.C, 읍노인회, 마을노인회 및 자치회)'과의 협력을 통해 의료봉사, 소외계층을 위한 구제 활동, 창조 질서 회복을 위한 지역 환경 미화 등의 공동선 사역을 추진했다. 이러한 사역은 교회가 세상 속에서 참된 빛과 소금의 역할을 감당하는 실질적인 증거가 되었다. 교회의 공동선 추구는 교인들로 하여금 일반 은총 아래 있는 비신자들을 향한 봉사의 당위성을 인식하게 했고, 전도의 접촉점을 마련하게 했으며, 교회 내부적으로는 제자도적 섬김을 독려함으로써 역동적인 목회 활력을 유지하게 했다.

나는 하나님이 세우신 교회의 상태를 "위, 아래"라는 '방향'으로, 모습을 "안, 밖"이라는 '공간'으로 이해했다. 방향은 믿음, 정체성과 관련되어 있고, 공간은 행함, 책임과 관련되어 있다. 이 이해를 바탕으로, 하나님이 세우신 교회를 섬기려고 한다.

교회에 주신 권세

교회에는 권세가 있다. 국가에는 군사력이라는 권세가 있고, 회사에는 자본력과 인력이라는 권세가 있다. 이 외에도 다양한 권세가 존재하지만, 교회의 권세는 세상의 권세와는 본질적으로 다르다. 교회의 권세는 하나님이 주신 권세이기 때문이다. 이 권세는 예수 그리스도의 이름으로 선포할 때, 이 땅 위에 나타나는 하나님의 역사이다. 교회의 권세는 세 가지로 구분된다. 첫째, 가르치는 권세(교리권), 둘째, 다스리는 권세(치리권), 셋째, 돕는 권세(봉사권)이다. 지금부터 이 세 가지 권세를 살펴보고자 한다.

첫째, 교회에는 가르치는 권세(이하, 교리권)가 있다. 이 권세는 교회가 진리를 수호하게 하고, 진리를 전하게 하며, 불신자들의 모든 세력으로부터 진리를 보호하게 한다(딤전1:3-4, 딤후1:13, 딛1:9-11). 교리권이 있는 교회는 말씀을 세계 모든 민족에게 지속적으로 가르쳐야 하며(딤전4:13, 딤후4:2), 신조와 신앙고백을 중심으로 장래 사역자들을 양성하는 훈련을 끊임없이 진행해야 한다(딤후2:2). 그래서 교회는 교인들을 가르치고, 신학교의 가르치는 사역이 원활하게 진행되도록 도와야 한다.

교회는 성도와 비성도 모두에게 성경을 가르칠 수 있다. 이를 통해 교회는 세상 속에 교리권을 발휘하게 된다. 이 권세를 제대로 사용해야 교회는 비진리를 타파할 수 있다. 교리권을 '비진리 세력의 헛된 가르침(딤전1:4)'에 위축되어 행치 못해서는 안 된다. 오히려 교회는 진리와 비슷한 거짓 견해를 퍼뜨리는 이들에게 단호히 맞서야 하며, 과감하게 참된 진리를 전해야 한다. 교회만이 참 진리를 소유하고 가르칠 수 있기 때문이다.

둘째, 교회에는 다스리는 권세(이하, 치리권)가 있다. 하나님은 질서를 중요시하신다(고전14:33, 40). 하나님은 교회에 적절한 질서를 주셨고, 그리스도의 법을 실행할 수 있는 권한을 주셨다(창1:28, 요21:15-17, 벧전5:2). 교회는 치리권을 통해서 성도와 비성도 모두에게 바른 질서를 제시할 수 있다.

교회는 진리, 섬김, 기도, 용서, 그리고 성령의 9가지 열매 등으로 세상을 치리할 수 있다. 치리권은 교회를 통해 세상에 제시되어야 한다. 교회는 치리권으로 공중 권세 잡은 자의 혼란스러움을 제압해야 한다. 치리권은 세상의 어둠과 혼란을 무너뜨릴 수 있다. 치리권은 세상의 모든 요동치는 혼란을 잠잠하게 만들 수 있다.

셋째, 교회에는 돕는 권세(이하, 봉사권)가 있다. 예수님은 제자들에게 전도하고 모든 병을 고치라고 명령하셨고, 그들을 파송하셨다(마10:1-8, 눅9:2). 초대교회는 물질을 나누고 생활이 궁핍한 자들을 도왔으며, 이를 위해 일곱 집사를 세우기도 했다(행6:1-6). 또한, 신약 성경은 가난한 자들을 돕는 여러 교회의 모습을 기록하고 있다(행11:29, 고전16:1-2, 고후8:13-15).

봉사권은 자선 활동으로 보람을 느끼려는 자기만족적 행위가 아니라, 교회가 세상에 하나님의 선하심을 실현함으로써 하나님의 나라를 이 땅에 구현하는 행위이다. 봉사권을 사용할 때, 세상을 가난하게 만드는 마귀의 세력은 교회에 굴복할 것이다. 봉사권을 적용하는 교회는 지역에 하나님의 나라를 구현할 수 있고, 공동선을 창출할 수 있다. 교회는 봉사권을 교회 안팎에, 지역과 마을에, 더 나아가 타 문화권과 해외에 적용해야 한다.

오늘날 교회는 불신자들로부터 다양한 비난을 받고 있다. 일부는 부당한 비난일 수 있지만, 일부는 교회가 교회답지 못했기 때문에 받는 정당한 지적일 수 있다. 이 지적을 성찰과 갱신의 계기로 삼기 위해 우리는 하나님이 교회에 위임하신 권세를 세상에 적극적으로 사용해야 한다. 교리권으로 올바른 정답을 제시하고, 치리권으로 정직한 질서를 세우며, 봉사권으로 고통받는 이웃을 섬겨야 한다. 주신 권세를 사용할 때, 교회는 세상의 빛과 소금으로 자연스럽게 드러날 것이다.

발리한인교회로 파송된 이유

이상의 교회론을 통해, 우리 가족이 발리한인교회로 파송된 이유가 분명해졌다. 하나님은 그의 뜻과 계획을 따라(엡1:11), 인도네시아 발리에 발리한인교회를 세우시고, 이 한인교회를 통해 한인과 인도네시아인을 향한 선교를 이루고자 하셨다. 그 선교가 계속되도록, 하나님은 어려움 가운데 있던 발리한인교회를 회복하고 치유하시기 위해 우리 가족을 발리로 보내셨다. 나는 앞으로 어떤 교회로 보내져도 이 교회론적 이유를 믿고, 사역할 것이다.

… 4부
종말을 보게 하심

제13장 종말론 1:
왜 약점을 주셨을까?

발리 도착

공항에 도착했을 때, 발리한인교회 교인들은 수요예배를 마친 후 우리 가족을 환영하고자 마중 나와 있었다. 환영하는 교인들의 목소리를 듣는 순간, 머릿속에는 여러 가지 감정과 생각이 뒤엉켰다. '덥다, 정신없다, 피곤하다, 아내는 괜찮을까, 자녀들은 잘 견딜 수 있을까, 초기 적응을 도와주러 동행하신 장모님의 컨디션은 괜찮으신가, 이제 나는 무엇을 어떻게 해야 하지, 이들과 어떤 대화를 해야 하지, 어떤 일을 먼저 시작해야 하지, 앞으로 누구와 어떻게 지내야 하지? ... 우선 반갑게 인사해야겠지?' 등 다양한 질문들이 맴돌았다.

그때, 교회와 관련된 선교사님이 다가와 이렇게 말했다. "오늘 오전 8시부터 장을 보러 다니시지요. 살 것이 많습니다. 도와드리겠습니다." 동안교회로부터 받은 거주 정착을 위한 예산을 신속히 집행하고자 선교사님은 물품 구매를 서둘렀던 것 같다.

당시 시각은 새벽 1시 30분이었고, 사택으로 이동해 정리까지 하면 오전 3시가 넘을 상황이었다. 몇 시간 후 오전 8시에 만나 장을 보러 다니는 것은 무리한 일정이었지만, 당시에는 선택의 여지가 없었다. 선교사님은 약속대로 아침 8시에 사택 앞에 도착했다. 이불, 그릇, 숟가락, 젓가락, 냉장고, 세탁기, TV 등 필요한 물품을 구매하러 온종일 함께 다녔다. 다음 날도, 또 그다음 날도 마찬가지였다. 그렇게 3일 동안 계속 물품 구매를 도와주셨다. 함께 다닌 아내, 장모님, 만 5살 큰아이와 만 2살 작은아이, 우리 가족은 모두 녹초가 되었다. 작은아이를 업고 다녀야 해서 아이도 힘들고, 어른들도 고단했다.

3일간의 물품 구매가 끝난 후, 선교사님은 남은 현금 지폐와 잔돈을 전달하며, 관련 영수증과 정산 내용을 인수인계했다. 그 과정은 매우 정신없는 상황 속에서 진행되었다. 인도네시아 화폐도 생소하고, 계산 방식도 익숙하지 않았기 때문에 더 혼란스러웠다. 이게 어떤 물품의 영수증인지도 알아보기 어려웠다. 땀에 젖은 영수증은 글자가 흐릿해져 알아보기도 힘들었다. 3일간 정신없이 진행되어 상황 파악이 제대로 되지 않았다.

물품 구매 후 사택 정리에 들어갔는데, 모든 것이 막막했다. 한국에서만 살다가 현지 문화에 익숙하지 않았다. 도마뱀, 개미, 각종 곤충이 집 안을 돌아다니는 모습이 매우 낯설었다. 석회수가 섞인 수돗물은 마실 수 없었고, 양치질조차 물을 가려서 해야 했다. 더위와의 사투, 그리고 그 와중에 교회 사역을 시작하고 예배를 준비해야 하는 일은 너무도 고되고 벅찼다. 지금까지 나름대로 힘든 사역 현장을 이겨내며 살아왔다고 생각했는데, 며칠 만에 기진맥진 매우 벅찼다. 발리 사역 현장은 능력 밖의 문제 상황이 연속으로 이어지는 곳이었다.

언어의 장벽

집안 살림 도구들을 구매하고 설치하며 정착을 진행하는 과정에서 언어의 장벽은 큰 어려움이 되었다. 동네 슈퍼에 가서 물건을 사는 것도, 식당에 가는 것도 언어 부족으로 인해 시간이 걸렸고, 불안함을 유발했다. 감사하게도 교회 차량 기사가 한국어를 조금 구사할 수 있었고, 그의 도움으로 생활에 꼭 필요한 일들을 진행할 수 있었다. 하지만 그는 발리 현지에서 20년 이상 근무한 직원으로, 인도네시아 발리 사람 특유의 말투와 행동 방식이 있었다. 타 문화권에 대한 이해가 부족했던 나는 그의 말투와 행동을 오해하게 되었고, 점점 불편함을 느끼기 시작했다. 그런데도, 그의 도움이 절실했기에 나는 도움을 요청했고, 감사의 의미로 용돈을 주기 시작했다. 용돈은 순간의 호의적 관계를 불러와도, 긴 호흡의 상호 존중의 관계를 불러오진 못했다. 나중에야 잦은 용돈으로 관계를 유지하기보다는, 인격적이고 상호 존중하는 관계 형성이 훨씬 더 중요하다는 사실을 깨달았다.

타 문화권에서 살아가기 위해 언어 능력이 얼마나 중요한지를 절실히 체감했다. 병원, 시장, 마트, 문방구, 세탁소, 과일 가게, 식당, 은행 등 일상의 거의 모든 영역에서 언어가 사용되었다. 언어가 통하지 않으면 활동에 제약이 따랐고, 내적으로 위축되고, 외출조차 두려워지는 심리적 갈등을 경험하게 되었다. 언어 능력의 부족은 단순한 불편함을 넘어, 해외 타 문화권 사회에 적응하는 데 있어 결정적인 장벽이 될 수 있다는 것을 직접 경험하게 된 시간이었다.

아이를 도우려

첫째 아이는 한국의 유치원에서 생활하다가, 갑자기 언어와 문화가 전혀 다른 발리 덴파사르 도시에 있는 유치원에 입학하면서 언어적, 문화적 충격을 받았다. 집에서 말수가 줄어들고, 유치원에 가기 싫다고 말하기 시작했다. 당시에 소아 우울증이 오지 않았을까, 추측한다.

만 5세였던 첫째는 만 2세인 둘째와의 나이 차이로 인해 형제간의 충분한 대화가 어려웠고, 함께 노는 데도 제한이 있었다. 첫째는 유치원에서 친구들과 어울리지 못했고, 혼자 시간을 보내거나 침묵으로 견뎌야 했다. 물론 나는 목회와 선교 사역에 적응하느라 이러한 상황을 제대로 인지하지 못했고, 나중에 전해 듣고 알았다. 설사 알았다 하더라도 사역 적응을 우선시하며 적극적으로 돕지 않았을 것이다.

아내는 그런 아이의 모습을 보며 기도하고, 눈물 흘리며 아이를 도우려 애썼다. 나는 사역 현장에 나가면 되었지만, 아내는 상황이 달랐다. 현지인들과 어떻게든 소통해 가족의 식사 준비와 자녀들의 생활 적응을 위해 노력해야 했고, 자녀들의 학습 지도와 학교생활 지원, 발리한인교회 여전도회 제직 회원들과의 소통 등 다양한 역할을 감당해야 했다. '사모'라는 직분 아닌 직분에 따라 표정, 행동, 옷차림, 생활습관 등 모든 부분에서 관심과 시선을 받는 상황 속에서, 아내는 성령님의 보이지 않는 도움 없이는 이 모든 것을 감당할 수 없었을 것이다.

글을 쓰는 지금에서야 당시 가족에게 닥친 어려움들이 조금씩 보이는 것이다. 그때는 전혀 관심을 기울이지 않았다. 교회 사역이 중요하다는 명분으로 가족을 돌보지 않았다. 반복해서 하는 반성의 고백이지만, 나중에 코로나19 팬데믹으로 인해 강제로 가족과 단절되고 홀로 고립된 시간을 겪은 이후에야 비로소 가족의 소중함을 절실히 깨닫게 되었다.

기도할 때마다

동안교회에서 발리를 담당하는 장로님의 연락을 통해 나는 해야 할 사역을 점검받았다. 그러나 장로님의 꼼꼼한 점검을 따라가기엔 벅찼다. 현지에서의 생활, 문화, 관계, 내면, 언어, 정신, 체력, 신체, 기후, 정서, 영적 영역의 미 적응으로 인해 선교 사역을 위한 행정적 업무를 수행하는 것이 참으로 어려웠다. 현지 선교를 위해 설립된 비영리 법인의 은행 계좌 개설 여부, 땅과 건물의 세금 납부 상태, 비전센터에서 운영 중인 한국어 학당의 교육부 등록증 발급 여부, 정관 개정에 따른 원본 및 사본 제출 여부, 비전센터에 상주하는 선교사님의 사역과 역할 설정, 그리고 비전센터 보수공사를 8월 말까지 완료하는 문제 등을 계속 점검하고 '진행'해야 했다. 교회의 목회 활동과 비전센터의 선교적 기능이 실제로 운영되도록 만들어야 하는 '과업'도 있었다. 그러나 무너진 예배 질서와 형식을 재정비하고, 관광객 성도들을 위한 차량 운행 사역, 수요예배와 주일예배 인도 및 찬양 인도, 주보 및 PPT 제작(예배 화면 제작), 교회 현장 직원 관리 등 실제적인 목회 활성화를 위한 많은 사역을 홀로 감당하는 상황이었다. 당장에 나부터 적응이 안 돼서 행정적 업무에 대한 진행과 과업이 모두 뒤로 밀려갔다.

한국이었다면 이 정도의 행정과 과업을 몇 달 안에 해결할 수 있었을 것이다. 그러나 언어 부족과 다양한 영역에서의 미 적응으로 인해서 분주했기 때문에, 진행에 어려움을 겪었다. 인도네시아어와 영어 실력의 부족은 법적, 행정적 업무를 매우 더디게 만들었다. 비전센터 보수공사를 위해 현지 근로자와 소통할 때는 '온라인 구글(Google) 번역기'를 이용해 긴 시간 동안 번역하며 대화해야 했고, 은행 업무도 마찬가지였다. 그러다 보니 업무 진행 속도는 한국에서 기대하는 만큼 따라갈 수 없었다.

한국인 선교사님의 도움을 받아 세무사 및 은행 직원과의 소통을 시도했지만, '과정의 진전'만 있을 뿐, '결과의 완료'가 없었다. 나중에 알게 된 사실은, 그 선교사님조차도 세무와 은행 업무에 필요한 전문 용어를 정확히 전달하는 데 어려움이 있었다. 일상에서 자주 쓰이지 않는 단어들이 많았기 때문이다.

동안교회 발리 담당 장로님은 원활하게 사역을 진행할 수 있도록 꼼꼼하게 점검해 주시고 계속 도와주셨다. 그러나 도와주실수록, 나의 행정력, 사역 운영 능력, 언어 실력의 부족은 스스로에 대한 자책으로 이어졌다. 그럴 때마다 속으로 '유호종, 무너지면 안 된다'라고 마음을 다잡으며 하나님께 간절히 기도했다. 기도할 때마다 성령님은 생각하지 못한 좋은 방식으로 인도해 주셨다. 기도하는 가운데 장로님의 꼼꼼한 점검이 나를 돌보시는 하나님의 손길임을 깨닫게 되었다. 은혜로 간신히 하루하루를 버텨낸, 초기 정착 과정이었다.

발버둥

어려운 상황은 계속되었고, 이 상황을 어떻게 해결할지에 대한 답답함도 이어졌다. 2019년 8월 말쯤, 비전센터의 보수공사는 마무리되었다. 그러나 공사가 잘되었는지, 제대로 마무리되었는지를 판단하기 어려웠다. 교회 장로님 중 한 분이 건축에 일가견이 있어서 그분께 요청하여 공사 상태를 점검받았다.

법적, 행정적, 세무적인 업무들이 더디게 진행되고 있었던 가운데,

2019년 9월경 동안교회의 성도들이 '발리 선교지 회복을 위한 부흥 집회'라는 명목하에 발리로 선교여행을 오셨다. 회복 집회를 통해 은혜로운 예배가 드려졌고, 보이지 않는 성령님의 역사가 곳곳에 운행하고 있음을 느낄 수 있었다. 그것이 나에게 큰 힘이 되었다.

회복 집회에 참석하신 선교여행 팀의 성도님들은 발리 선교지를 가까이에서 목격하셨다. 마치 살얼음으로 덮인 호수 위에 있다가, 그 얼음이 깨져 물속으로 빠진 사람이 필사적으로 발버둥 치며 살아나려는 것처럼, 애타게 몸부림치던 나의 모습을 이분들은 직접 목격했다. 그 발버둥은 교회와 선교지를 살리고자 하는 목회자의 절박한 몸부림이었다. 과거에 영문교회 담임목사님이 가르쳐주신 '살얼음 목회'가 떠올랐다.

약점이 내게 있지 않았다면

나는 한국에서 담임목사님의 목회를 돕는 부교역자로만 사역했었다. 그러나 발리에서는 비영리 재단으로서의 비전센터를 선교적으로 운영해야 하는 동시에 담임 목회를 병행해야 했다. 담임 목회는 부교역자 시절과는 전혀 달랐다. 당회와 제직회를 운영해야 했다. 성도들의 바닥 민심을 청취할 줄 알아야 했다. 비전을 제시하고 교육하며, 예배와 교제 등 모든 목회적 책임을 감당해야 했다.

처음 접한 담임 목회였기에 많은 부분에서 미흡했다. 제직 회원들과 성도들의 마음을 읽는 데 서툴렀고, 교인들의 상처를 풀어주고, 품어주는 됨됨이도 부족했다. 덜 다듬어진 인격과 품성을 가지고 어설픈 목회 기술로 성도들을 손님 대하듯 목회하고 있었다. 그러던 중, 부임한 지 6개월 지난, 12월 초 어느 수요일 저녁 6시경 수요예배 전에 시무장로님이 사택으로 찾아오셨다. 장로님은 나의 부족함으로 인해 발생한 제직 회원들의 요청 사항을 전달하셨다. 장로님은 도와주시겠다고 말씀하셨다. 함께 잘 헤쳐 나가자고 위로와 격려, 응원의 말을 건네주셨다. 제직 회원들의 요청 사항은 별것 아니었다. 좀 더 따뜻하고, 좀 더 배려하며, 좀 더 성심성의껏 노력하고 섬기면 될 일이었다. 그러나 나는 수요예배 직전에 들었던 요청 사항을 마음속에서 소화해 내지 못했다. 예배 중 통성기도 시간에 "다 같이 주여! 외치고 기도합시다!"라고 선포하고 기도를 시작했는데, 갑자기 내 안에 있던 쓴 뿌리와 상한 마음이 결합 되면서 강대상에서 쓰러지고 말았다. 팔과 몸이 꼬이고, 다리는 떨렸으며, 전신이 경직되었다. 의식은 있었지만, 과거 청년부 시절 겪었던 전환 장애 증상이 다시 나타난 것이었다. 아마도 예배 전에 들었던 부정적인 피드백을 감정적으로 감당하지 못해 몸으로 표현된 것 같다.

　장로님과 제직 회원들이 강대상으로 올라와 몸을 주무르며 물을 가져다주었다. 입이 벌어지고 침이 흘렀다. 주변에 모인 교인들이 입에서 흐르는 침을 닦아주셨다. 몇몇 교인들은 "목사님, 죄송해요. 잘 도울게요."라고 말씀하셨다. 몸은 계속 뻣뻣한 상태였다. 그렇게 30분쯤 흐르고, 부축을 받고 일어나 예배를 마무리했다. 마친 후 내 상태에 대해 조심스럽게 설명하고, 교인들께 인사한 뒤 사택으로 돌아갔다. 마침, 가족은 아내의 건강검진으로 한국에 출국한 상태라 집에는 나 혼자였다.

　그날 밤, 나는 '이제 발리한인교회에서의 목회는 끝났다. 한국으로 돌아가야겠다. 이런 약점이 있는 목사를 교인들이 받아들일 수 있을까? 이렇게 쓰러지는 목사가 어디 있을까?'라며 절망적인 생각에 빠졌다. 홀로 조용히 기도했다. '예수님, 발리에서의 목회와 선교를 가장 좋은 길로 인도해 주옵소서. 이 아들 부끄러움 당하지 않게 하옵소서(벧전2:6). 예수님 이름으로 기도드립니다. 아멘.'

다음 날 아침, 교인들로부터 안부 전화가 오기 시작했다. 어떤 분은 약을 챙겨주며, 앞으로 잘 돕겠다고 힘내라고 위로의 말씀을 하셨다. 이 사건을 계기로 나의 진정성이 교인들에게 전달된 것 같았다. 동시에 '유호종 목사는 건드리면 쓰러지는 심약한 사람이다'라는 인식도 생긴 듯했다. 교인들은 나를 불쌍히 여기셨다. 어찌 되었든, 이 사건 이후로 목회 분위기는 한층 평온해졌고, 심기일전하여 사역에 더 전념했다.

1달 후 2020년 1월부터, 전 교인을 위한 대심방을 진행했다. 심방을 통해 교인들의 기도 제목과 가정 상황을 들으며 세심하고 꼼꼼하게 중보기도를 드렸다. 그리고 큐티기초반, 성경일독학교, 교리론 등의 교육훈련을 시작했다. 큐티기초반 교육훈련과 연계해서 동안교회에서 제작하는 '동안큐티진' 책으로 성경 묵상을 하고, 매일 교인들과 함께 SNS로 말씀 나눔을 진행했다. 이를 통해 교인들의 신앙 성장과 성숙을 이끌었고, 제자도의 삶으로 나아가도록 격려했다. 교회는 점차 안정을 되찾았고, 교인들은 교회를 어렵게 만들고 떠났던 목회자와 성도들을 용서하는 마음을 품게 되었다. 이 시기를 통해 큐티 말씀 묵상, 성경과 교리 교육, 간절한 기도가 목회의 핵심임을 절실히 깨달았다.

당시를 돌이켜보면, 만약 그때 전환 장애라는 약점이 나에게 없었다면, 발리한인교회에서의 목회를 완전히 실패했을지도 모른다. 고린도후서 12장 10절 "그러므로 내가 그리스도를 위하여 약한 것들과 능욕과 궁핍과 박해와 곤고를 기뻐하노니 이는 내가 약한 그 때에 강함이라"는 말씀에 따라 '약점을 주셔서 감사합니다'라는 고백을 하게 된다.

통역 직원

2019년 10월경, 발리한인교회를 후원하는 동인선교회(동티모르·인도네시아를 품는 선교회로서 열 교회 연합 기구: 동안교회, 대전제일교회, 부산항서교회, 경주남부교회, 삼송교회, 광주양림교회, 별내동안교회, 부산진교회, 부산애광교회, 울산호계교회)의 목사님들, 그리고 동안교회 장로님들이 발리를 방문했다. 동인선교회와 동안교회는 한국어학당 학생들을 대상으로 선교여행 팀원 5명을 선발해 한국으로 초청하는 계획을 제안했다.

이 제안에 따라 학생 5명의 선발 과정을 진행했다. 공정한 선발을 위해 한국어 시험, 성경 시험, 면접 등 객관적인 기준을 담은 선발 규정을 마련했다. 이 과정으로 선발된 5명의 학생과 함께 한국으로 선교여행을 다녀왔다. 그중 3명은 한국어를 유창하게 구사했지만, 2명은 한국어 실력이 부족했다. 한국에서 우리는 동인선교회 소속 교회들을 방문했고, 따뜻한 환대를 받았다. 예배 시간에는 크리스천 학생 한 명이 예수님을 만난 사건에 대한 간증을 고백했다.

발리로 돌아온 후, 눈여겨보았던 3명의 학생에게 한국어학당과 교회에서의 봉사를 제안하자, 흔쾌히 응했다. 이들은 한국어학당에서 보조교사로, 교회에서는 PPT 제작(예배 화면 제작)과 찬양팀에서 싱어(찬양 부르는 봉사자)로 큰 도움을 주었다. 그 무렵, 발리에 처음 도착했을 때 살림 도구 구매를 도와주었던 선교사님은 내게 조언하셨다. "유 목사님에게는 열정과 능력이 있지만, 언어가 부족하니 통역을 돕는 사람이 있으면 '날개 단 호랑이'처럼 사역하실 겁니다." 나는 하나님의 특별한 말씀처럼, 이 조언을 들었다.

조언을 들은 다음 날, 선교여행에 함께 다녀온 현지인 자매에게 연락했다. 교회와 비전센터를 위해 선교 사역을 진행하려 하는데, 현지인과의 소통에 어려움이 있어 유급 직원으로 통역을 도와줄 수 있는지 물었다. 자매는 오전에는 공공기관에서 보조 직원으로 일하고 있다고 해서 나는 오후 1시부터 6시까지 근무해달라고 제안했다. 또한 주일에는 발리한인교회에서 예배 간사 역할을 맡아달라고 요청하며 정식 급여 지급도 약속했다.

그 자매는 가톨릭 신자였다. 다음날 자매는 하나님께 기도하는 가운데, 발리한인교회를 도우라는 하나님의 응답을 받았다고 고백했다. 자매는 한국어능력시험(TOPIK) 3급 수준의 한국어 실력과 영어영문학과 졸업생답게 뛰어난 영어 실력을 갖추고 있었다. 자매가 합류한 이후, 비전센터의 법적, 행정적, 세무적인 문제들이 빠르게 해결되기 시작했다.

이때부터 나는 말 그대로 날개 단 호랑이가 되어 사역의 속도를 높일 수 있었다. 얼굴에 웃음이 돌아왔고, 자신감도 회복되었다. 모세에게 아론을 보내주신 것처럼(출4:14), 그 자매는 하나님이 보내주신 천사와 같은 존재였다. 자매를 만난 시점은 발리에 도착한 지 약 3개월이 지난 2019년 11월 말이었다.

발리교단 교단장과의 만남

2019년 12월 말, 동안교회는 발리한인교회로 부목사님을 파송했고, 동인선교회는 반주자와 행정을 도울 봉사자를 파송했다. 총 세 명의 사역자가 발리에 오게 된 것이다. 정말 감사한 마음이 들었다. 통역을 도와주는 자매, 부목사님, 그리고 두 명의 봉사자가 있으니 이제 목회와 선교 사역을 어려움 없이 형통하게 감당할 수 있을 것 같았다. 그러나 몇 주 후, 나는 이들과 맺어야 할 관계성이 또 하나의 중요한 업무라는 것을 깨달았다. 세 명 모두 인격체이며, 성격, 문화, 교육, 지식, 경험이 각기 다른 존재들이었다. 그러다 보니 목회와 선교 사역을 함께 진행하려면 페리코레시스적 상호 교류를 통해 관계를 형성하고 조율해 가는 시간이 필요했다. 이때 중요한 사실을 배웠다. 도와줄 사역자와 봉사자가 있다고 해서 현장 상황이 곧바로 좋아지고 쉬워지는 것이 아니라, 오히려 새로운 관계적 차원의 업무가 발생하고 신경 써야 할 일이 더 많아진다는 것이었다. 물론 장점도 분명 있다. 유기적으로 업무를 분담하고 협력할 때 생기는 '상호 보완 효과'는 분명히 존재했다.

그 시기, 나는 발리 현지 교단을 알게 되어 통역 자매와 함께 직접 찾아가게 되었고, 비전센터 선교와 관련하여 도움을 요청했다. 그리고 한인교회의 물적/인적 자원으로 도울 수 있는 부분은 돕겠다고 말하면서 발리 교단과 가까운 관계를 맺자고 제안했다. 발리 교단의 교단장 목사님은 첫 만남에서 나에게 "혹시 군인 출신 목사님이신가요?"라고 질문했다. 이 질문을 하신 이유를 묻자, 교단장 목사님은 자신이 지금까지 만난 한국 선교사들과 다르다고 말했다. 그러면서 "당신은 첫 만남부터 자신이 할 수 있는 일과 할 수 없는 일을 명확히 제시했습니다. 요청 사항을 분명하게 전달하면서 허심탄회하게 앞으로의 관계를 제안했습니다. 이런 경우는 처음입니다."라고 말했다. 즉, 부정적으로 표현하면 당돌한 것인데, 교단장 목사님은 긍정적으로 표현해서 솔직한 접근 방식이 매우 인상적이라고 말한 것 같다.

이날 만남 이후, 나는 발리 교단 산하의 대학교 총장님과 교수진 및 현지 교회 목사님들을 소개받았고, 선교와 관련된 다양한 연대와 도움을 받을 수 있었다. 이후 코로나19 기간, 구제 사역과 현지인 선교 사역을 진행할 때, 발리 교단과의 연대가 큰 힘이 되었다.

타자를 고려하는 예배

발리한인교회는 존재적으로 선교하는 선교적 교회로서 "타자를 고려하는 예배"를 추구했다. 이를 위해 나는 제직 회원들에게 현지인이 발리한인교회의 정식 교인이 될 수 있다는 점과, 관광객 성도를 섬겨야 한다는 성경적 당위성을 교육했다. 신학 정립과 의식 개혁을 통해 교인들은 현지인의 예배 참여와 봉사를 적극 추진했고, 한국인 관광객이 예배에 참여할 수 있도록 교회 차량을 이용한 '픽업 서비스'를 진행했다(2020년 3월 코로나19 팬데믹 선언 이후 일시 중단되었다가, 2023년부터 재개함).

발리한인교회는 선교적 교회로서 현지인과 관광객 성도의 예배 참여를 돕기 위한 '타자를 위한 봉사와 섬김', 즉 디아코니아(διάκονος-diakonia 직역하면 섬김, 봉사를 의미)를 더욱 세심하게 실천하기 위해 교인들의 의식 개혁을 지속적으로 추진했다. 나는 교리론 교육을 통해 교회가 존재적으로 디아코니아 사역을 실천해야 한다는 것을 가르쳤다. 아래 (표1)에서 구체적으로 어떤 디아코니아가 실천되었는지를 정리했다.

(표1) 예배 참여를 돕는 디아코니아 실천 내용

예배 참여를 돕는 디아코니아 : 현지인 대상	예배 참여를 돕는 디아코니아 : 한국인 관광객 대상

1. 한인교회 교인으로의 인정
   (한인 예배 참석, 항존직 임명 논의 중)
2. 예배 봉사자 역할 수행
   (찬양팀: 반주, 싱어, 악기, 음향, 영상 등)
3. 세례 및 예배/신앙교육
   (발리 교단 소속 현지인 목사와 협력)
4. 성경 본문을 한국어/인도네시아어로 낭독(2024년부터: 동시통역 서비스 제공)
5. 봉사하는 현지인 신학생에게 장학금 지급
6. 현지인 청년 대상 장학금 지급
	1. 소통을 위한 한인교회 홈페이지 제작
	2. 차량 운행 신청을 위한 SNS 소통 창구 마련
	3. 주일 차량 서비스 제공
	4. 한국 음식으로 점심식사
	5. 발리 생활 정보 제공
	   (이민, 여행, 자녀 교육 등)

공통	
주일 점심: 한국 음식 제공	

발리한인교회는 선교적 책임에 따라 현지인과 한인이 예배에 참여할 수 있도록 디아코니아를 실천했다. 이것은 선교적 교회로서의 정체성을 구체적으로 드러낸 실천이다.

비자 발급

비자 문제는 해외 선교사들에게 큰 과제이다. 우리 가족은 장기 체류 비자 발급에 실패하여 관광 비자를 받고 체류하고 있었다. 관광 비자를 가진 외국인은 2달이 되기 전에 인도네시아에서 타국으로 출국했다가 다시 입국해야 불법체류자가 되지 않는다. 관광비자로 체류하던 중, 자카르타에 있는 한국인이 운영하는 변호사 사무실을 2020년 1월경에 방문하게 되었다. 운영하는 비전센터의 법적인 일을 진행하기 위해서였다. 변호사님은 자신이 자카르타에 있는 한인교회의 은퇴 장로라고 말씀하셨다. 인도네시아와 관련된 다양한 선교적, 목회적, 행정적 조언을 해주셨다.

  1시간 30분 정도 이야기를 나눈 후, 변호사님은 비자가 있는지 질문하셨다. 나는 관광비자로 체류 중이라고 답변했다. 그러자 변호사님은 발리 교단 쪽에 외국인 선교사를 위한 성직자 비자를 줄 수 있는 자리가 하나 비어 있다고 알려주셨다. 이를 위해서는 발리 교단장의 추천서, 이력서와 각종 증빙 서류들을 이민청에 제출해야 한다고 했다. 그 진행을 변호사님의 법무사무실에서 도와주겠다고 하셨다.

  나는 바로, 한국에 보고하고, 허락을 받고 진행했다. 그 결과, 선교사들이 오랜 기간 사역해도 얻기 힘들다는 성직자 비자를 발급받을 수 있었다. 이 비자는 5년간 유지하면 영주권이 발급될 정도로 매우 중요한 비자였다. 한국인 선교사들이 7년간 사역해도 이 비자를 발급받기 어렵다는 얘기를 들은 적이 있었다. 하나님은 어떻게든 나를 사용하셔서 선교 사역을 이루시려고 신비로운 만남과 일의 진행을 보여주셨다. 특히, 발리 교단장에게 비자 관련 추천서를 요청하러 찾아갔을 때, 그 전에 이미 협력과 소통을 도모했던 과정이 있었기 때문에, 비자만 얻기 위한 사적 잇속을 챙기는 접근처럼 보이지 않았다. 그 전후의 과정들이 오해 없이 연결되도록 하나님이 인도해 주셨다. 모든 것이 하나님의 은혜였다. 이후 비자 걱정 없이 목회와 선교에 전념할 수 있었다.

COVID-19

2020년 2월쯤 코로나 19 소식이 들려오기 시작했다. 처음에는 메르스나 사스와 같은 과거 전염병처럼 곧 사라질 것으로 생각했다. 그러나 코로나19는 점점 확산되었고, 결국 2020년 3월경 팬데믹이 선포되었다. 이에 따라 인도네시아 정부도 한국과 마찬가지로 모든 대면 예배를 중지하라는 명령을 내렸다.

당시에는, 이 상황이 짧게 끝날 것으로 예상했다. 전염병이 수년에 걸쳐 '사회적 거리 두기'와 '국가 간 이동 단절'이라는 전례 없는 상황으로 이어질 것이라곤 상상하지 못했다. 팬데믹 선언 이후, 발리한인교회의 모든 대면 예배를 유튜브 온라인 예배로 전환했다. 이를 위해 현지인 통역을 도와주던 자매에게 유튜브 영상 업로드 업무를 맡겼다. 자매가 통역뿐 아니라 영상 편집과 업로드에도 재능이 있었기 때문이다. 자매를 보내주신 하나님께 감사 기도를 올렸다.

대면 모임이 불가능한 상황 속에서 목회와 선교 사역은 일시적인 정체기를 맞이했다. 이를 극복하고자 '자동차 극장식 예배'를 시도하기도 했다. 이후에는 지방 정부의 방역 지침에 따라 철저한 방역 체계를 갖춘 상태에서 주일 대면 예배를 재개했다. 또한 약 300일 동안 '매일 큐티 온라인 예배' 영상을 유튜브에 연재하며 교인들과의 영적 만남을 지속했다. 나는 이 난국을 어떻게 극복해야 할지 몰라 하나님께 간절히 기도드렸다. 기도할 때마다 하나님은 광야에서 매일 먹을 만나를 주셨던 것처럼, 힘과 지혜를 매일 부어주셨다(출16:16). 오늘의 사역을 감당할 만큼만 부어주셨다.

팬데믹 상황에서의 구제 선교

팬데믹 상황에서 동인선교회의 이사 목사님 중 한 분이 "코로나19 상황이 오히려 현지인들을 위한 구제 사역을 진행할 좋은 기회가 될 수 있다."라고 권면하셨다. 이 권면에 따라 지역 사회의 현지인을 대상으로 구제 사역을 진행하기 위해 발리교단 및 덴파사르 시청과의 소통을 추진했다. 시청과 협력하여 실제적으로 구제가 필요한 취약계층과의 연결을 시도했다. 발리 교단과도 협력하여 도움이 필요한 지역 교회와의 연결을 추진했다. 관공서(이후, 관)와 민간 기구(이후, 민)를 대상으로 균형 잡힌 협력을 시도했다.

발리 교단과는 이미 소통하던 관계였기에 협업이 원활하게 이루어졌고, 덴파사르 시청의 대외협력부 부장과는 처음 만났음에도 불구하고 대화가 순조로웠다. 시청과는 설립한 비영리재단 차원에서 접근하여 종교를 초월한 시민 구제에 초점을 맞추고, 상호 협업을 약속할 수 있었다. 관과의 소통에서는 타 종교와의 협력을 위해 재단의 비전센터를 협력의 주체로 설정했다. 기독교 민간기관이나 교단과의 연대에서는 한인교회를 연대의 주체로 설정했다. 재단을 주체로 할 때는 나를 비전센터 대표로 관에 소개했고, 교회를 주체로 할 때는 교회 목사로 민에 소개했다(고전9:19-20). 하나님이 주신 지혜로 발리한인교회와 비전센터는 관(덴파사르 시청 및 주인도네시아 한국대사관 발리 분관)과 민(발리교단 및 기독교 민간 기관, 발리한인회)과의 코로나19 극복을 위한 구제 디아코니아 협업 네트워크를 구성할 수 있었다.

2020년 6월 5일에 첫 디아코니아 사역을 진행했다. 재단의 비전센터는 덴파사르 시청과 협력해서 취약 계층에게 현지인을 위한 구호 물품(인도네시아 정부의 지침에 의해서 품목 구성: 쌀 5kg, 식용유 1L, 라면 5개, 비누 1개, 설탕 1kg)을 전달했다. 타 종교인과 일반 시민들이 인정하는 일반 은총의 공동선을 추구하는 구제 디아코니아를 실천했다. 이후에도 교회 인근 마을 이장, 동장, 구청장을 통해 지역 주민들에게 구호 물품을 전달했다. 구호 활동은 일회성에 그치지 않고, 2020년 6월 5일을 시작으로 현재까지 동안교회, 동인선교회, 블루오션 NGO의 후원을 통해 상·하반기마다 지속적으로 이루어지고 있다. 같은 시기, 발리한인교회와 비전센터는 협업 네트워크에 포함된 발리 분관(공공기관)과 발리한인회(민간단체)와 협력하여 한인을 위한 구제 디아코니아를 함께 수행했다. 이를 통해 현지인뿐만 아니라 발리에 거주하는 재외동포에게도 구호 물품(한국 식료품 중심)을 전달할 수 있었다.

특히 2021년 9월, 덴파사르 도시에는 팬데믹으로 인해 생계가 어려워진 현지인이 기하급수적으로 증가하였다. 이에 따라 덴파사르 시장은 우리 재단에 "공공 주방(인도네시아어: Dapur Umum)" 사역을 요청했다. 이에 발리한인교회 교인들과 비전센터 직원들은 매주 목요일, 약 1,000명을 섬기는 사랑의 주먹밥을 위해서 한 달간 매일 식재료 준비와 음식 조리를 진행했다. 우리는 한인과 인도네시아인 자원봉사자들, 그리고 비전센터의 한국어학당 학생들을 모집하여 봉사를 위한 인적 자원을 확보했다.

발리파트너십(발리 거주 현지인 목사 및 장로 약 300명이 모인 초교파 연합기구)과도 협력하여 현지 교회를 위한 구제 디아코니아를 진행했다. 발리파트너십에는 발리 교단 목사/장로 외에도 다양한 교단의 목사/장로가 포함되어 있었다. 이에 따라서 발리한인교회는 다양한 교회들과의 관계적 네트워크를 형성할 수 있었다. 발리한인교회에서 예배드리는 한국인과 현지인은 지역 시민을 위한 구제 디아코니아에 적극 참여함으로써 함께 공동선을 추구했다. 아래 (표2)에 어떤 디아코니아가 진행되었는지 정리했다.

(표2)

현지인을 위한 구제 디아코니아	한국인을 위한 구제 디아코니아
1. 구호 물품(식료품) 전달 2. 공공 주방(Dapur Umum): 사랑의 주먹밥 3. 발리교단 및 발리파트너십을 통한 구제	1. 구호 물품(식료품) 전달 2. COVID-19 예방접종

함께 협업한 관과 연대한 민은 공동선을 추구하는 구제 디아코니아 사역에 깊은 감동과 감사를 표현했다. 덴파사르 시청의 시장은 발리에 거주하는 한인 재외동포를 코로나19 예방접종 1, 2, 3차에서 여타 외국인보다 접종 우선순위 대상자로 선정했다. 시장은 선정 이유를 한국인이 만든 재단(발리한인교회&비전센터)에서 헌신적으로 진행한 구제 활동 덕분이라고 밝혔다. 이에 따라 재외동포 사회와 현지 지역 사회에서 발리한인교회와 비전센터의 위상은 더욱 높아졌다. 재단의 공적을 인정한 덴파사르 시청은 비전센터에서 운영하는 한국어/영어 학당 및 국제 유치원 설립에 대한 교육청 차원의 공적 지원을 제공하기도 했다.

발리 교단 및 발리파트너십과의 연대를 통한 현지 교회를 위한 구제 디아코니아는 발리한인교회가 현지 교회와 직접 연결되는 계기가 되었다. 깊은 연대가 지속되자 발리 교단은 현지인 예배와 성경 교육을 위해 교단 소속의 현지인 목사를 발리한인교회로 파송하기도 했다. 발리 교단 및 초교파적 연합체와의 연대를 통해서 발리한인교회는 '현지인 구원을 위한 총체적 선교 전략'을 더 넓고 깊게 추진할 수 있게 되었다.

코로나19 팬데믹으로 인해 목회와 선교가 위축될 줄 알았지만, 교인들이 힘든 중에도 선교를 위한 구제 디아코니아 사역에 적극 동참함으로써 오히려 목회 활동이 더욱 역동적으로 변했다. 하나님은 우리가 생각지도 못한 방식으로 역사를 이루셨다.

선교적 지평의 확장

구제 디아코니아를 통해서 발리한인교회와 재단의 비전센터는 선교의 지평을 명확하게 확장할 수 있었다. 선교적 지평의 확장을 이해하기 위해서 우선, 비전센터의 과거 상황을 이해할 필요가 있다. 2014년 9월 23일은 비전센터의 첫 시공 날이었다. 당시에는 비전센터를 병원으로 활용하려고 했다. 그러나 용지 허가 문제, 병원 진입로 규제, 현지 의사협회나 정부와의 보건법 충족에 필요한 협의와 정보 부족 등으로 인해 병원 설립은 결국 포기하게 되었다. 비전센터를 병원으로 활용하려던 계획이 전면 중지되었다.

그 대신, 비전센터의 용도를 재고하던 중 2019년 9월경 나는 교육기관으로의 전환을 제안하게 되었다. 이 제안에 따라 한국어학당과 영어학당 인허가 절차를 밟아 2021년 10월 교육청으로부터 허가를 받았고, 이어서 2022년 7월에는 최대 100명을 수용할 수 있는 '가나다라 국제유치원'을 개원하게 되었다. 한국어학당, 영어학당, 그리고 가나다라 국제유치원은 모두 일정한 수입이 발생하는 구조로 설계되었다.

무슬림의 영향을 크게 받는 중앙정부와 힌두교의 영향을 크게 받는 발리 주정부로부터 선교 목적의 교육사업 인허가를 받을 수 있었던 가장 큰 이유는, 코로나19 팬데믹 기간, 발리한인교회와 비전센터가 시민들을 위해 헌신적으로 구제 디아코니아를 실천했고, 공동선을 지향하는 활동을 이어왔기 때문이다. 이 활동이 시청에 공식적으로 기록되어 남겨졌다. 이에 따라 공공기관은 깊은 감동과 함께 실질적인 행정 지원을 아끼지 않았다. 또한, 재단은 비영리기관 중에서도 가장 높은 표창장을 여러 차례 수상하는 영예를 안을 수 있었다.

이 일련의 과정은 인도네시아 발리 주정부가 발리한인교회와 비전센터의 디아코니아 활동을 단순한 사적 자선활동이 아닌, 공적인 기여로 공식 인정한 결과이다. 지역 시민들과 마을 주민들도 발리한인교회를 향한 사회적 신뢰도를 높이 평가하였으며, 발리한인교회는 타 문화권 지역 사회에서 공적 책임에 따라 공동선을 추구하는 모범적인 교회로 소문이 나게 되었다. 이러한 평판은 비신자들과의 '접촉점을 마련'하고, 교회에 대한 '편안한 접근'을 가능하게 하는 중요한 매개 역할을 하였다.

구제 디아코니아를 통해서 발리한인교회는 교회의 봉사권에 따라 공동선을 추구하는 선교적 교회로의 지평을 열어갔고, 비전센터는 교회의 교리권에 따라 진리를 가르치는 교육 선교로의 지평을 열어갔다.

사회구조적 선교 방해의 벽

비전센터는 코로나19로 인해 처음 시작한 '구제 디아코니아'에서 점차적으로 '교육 디아코니아'로 선교적 지평을 열어갔다. 교육 디아코니아는 한인교회와 한국의 후원 교회 교인들에게 인도네시아 발리 선교지에 내재한 '사회구조적 선교 방해의 벽'을 허물 수 있다는 가능성을 보여주었다.

인도네시아 발리 현지인의 개종은 강력한 마을 단위의 종교적 연대가 주는 위협으로 인해 종종 유산 상속의 포기로 이어진다. "다른 종교로 개종했으니, 힌두교를 믿는 우리 마을에서 너희 가족은 떠나라!"라는 식의 위협을 받는 것이다. 그러나 발리한인교회가 운영하는 비전센터 내에 수익이 발생하는 교육기관을 설립함으로써, 일자리 창출과 생계 지원 등의 전략을 도모할 수 있게 되었다. 다만, 비전센터를 통한 구제와 교육 디아코니아가 특별 은총의 전파, 즉 실제적인 영혼 구원으로 이어지도록 하는 '구원론에 입각한 선교 전략' 수립은 발리한인교회의 지속적인 연구 과제로 남아 있다. 이는 곧 총체적 선교를 어떻게 전략적으로 실현할 것인가에 대한 과제이다.

공동선을 추구하는 '디아코니아적 사회봉사'는 교회의 사회적 신뢰도를 크게 높였다. 교회만 아는 복음 전파가 아닌, 인류 보편의 가치를 담은 공동선에 입각한 디아코니아적 사회봉사는 인도네시아 정부로 하여금 교회의 진정성을 인정하게 했다. 이러한 공동선 실천을 통해 발리한인교회는 비신자들과의 접촉점과 편안한 접근 방식을 마련할 수 있었다. 이에 따라 전략적인 복음 전파의 길도 열리게 되었다. 발리한인교회는 앞으로도 '디아코니아적 사회봉사'와 '복음 전파'를 균형 있게 병행하는 총체적 선교를 추구할 것이다.

다음 키워드들은 앞으로 내가 감당할 목회·선교 사역에서 나의 이 정표가 될 것이다. 사회적 신뢰도, 공적 책임, 디아코니아적 사회봉사, 예배·구제 디아코니아, 공동선, 접촉점, 관공서와의 협력, 민간기관과의 연대, 편안한(친화적) 접근, 구원론에 입각한 선교 전략, 선교적 교회, 총체적/존재적 선교, 이 키워드들은 나의 선교 여정 전반에서 지속적으로 탐구하고 심화해야 할 연구·실천 과제로 남을 것이다.

종말론적 삶을 살아가는

2020년 3월, 코로나19 팬데믹 선언으로 인한 어려움 속에서 나는 불평도 했지만, 결국 그것이 발리한인교회를 위한, 인도네시아 발리와 소순다열도 선교를 위한 하나님의 계획이었음을 뒤늦게 깨달았다.

어려움을 겪던 그 당시에는 하나님의 계획이 전혀 보이지 않았다. 반복된 고백이지만, 발리에 도착해서 마주한 낯선 환경과 문화, 목회와 선교의 현실, 현지인 직원들과의 관계, 그리고 신축 건물임에도 추가 공사가 필요했던 비전센터를 보면서 혼란스러웠다. 더불어, 해결해야 할 수많은 법적, 행정적, 세무적 과제들은 나를 위축시켰다. 팬데믹으로 인해 모든 상황이 급변했고, 그 속에서 하나님의 뜻을 전혀 파악할 수 없었다. 교육전도사부터 부목사까지의 목회 경력과 믿음의 경험조차 '선교지 현실'과 '팬데믹 상황' 앞에서는 무기력하게 느껴졌고, 두려움은 날마다 마음을 압도했다.

물론, 팬데믹이 시작된 이후 구제와 교육 디아코니아 사역이 성공적으로 진행되었지만, 그 와중에도 막연한 두려움이 나를 짓눌렀다. 이는 단순한 성과의 유무로 흔들리는 감정 기복이 아니라, '죽음/종말/실패'에 대한 근원적 두려움이었다.

지금 돌이켜보면, 만약 그때 하나님이 미래에 주실 풍성한 은총을 믿었다면, 현재의 두려움은 그 믿음 아래에서 잠잠해졌을 것이다. 그랬다면, 나의 입술에는 찬송과 감사가 넘치고, 불평과 원망은 사라졌을 것이다. 미래에 주실 풍성한 은총을 현재 이 땅에서 누리며 살아가는 것을 "종말론적 삶"이라고 정의할 수 있다. 즉, 미래의 천국을 믿음으로 앞당겨 오늘 여기서 선취(先取)하며 누리는 삶이 종말론적 삶이다.

종말론적 삶은 시공간을 초월하시는 하나님과 동행할 때 가능하다. 성도는 육신의 죽음 이후 천국에 들어가게 되고, 예수 그리스도의 재림을 통해 새 하늘과 새 땅으로 인도된다. 이 모든 사건은 시간상으로는 미래에 해당하지만, 하나님은 "하루가 천 년 같고 천 년이 하루 같다(벧후3:8)"라고 말씀하셨다. 하나님은 과거, 현재, 미래 속에 항상 존재하시는 분이시며, 시공간은 하나님의 자유를 제한할 수 없다. 이러한 하나님의 속성을 믿는 성도는 미래의 천국을 현재 이곳에서 미리 누릴 수 있다. 이것이 바로 종말론적 삶의 본질이다. 종말론적 삶, 곧 미래에 받을 은총을 현재 체험하고 누리는 삶은, 우리에게 닥친 현실의 어려움을 더 이상 절대적인 두려움으로 여기지 않도록 만들어 준다.

발리 선교 사역을 마치고 남양주동안교회에 부임하여 약 3년이 지나 이 글을 쓰는 지금, 나는 "종말론적 삶을 추구할 때, 성도는 미래의 천국 소망으로 현재의 괴로움을 이겨낼 수 있다."라는 진리를 믿는다.

인도네시아 발리 선교지에서 외적으로는 성공하고 있었음에도 마음속에 있었던 불평과 원망, 두려움의 이유는 종말론적 삶을 추구하지 못했기 때문이었다고, 평가한다. 이제라도 나는 종말론적 삶을 추구할 수 있도록 종말론에서 다루는 죽음에 대해 성찰하려 한다. 죽음을 넘어 생명으로 이끄시는 천국의 소망을 깊이 배워, 미래에 받을 그 소망으로 현재의 괴로움을 이겨내는 종말론적 삶을 충만히 누리고자 한다.

장차 누리게 될 복과 평안과 안식

비성도는 영적 죽음 상태에 있다. 영적 죽음 상태는 하나님과 교제할 수 없는 상태를 의미한다. 비성도는 하나님과 단절된 상태로 있다. 반면, 성도는 영적 죽음 상태에서 벗어나 영적 생명 상태에 있다. 즉, 하나님과 교제할 수 있는 상태에 있다. 그러나 성도라 할지라도 육체적 죽음을 피할 수는 없다. 성도는 원죄를 용서받았지만, 성도 안에는 아직 원죄의 부스러기가 있기 때문이다.

성도의 육체 역시 죽음에 이르지만, 영은 예수 그리스도의 대속 사역을 통해서 죽음을 이기는 부활 영광을 얻게 되고, 영원한 생명을 누리게 된다(고전15:55-57). 예수님의 재림 후에는 부활 몸체를 입게 된다. 성도는 종말의 날에 임할 부활 몸체를 소망함으로써 육체적 죽음에 대한 두려움을 극복할 수 있다. 우리는 이러한 과정으로 두려움을 극복하는 삶을 '종말론적 삶'이라고 부른다. 종말론적 삶을 살아가는 성도는 현실을 넘어 미래에 임할 천국의 은총을 바라본다. 현재 마주한 고난 속에서도 장차 누리게 될 복과 평안과 안식(롬8:18, 히13:14)을 미리 바라본다. 그러므로 종말론적 삶을 살아가는 성도는 어려움을 겪는 현재 상황에서도 늘 평안과 기쁨을 유지할 수 있다.

종말론적 삶을 살아가는 성도는, 지금은 교인들이 흩어지고 깨진 교회일지라도 종말의 날에 예루살렘 교회처럼 회복될 것을 소망하며 끝까지 사역을 감당할 수 있다(계21:1-2). 지금은 관계가 무너진 가정일지라도, 지금은 직장과 사업장에서 생존 경쟁에 밀려 고통받는 상황일지라도, 지금은 인생의 굴곡 속에서 우울과 욕망이 내면을 덮고 있을지라도, 장차 종말의 날에 이루어질 회복을 바라보며 끝까지 믿음을 지킬 수 있다. 종말론적 삶이란, '지금 여기'의 고난과 역경 속에서도, 종말의 날에 주실 회복을 믿고 바라보며 살아가는 것을 의미한다. 천국에서 받을 은총을 이 땅에서 선취하는 삶을 의미한다.

죽음 이후 어디로

종말론적 삶을 추구하는 성도는 죽음 이후 어디로 가는지에 대한 분명한 소망이 있다. 이에 대해 대한예수교장로회(통합)의 신앙고백서에는 다음과 같이 기록되어 있다. "육체적 죽음 이후 성도의 육체는 흙으로 돌아가지만(창3:19, 행13:36), 성도의 영혼은 하나님께로 돌아간다(눅23:43, 고후5:1, 6, 8). 하나님이 계신 그곳에서 성도는 빛과 영광 가운데 마지막 날 육체까지 완전히 구원받을 날을 기다린다(롬14:10, 고후5:10). 반면, 예수를 믿지 않고 거역한 자들의 영혼은 음부에 던져져 고통과 절망 속에서 최후 심판을 기다리게 된다(눅16:23-24, 벧전3:19, 유1:6-7)."

죽음을 맞이한 성도의 영은 하나님이 계신 곳으로 가게 된다. 그리고 죽음 이후 도달하게 될 하나님의 처소를 믿음 안에서 지금 이 현실 속에서도 누릴 수 있다면, 그보다 더 큰 은혜는 없을 것이다. 이것이 바로 종말론적 삶을 추구할 때 주어지는 은혜이다. 종말론적 삶을 살아가는 성도는 믿음 안에서 '이미' 하나님이 계신 곳에 속해 있으나, '아직' 그곳에 완전히 도달한 것은 아니다. 그럼에도 불구하고, '이미'

바라본 하나님 나라의 영광은 성도에게 역동적인 신앙의 기쁨을 선사한다. 그 기쁨을 더 일찍 체험했더라면, 발리 선교지에서 겪었던 내적 어려움들을 훨씬 더 수월하게 극복했을 것이다.

제14장 종말론 2:
왜 살고, 어떻게 살까?

크리스천 그룹

　2020년 초에 부임했던 부목사님은 코로나19 상황 속에서 한국에 홀로 계신 어머니를 보살피기 위해 그해 10월 말에 사임했다. 반주자와 행정 봉사자로 파송 받았던 두 자매 역시 그해 9월경에 모두 사임하고 한국으로 출국하였다. 갑작스러운 사임과 출국에 대해 서운한 마음이 없었던 것은 아니었지만, 그들의 입장을 충분히 이해할 수 있었다. 당시 코로나19의 확산과 팬데믹 선언으로 인해 한국뿐만 아니라 국제 사회 전체가 큰 불안에 떨고 있었기 때문이다.

　나에게도 한국으로 들어오라는 제안을 하신 분들이 있었다. 실제로 인도네시아에 계셨던 한인 선교사님들은 철수하라는 교단 총회 세계선교부의 권고에 따라 대부분 철수했다. 그러나 발리한인교회의 교인들이 발리에 거주하고 있는 상황에서 나는 한국으로 돌아갈 수 없었다.

　부교역자와 봉사자들의 사임으로 인한 대안을 모색했지만, 뾰족한 수를 찾을 수 없었다. 부교역자와 봉사자들의 사임에 대한 대처로 다른 사역자를 파송해달라고 한국에 요청하는 것도 코로나19 상황에서는 적절하지 않았다. 팬데믹으로 인해 인도네시아로 들어올 수 있는 항공편이 막혔을 뿐만 아니라, 전염병 시국에 해외 선교지로 파송된다는 것이 불안과 걱정을 유발할 수 있었기 때문이다.

사임한 분들은 떠났지만, 어쨌든 발리한인교회 예배는 지속되어야 했다. 당장 반주자 없이 예배를 드릴 수 없기에 새로운 반주자가 필요했다. 그러던 중에 하나님은 나에게 통찰을 주셨다. 피아노 반주자를 '크리스천 그룹'과 '한국어학당' 학생 중에서 모집하라는 것이었다.

여기서 크리스천 그룹이 만들어지게 된 배경을 잠시 설명하자면, 2020년 초 부목사님에게 한국어학당 학생 중에서 크리스천 학생들을 심방하도록 부탁했다. 심방을 토대로 크리스천 학생들의 목록과 신상을 파악할 수 있었다. 그 자료를 바탕으로 크리스천 그룹 1기를 선발하여 발리한인교회를 위한 봉사 그룹을 조직할 수 있었다. 조직된 1기 그룹에 이어서 2021년에 2기, 2022년에 3기가 선발되었으며, 현재까지 계속 모집되고 있다고 들었다.

다시 본론으로 돌아와, 피아노 반주가 가능한 현지인 청년을 찾아 면접을 진행했지만, 적합한 인재를 찾기 어려웠다. 그 이유는 대부분의 현지인 청년이 정식으로 피아노를 배우지 않았고, 음감에 의존해 반주하기 때문에 찬송가 악보를 읽지 못하는 경우가 대다수였기 때문이다. 그러던 중 한국어학당 학생 중 한 명으로서 크리스천이며 피아노 반주가 가능한 학생을 소개받게 되었다. 면접을 통해 확인해 보니, 조금만 더 다듬고 연습한다면 충분히 예배 반주자로 섬길 수 있는 자매였다. 이 자매를 발리한인교회 피아노 유급 반주자로 청빙하였다. 또한, 자매의 대학교 전공이 회계학이라는 사실을 알게 되어 비전센터의 회계 업무를 담당하는 직원으로도 함께 채용하게 되었다. 자매는 은행 업무, 법인 회계 관리, 후원금 관리 등 중요한 예산 관련 업무를 성실히 수행했다. 피아노 반주자 역할뿐만 아니라 회계 업무까지 감당할 수 있는 인재를 하나님이 보내주신 것이었다.

결과적으로, 현지인을 피아노 반주자로 청빙함으로써 팬데믹 상황에서 발생할 수 있는 한국인 봉사자를 모시지 못하는 부담을 감소시킬 수 있었다. 하나님의 섭리로 진행된 한국어학당 학생 중 크리스천 학생들을 따로 살피고 돌보며 크리스천 그룹을 조직한 일이, 이후 크리스천 직원 채용과 교회 봉사자 청빙에 매우 효과적이었다.

정체성의 양극단 사이에서

한국으로 돌아간 부목사를 대신해서 교회와 센터 사역을 감당할 수 있는 크리스천 자매를 하나님이 보내주셨다. 이 자매는 크리스천 그룹에 속해 있었고, 한국 선교여행 1기 구성원이기도 했다. 한국어능력시험(TOPIK) 5급을 받을 정도로 한국어 실력이 매우 뛰어났으며, 사회 경험도 풍부했다. 힌두교 가정에서 자랐지만, 현지 교회에서 세례를 받고 크리스천의 삶을 살아가며 뜨거운 신앙 간증을 지닌 자매였다. 그러나 몇 가지 우려되는 점도 있었다. 자매는 한인들의 사업과 관련된 통역을 맡으며 한인들의 사업장과 여러 연관성을 맺고 있었고, 어릴 적부터 배어 있는 힌두교 문화와 정체성은 제자도로 살아가는 신앙생활에 일정한 부담을 주었다. 그런데도, 하나님은 이 모든 단점을 상쇄할 특별한 은혜를 부어주셨고, 자매는 비전센터의 본부장을 맡아 탁월한 업무 능력을 발휘했다. 자매는 발리 현지인들과의 원활한 소통을 통해 비전센터의 교육 선교 사역에 필요한 각종 서류를 준비하고, 발급받는 데 크게 기여했다.

하나님은 한국인 사역자들이 떠난 빈자리를 현지인 사역자들로 채우게 하셨다. 추수할 일꾼이 부족할 때마다 적절한 인물들을 보내주셨다(마9:37-38). 이 일을 통해 나는 교회 일꾼을 하나님이 보내신다는 사실을 분명히 체험하게 되었다. 이후 한국어학당의 수입과 블루오션 NGO 단체에서 보내주신 후원금, 동인선교회와 동안교회의 후원금을 통해 '지속 가능한' 교육 선교 사역의 기반을 마련할 수 있었다. 비전센터의 교육 선교 발전과 교회 사역을 위해서 기존에 있는 본부장, 통역 직원, 회계 직원 외에 두 명의 행정 직원을 추가로 채용했다. 이렇게 해서 총 다섯 명의 핵심 사무실 직원이 비전센터의 모든 업무와 교회 봉사 사역의 기획과 진행을 담당하게 되었다.

이 다섯 명의 직원은 컨트롤타워(지휘소) 역할을 하며 차량 기사, 미화 직원, 경비 직원, 유치원 교사, 학당 교사를 모두 관리하였다. 그러나 직원 간의 갈등, 시기와 질투, 규칙 위반, 조직 내 질서의 혼란, 역할의 혼선 등의 문제가 발생하기도 했다. 이러한 상황에서 나는 자주 분노했다. 분노하면서 속마음에 '한국 사람이라면 안 그럴 건데, 인도네시아 사람이라서 이런 것도 헷갈려 하나?'라는 무의식적인 우월감이 내 안에 자리 잡았다. 자리 잡은 우월감은 감정 조절을 방해했고, 직원들에게 화를 내게 했다. 그러면서 점점 정체성에 혼란이 찾아왔다. '나는 목사인가? 아니면 비전센터를 운영하는 사장인가?'라는 질문이 떠오르기 시작했다.

실제로 교회와 인접한 현지 마을의 주민이 "당신은 목사입니까? 사장입니까?"라고 물어보기도 했다. 혼란스러웠다. 목사인가?, 사장인가?, 라는 질문은 창세기 3장에서의 "네가 어디 있느냐?"라고 아담의 영적 정체성을 묻는 하나님의 질문과 같다. 영적 정체성이 흔들리면, 믿음이 흔들리고, 욕심 가득한 언행이 나온다. 욕심을 따르는 언행은 죄를 낳는다. 죄는 영의 비정상 작동을 불러오고, 내면의 극심한 괴로움을 양산한다. 괴로움은 나의 내면을 흔들기 시작했고, 나는 어느새 교회에서는 목사처럼, 직원들 앞에서는 사장처럼 헐기 어린 언행을 하고 있었다.

덴파사르 시청 시장과 가까운 관계를 맺고, 경찰서장, 이민청장, 교육청장 등 주요 기관 책임자들과 협력하게 되었다. 그러면서 나는 점차 직원들에게 고위직 공무원에 준하는 과도한 의전을 요구하기 시작했다. 그 과정에서, 한국의 유교식 예의범절을 핑계로 삼아 직원들에게 과도한 예절을 강요했다. 생각해 보면, 높아 보이고 싶었던 것 같다. 그러다 보니, 목회자로서 현지인 직원들을 선교사의 마음으로 돌보기보다는, 사장으로서의 권위를 앞세워 무리하게 간섭하고 그들의 삶을 통제하게 되었다.

명목상으로는 예수님의 제자로 만들기 위함이었지만, 실제로는 사장 노릇에 심취해서 율법적인 잣대로 그들을 판단하고 억압했다. 회개했지만, 다시 같은 실수를 반복했다. 잘못하면 회개하고, 또다시 반복하는 악순환 속에서 나의 영혼은 점점 피폐해졌다. 그런데도, 발리한인교회의 목회와 비전센터의 선교 사역은 점점 번창했고, 외형적으로는 풍요롭게 잘 진행되었다. 그러나 '목사인가, 사장인가?'라는 내적 갈등 속에서 나의 영혼은 조용히 무너져 내리고 있었다.

가족과 헤어짐

내적 갈등의 절정기 속에서 코로나19로 인해 가족과 떨어져 있는 상황이었다. 2020년 12월, 아내는 고관절 종양 검사를 위해 두 자녀와 함께 한국으로 출국해야 했다. 출국 이후 갑작스러운 코로나19 확진자 증가로 인해 인도네시아로 외국인이 입국할 수 없는 상황이 되었다. 이에 따라 2021년 10월까지 나는 가족과 떨어져 지내야 했다. 이 기간 영적으로 더욱 피폐해졌고, 육체적으로도 약해졌다. 면역력 저하로 인해 장티푸스와 뎅기열 증세로 입원하게 되었다. 입원 전, 장티푸스와 뎅기열 증세로 혼자 집에 누워 있을 때, 고열과 오한 속에서 식은땀을 흘리며 혼자 누운 그 방에서, 죽음이 천천히 나를 집어삼키는 것 같은 공포가 밀려왔다. 그때, '예수님, 도와주세요. 예수님이 지금 제 곁에 계심을 믿습니다. 예수님이 천국으로 저를 이끄실 줄 믿습니다. 예수님 이름으로 기도드립니다. 아멘.'이라고 기도했다. 천국을 소망케 하시는 예수님의 은혜로 공포를 이겨낼 수 있었다(딤후4:18). 아마도 이때의 병치레와 천국 소망은, 내적 갈등을 완화하기 위한 하나님의 특별한 은총이었을 것이다. 그러나 그 갈등은 완전히 해소되진 않았고, 계속 이어졌다. 그럼에도 완전히 무너지지 않도록, 하나님은 계속 나의 내면을 다스려주셨다.

그렇게 계속 목사와 사장이라는 정체성 사이에서 갈등하던 중, 2021년 9월 "공공 주방(인도네시아어: Dapur Umum)" 사역이 한창이던 시기에 영적으로 민감한 한 교인이 사역 현장에서 나에게 말했다. "목사님 눈을 보니까 귀신 들린 것 같아요. 좀 쉬셔야 할 것 같고, 기도도 필요해 보입니다. 한국에 가셔야 할 것 같아요." 그 말을 듣고, 나는 영적 싸움 중에 있다는 것을 인식하게 되었다. 힌두교의 사악한 영과 자범죄로 인한 타락한 본성이 영적 정체성을 삼키려는 것을 막아내는 싸움을 하고 있었다. 아이러니하게도, 교회의 목회와 재단을 통한 교육 및 구제 선교 사역은 점차 더 번창했고, 외형적으로는 더 주목받게 되었다. 고통을 겪고, 극심한 영적 전쟁을 치를수록 사역은 더 확장되고 발전했다. 그러나 그 발전은 내 영혼을 잠식하는 덫이었다.

사역 현장의 외형적 성과에만 집중한 나머지, 내면의 질서와 영적 싸움에는 눈길을 돌리지 않았다. 사역의 성과와 칭찬이라는 "보암직도 하고 지혜롭게 할 만큼 탐스럽기도 한(창 3:6)" 겉모습에만 몰두한 것이었다. 한국에 보내는 보고서는 2주에 한 번, 혹은 한 달에 한 번씩 작성되었고, 보고를 통해 돌아온 반응은 칭찬과 찬사였다. 이에 따라 내면에는 바벨탑이 쌓여갔고(창 11:4), 그 바벨탑을 유지하고 더욱 높이 쌓기 위해 사장의 권한을 행사하며 직원들을 점점 더 강하게 다루기 시작했다. 그들이 나를 배신해서 한국인이 운영하는 다른 사업장에 취직할 것을 염려한 나머지, 더 많은 일을 맡기고 채근하며 통제하게 되었다. 그래야만 내가 세운 바벨탑이 무너지지 않을 것 같았다. 나는 선교지를 하나님의 나라가 아닌, 바벨탑으로 우상화하고 있었다.

일주일 내내 쉬는 날 없이 사역에만 몰두했고, 점점 교회에서 형식적인 경건만 보이는 자가 되어갔다. 기도는 일 중심의 기도로 전락했고, 하나님과의 관계 중심적 기도는 점점 사라졌다. 그 결과 '제자도적 실천'은 울리는 꽹과리가 되어갔고(고전13:1), '종말론적 삶'을 누리기보다는 사장으로서의 권위를 누리는 "현세중심적 삶(의미: 지금 여기서의 안락과 욕심에 갇힌 삶)"을 추구하게 되었다. 교회와 센터는 번창했고 잘 운영되었다. 그러나 그 외형적 성공은 찬란했지만, 나의 영혼은 점점 침식되어 갔다. 업적은 나를 빛내 줄 것 같았지만, 영혼을 침식시키는 어둠이었다.

거라사인 광인

현지인 직원들에게는 사장처럼 행동하고, 한국인 교인들 앞에서는 경건한 목사인 척하는 이중적인 삶을 살았다. 이에 따라 영적 질서가 무너졌고, '나는 목사인가, 사장인가'라는 영적 정체성의 혼란 속에서 밤마다 극심한 공포와 두려움이 몰려왔다. 정말 목사로 살고 싶었지만, 어둠의 영은 계속 나를 사장으로 만들려고 했다. 밤 11시부터 새벽 4시까지, 마치 거라사인의 광인처럼, 교회 앞마당을 돌며 울부짖었다.

영적 싸움에서 이기기 위해 사택에 있던 나무 십자가를 가슴에 붙이고 "다윗의 자손 예수 그리스도시여, 이 아들을 불쌍히 여기소서(막 10:47)"라는 예수 기도와 함께, 사사기 15장 18절의 삼손의 기도를 되뇌며 하나님의 자비를 구했다. "주께서 종의 손을 통하여 이 큰 구원을 베푸셨사오나, 제가 이제 힌두교 귀신들의 손에 떨어지겠나이다. 도와주옵소서. 살려주옵소서. 예수님 이름으로 기도드립니다. 아멘." 그렇게 아침 해가 뜨면 마음은 잠잠해졌고, 밤이 되면 같은 일이 반복되었다. 지금 돌이켜보면, 하나님은 나를 강제로 기도의 자리로 이끄신 것이었다. 이 고통의 시간을 지나 평안이 찾아왔지만, 기도가 중단되면 다시 반복되었다. 기도밖에 없었다. 살려면, 기도해야 했다.

어느 날 아침, 외부 선교 사역을 떠나기 전 크리스쳔 그룹과 현지인 직원들 앞에서 대표 기도를 하던 중, 목소리가 나오지 않아 무릎을 꿇고 가슴으로 통곡하게 되었다. 성령님이 내면의 질서 회복을 위해 목소리를 멈추게 하신 것 같았다. 발리 교단에서 파송되어 발리한인교회에서 협력 목사로 사역하시던 현지인 여성 목사님은 나의 영적 상태를 감지했다. 내 어깨를 붙잡고 중보 기도했고, 기도 후 나는 다시 일어나 목소리를 낼 수 있었다. 현지인 여성 목사님은 2023년에 장로회신학대학교 일반대학원 선교신학 석사를 졸업하고, 현재 발리의 중심 교회에서 사역하다가 아프리카 선교사로 파송될 예정이다. 지금도 우리는 연락하고, 영적으로 교류하고 있다.

영적 체험 이후, 나는 영적 상황에 더 민감해졌다. 목회와 선교 사역 중에 지속적인 영적 싸움을 경험하게 되었다. 당시를 돌아보면, 미래에 임할 천국을 바라보는 종말론적 삶을 추구했다면, 이 땅의 부귀영화와 바벨탑은 녹슨 철제에 불과하다는 것을 깨달았을 것이다. 그러나 나는 그 사실을 알지 못한 채 욕심과 정욕에 이끌려 살았다. 현세중심적 삶을 누리려 했다. 그 틈을 타 어둠의 영은 불안, 염려, 근심, 두려움, 교만을 불어넣었다. 결과적으로 이때의 경험은 종말론에 대한 진리를 정리하고 더 깊이 깨닫는 데 큰 밑거름이 되었다.

가족

2021년 10월, 인도네시아의 입국 방침이 변경되었다. 이에 따라 가족은 자카르타의 자가 격리 시설에서 2주간 격리 생활 후 발리로 들어올 수 있었다. 나는 아내와 자녀들을 돕기 위해 자카르타로 향했다. 자가 격리를 무사히 마치고, 발리로 함께 입국했다. 가족이 발리에 돌아온 순간, 나는 안도감을 느꼈다. 그 안도감에는 특별한 이유가 있는 것이 아니라, 가족이라는 존재에서 오는 평안이었다. 그동안 영적, 육체적, 정서적으로 극심한 고통을 겪으며 지내온 시간이었지만, 가족의 존재는 흔들린 삶의 중심을 회복하게 했다. 나는 가족의 소중함을 뼛속 깊이 체감할 수 있었다. 그러나 그 소중함이 곧장 종말론적 삶을 추구하는 삶으로 이어진 것은 아니었다. 때로는 여전히 부족하고 연약한 모습이 드러나기도 했다.

여전히 '나는 목사인가?, 사장인가?'라는 질문 속에서 영적 싸움을 계속했다. 그러나 가족이 옆에 있었기에 잠시 걸음을 멈추고 하늘을 향해 호흡을 가다듬을 수 있었다. 신비하게도 가족으로 인해서 사방이 막혀 있어도 하늘은 열려있음을 돌아볼 수 있었다(고후4:8). 삼위일체 하나님이 서로를 향한 상호 교류를 통해 "무한한 사랑"을 흘려보내시듯, 나는 가족과의 상호 교류를 통해 내면의 질서와 평안을 회복해 나갔고, 미약하지만, 그 평안을 목회와 선교 현장에 흘려보낼 수 있었다. 가족과의 상호 교류를 통해 흘러나오는 사랑을 점점 더 깊이 깨닫게 되면서, 나의 삶은 점차 가족 중심적으로 미세한 변화를 이루어갔다.

팬데믹으로 인해 교인들의 삶은

계속되는 팬데믹으로 인해 교인들의 삶은 매우 힘들어졌다. 수입이 거의 없었기 때문이다. 관광객의 입국이 전면 중단된 상황에서, 관광업에 종사하던 교인들은 생활비와 직원 급여 같은 고정 지출을 감당하지 못하는 상황에까지 이르게 되었다. 이에 발리한인교회의 선교 사역을 후원하는 동인선교회는 교인들의 어려움을 돕기 위해 생활지원금을 보내주기로 결의했다. 형편을 완전히 회복시키기에는 부족한 금액이었지만, 교인들은 어떻게든 돕고자 하는 사랑의 마음에 큰 감동을 받았다.

교인들과 나는 이 어려운 상황을 이겨낼 수 있는 유일한 방법은 기도뿐이라는 믿음을 공유했다. 2021년 11월부터 매주 수요일 오전 10시 30분부터 12시까지 찬양과 기도로 드리는 수요예배를 시작하게 되었다. 하나님은 교인들의 삶에 신비로운 방법으로 생각지도 못한 도움을 주셨다. 교인들에게 염려, 근심, 걱정을 이겨내고 버틸 힘을 주셨다. 함께 기도했던 교인들은 이후 안수집사, 권사로 임직하게 되었고, 지금까지도 대부분 발리한인교회를 떠나지 않고 계속해서 예배를 드리고 있다.

그저 은혜로 버틴 시간

3년 6개월간의 발리 사역을 마무리하고 떠나기 몇 주 전, 발리한인교회의 장로님은 나에게 "게딱지" 같다는 별명을 붙여주셨다. 사역적으로 해야 할 일을 한번 물면 놓지 않고 끝까지 완수하는 모습이 "게딱지" 같다는 것이었다. 처음엔 그 별명이 부담되었다. 〈제1장 종교론: 종교의 씨앗 – 자기 신념〉에 기록된 "억척스럽게 살아야 살아갈 수 있다."라는 부모님으로부터 유전된 신념이 목사다운 겸손보다는 너무 욕심쟁이로 보이게 할 것 같았다. 하지만 곰곰이 생각해 보니, 장로님의 시각에서 사역의 결과물이 목사의 "게딱지" 같은 근성 덕분이라고 여겼던 것 같다. 또 다른 방향의 칭찬이라고 받아들여졌다(왕하10:16).

발리에서의 목회와 선교 사역은 표면적인 성공을 거두었다. 발리한인교회는 평안을 찾았고, 비전센터에 설립된 합법적인 교육 기관들은 지속 가능한 선교를 추진할 수 있는 동력이 될 것이다. 이러한 선교의 동력은 코로나19라는 극단적인 상황 속에서 형성된 것이다. 2022년 11월경, 발리에서 열린 G20 정상회의 당시 우리나라 영부인이 우리 재단의 발리한국학교와 가나다라 국제유치원을 방문하기도 했다. 아마도 외형적으로도 인상적인 결과물로 비쳤던 것 같다. 재단은 긍정적인 평가를 받으며 주목을 받았다.

나는 이 모든 표면적인 성공을 두고 하나님의 전적인 은혜라고 자랑할 수밖에 없다. 은혜가 아니었다면 결코 버텨낼 수 없었던 사역이었다. 늦게나마 어렴풋이 깨닫고 종말론적 삶을 추구하기 시작하면서 간신히 발리 사역을 마무리할 수 있었다고 평가한다. 한고비, 한고비를 가까스로 넘기며, 그저 하나님의 은혜로 버틴 시간이었다(욥23:10). 천국의 은혜를 선취함(히6:4-5) 없이는 감당할 수 없는 시간이었다.

움직이는 윙바디 트럭 교회

발리 사역을 정리할 때쯤, 초기에 만났던 선교사님 부부가 "앞으로 한국에 가면, 어떤 목회를 하게 될 것 같나요?"라고 물으셨다. 나는 어디로 보내시든, 어느 곳에서든 은혜만을 바라보며 목회하게 될 것 같다고 대답했다. 사역지에서 기타 하나 들고 찬양해도 괜찮고, 꽃을 심어도 괜찮고, 씨를 뿌리고 열매를 거두어도 괜찮다고 말씀드렸다. 다만, 가족이 밥은 먹고 쉴 수 있는 공간은 있어야 할 것 같다고도 덧붙였다.

만약 이러한 사역 자리가 없다면, 지금도 손주들에게 용돈을 주기 위해서 운전하시는 아버지의 속칭 '윙바디 택배 차량'을 물려받아 주중에는 택배 배송 일을 하고, 주일에는 그 차량을 예배 장소로 사용하는 '움직이는 윙바디 트럭 교회'를 해도 괜찮겠다고 말씀드렸다. 그 말을 들은 선교사님 부부는 더 이상 말을 잇지 않으셨다. 아마 가볍게 질문하셨는데, 너무 깊은 마음속 이야기를 꺼냈기 때문일 것이다.

그 당시에는 심신이 지쳐 있었기에 그런 말을 했던 것 같다는 생각도 들고, 혹은 혈기로 그렇게 말했나 싶기도 했다. 그런데 2024년 장로회신학대학교 목회학박사 2학기 박보경 교수님의 지도력 개발 강의 중, "은사는 됨됨이에서 저절로 흘러나온다."라는 명제를 들은 이후, 내 말에 대한 확신을 더 가지게 되었다. '되는 대로, 어떤 사역지이든 괜찮다'라는 생각과 '움직이는 윙바디 트럭 교회'를 향한 발상은, 단순한 아이디어가 아니었다. 죽음이 턱밑까지 다가온 순간에도 예수님이 나를 붙드셨기에, 치열한 영적 전쟁 속에서도 하나님이 목회와 선교를 끝까지 감당케 하셨기에, 성령님이 종말론적 은총을 미리 맛보게 하셨기에 비로소 빚어진, 내 됨됨이에서 우러난 고백이었다.

인수인계

2022년 12월 11일(주일), 나는 3년 6개월의 발리 사역을 마무리 짓는 설교를 발리한인교회 주일예배에서 선포했다. 평소와 다름없이 하나님께 받은 감동을 중심으로 말씀을 전했다. 그 설교 중 기억에 남는 표현은 "발리한인교회 교인들이 저를 목사로 키우셨습니다."라는 고백이었다. 정말 그랬다. 목사가 교인들을 양육하는 것도 있지만, 교인들이 목사를 참아주는 것도 분명히 존재했다. 교인들은 심적으로 지쳐 있을 때 관심을 기울여 주었고, 목회 프로그램이 기대에 미치지 못하더라도 감사와 기쁨으로 참여하셨다. 쓰러져 있을 땐 부축해서 나를 일으켜 세우셨다. 이러한 교인들의 섬김이 나를 성장시켰다.

3년 6개월간의 모든 사역을 후임 사역자에게 넘길 시간이 찾아왔다. 모든 권한과 의무를 전달하고, 사역 현장을 떠나야 했다. 후임 사역자는 2022년 11월 초에 발리에 도착해서 약 한 달간 인수인계를 받았다. 나는 그동안 축적한 모든 자료를 전달하고, 전체적인 시스템을 자세히 설명했다. 특히 사람과의 관계, 행정과 법, 비영리재단 운영과 관련된 다양한 내용을 상세히 안내했다. 목회와 선교를 위한 제반 업무를 빠짐없이 정리해서 인수인계를 마무리했다. 감사한 마음으로 발리 사역의 모든 것을 후임에게 전할 수 있었다. 그런데, 인수인계를 진행하면서 마음 한편에 서운함이 밀려왔다. 당시 그 감정을 어떻게 표현해야 할지 참 어려웠다.

소유욕: 반청지기적 태도

후임 사역자에게 현지인 청년, 직원, 교인, 권한, 예산, 사역 서류를 인수인계할 때, 솔직히 소유욕을 느꼈다. 마치, 공들여 만든 나의 것을 남에게 넘기는 것 같은 억울한 감정도 느꼈다. 땀 흘리고, 악쓰고, 피 흘리며 일구어 쟁여놓은 것을 남에게 빼앗기는 것 같은 감정이 들었다. '남 좋은 일에 내가 이렇게 간절하게 울며불며 매달렸나? 내가 희생했고, 내 가족이 이렇게까지 희생해서 이뤄낸 일을 이제 꽃피우고 열매 맺을 시점에 내가 누리지 못하고 다 넘겨줘야 하나?'라는 생각이 들었다.

내 안에 소유욕이 강해질수록, 현지인 청년들과 직원들, 교인들, 그리고 한국의 동인선교회 목사님들께 지금까지 얼마나 애써왔는지를 끊임없이 설명했다. 부끄럽게도, 그것은 거룩한 간증으로 포장된 탐욕스러운 자기 자랑이었다. 지금 돌아봐도 매우 부끄럽고 낯 뜨거운 일이다. 입으로는 하나님이 이루셨다고 말하면서도, 실제로는 나의 업적을 드러내며 공치사하고 있었다. 서운하고 섭섭한 마음이 깊어질수록, 전혀 잘못이 없는 후임 사역자에게까지 원망의 마음이 생겼다. 심지어는 '인수인계를 제대로 하지 말아야 하나?'라는 어두운 생각이 들기도 했다. 이는 분명 마귀의 교묘한 공격이었다.

　특히, 직원들과 현지인 청년, 교인들이 후임 사역자와 반갑게 인사하고 대화를 나누며 농담을 주고받는 모습을 보면, 질투심과 시기심이 올라왔다. '이들은 내가 키운 내 제자인데, 지금까지 내가 했던 사역의 결과가 고작 이거였나?'라는 자괴감과 우울함이 밀려왔다. '내가 키우고 양육했던 제자들이 배신하고 떠났을 때, 예수님도 이런 마음이었을까?'라는 생각까지 하며, 예수님과 나를 감히 등치시키며 자기합리화에 빠지기도 했다. 이러한 심리는 나에게도, 공동체에도 결코 유익한 영향을 주지 못했다. 불신앙에 기인한 심리였기 때문이다. 지금 돌아보면, 하나님이 주신 업적을 나의 것인 양 착각했던 사울 왕과 같은 자기중심적 탐욕이 내 안에 가득했다(삼상18:7-8). 교회와 센터, 그리고 사역지를 마치 나의 소유처럼 여기는 '반청지기적 태도(벧전4:10)'가 나에게 있었다. 하나님이 나에게 맡기셨기 때문에, 청지기로서 잠시 잠깐 발리한인교회와 비전센터를 맡았던 것뿐이다.

　나는 이 사실을 망각하고 반청지기 대열에 합류했다. 그런데도, 하나님은 이 모든 과정을 통해 나를 다듬어 가셨다. 종말론적 삶을 추구하는 성도는 청지기적 삶을 살았던 세례 요한처럼 "그는 흥하여야 하겠고 나는 쇠하여야 하리라(요3:30)"라고 고백해야 함을 깨닫게 하셨다.

관계적 기도

이때로 돌아가 보면, 나의 마음속에는 업적과 명예를 내가 성취했다고 여기는 반청지기적 태도가 있었음을 보게 된다. 하나님이 발리 선교 사역을 인도하셨다는 사실을 진정으로 인정하지 않고, 마치 바벨탑을 쌓는 불신자들과 같은 태도를 보였다. '내가 이룬 것'이 아니라 '하나님이 나를 인도하셨다'라는 진정성 있는 고백을 위해서는 '관계적 기도'가 필요했다. 관계적 기도는 살아계신 하나님과 진지하고 솔직하게 대화하는 것이다. 이 기도를 통해 나는 반청지기적 태도를 회개하고 참된 청지기의 자리로 돌아갈 수 있었다. 관계적 기도는 목회 여정을 넘어, 내 인생 전체에 절대적으로 필요한 하나님과 동행하는 방식임을 인수인계 과정을 통해 배우게 되었다.

이 인수인계 경험은 훗날 경험할 은퇴의 여정을 미리 예행 연습한 시간이었다고 여겨진다. 언젠가 다음 사역자에게 교회와 목회 현장, 선교 사역의 모든 것을 넘겨주고, 세례 요한처럼 모든 것을 내려놓은 채 조용히 물러나야 할 나이가 될 것이다. 그때 느끼게 될 감정을 이번 인수인계 과정을 통해 작게나마 미리 체험한 것 같다. 관계적 기도는 그 은퇴의 여정을 기쁨으로 감당할 수 있도록 마음을 준비시킬 것이다.

종말론적 은혜

2022년 12월 12일(월), 나는 한국으로 귀임했고, 그해 12월 25일(주일)에는 남양주동안교회에 담당목사로 부임하게 되었다. 귀임 직후인 2023년 1월 8일(주일), 서울 동안교회에서 1부 예배부터 5부 예배까지 다섯 번의 주일예배 설교를 맡게 되었다. 1부 예배에서 준비한 원고대로 신앙생활과 관련된 설교를 했다. 그런데 담임목사님은 발리에서의 사역과 은혜를 간증하면 좋겠다고 권면하셨다. 그 말씀을 듣고 나는 설교 원고를 수정했다. 3대지까지는 원래 준비한 설교를 그대로 전하고, 이후에는 성령님이 감동 주시는 대로 '발리에서의 영적 싸움', '거라사인 광인과 같은 내면의 고통'과 관련된 간증 설교를 했다.

솔직히 말하자면, 너무나 약하고 참담한 나의 내면을 드러내는 간증이었기에, '이런 이야기를 해도 괜찮을까?'라는 망설임도 있었다. 아니나 다를까, 회중의 반응은 은혜 받았다기보다는, 발리 선교지에서 겪은 영적 싸움에 대해서 놀라는 반응이었다. 회중이 놀라며 반응했던 영적 싸움은 실제로 존재하며, 지금도 그 싸움은 계속되고 있다. 만일 하나님이 "종말론적 은총"으로 도와주시지 않았다면, 발리 사역을 결코 감당할 수 없었다. 이 고백이야말로 발리 사역을 마무리하며 얻게 된 가장 중요한 진리이다.

"예수님의 재림", "성도의 심판과 구원"이라는 종말론적 은총을 지금 삶에서 누리지 못한다면, 나는 목회도, 선교도, 나아가 인생 자체도 감당할 수 없다. 발리 선교를 통해 이 진리를 깊이 체험했다. 현재의 삶을 천국의 기쁨으로 살아가게 만드는 삼위일체 하나님의 종말론적 은총에 대해, 다음과 같이 정리했다.

예수님의 재림

신약성경은 예수 그리스도의 초림이 있었고, 앞으로 재림이 있을 것이라고 분명히 가르치고 있다. 예수 그리스도의 초림은 동정녀 마리아에게서 출생하신 사건을 의미한다. 이것을 우리는 성육신 사건이라고 부른다. 부활하신 후 전능하신 하나님 우편에 계신 예수 그리스도는 살아 있는 자와 죽은 자를 심판하기 위해서 재림하신다(마24:30). 그러나 우리는 재림의 시기를 알 수 없고, 천사들도 알 수 없다(마24:36). 그 시기를 알 수 있다고 말하는 모든 주장은 거짓말이다. 재림에 관한 설에는 크게 "전천년설"과 "후천년설"이 있다.

전천년설주의자

재림이 임박했을 때, 하나님이 징조를 보여주신다고. 마태복음 24장 4절부터 13절에 기록되어 있다. 기록된 내용은 다음과 같다. "가짜 그리스도의 등장과 미혹, 난리와 난리의 소문, 민족이 민족을 대적하고 나라가 나라를 대적하는 일, 기근과 지진의 발생, 핍박받는 크리스천, 서로 미워하는 일, 거짓 선지자의 등장, 사랑이 식은 사람들"

예수 그리스도의 재림이 임박했을 때, 세상에는 이러한 일들이 일어날 것이라고 말씀한다. 이러한 종말론을 주장하는 부류를 우리는 "세대주의 전천년설주의자(또는 역사적 전천년설주의자)"라고 부른다. 이들은 세상의 문제들, 전쟁, 기근 등을 예수님의 재림이 가까이 왔다는 징표로 해석한다. 경건한 성도는 전천년설주의자처럼 세상에 벌어지는 시대의 흐름을 분별해야 하지만, 임박한 전천년설 종말론에 심취해서는 안 된다.

세대주의 전천년설 종말론 계통의 이단은 임박한 종말론을 통해서 사람들을 미혹한다. 1992년 10월 28일에 휴거가 일어난다고 주장했던 "다미선교회"가 이런 부류의 이단이다. 당시에 다미선교회는 역사적 사건들을 근거로 종말이 가까이 왔다고 주장하며 공포심을 조장했다. 이런 부류의 이단들은 종말을 준비하는 과정에서 방해가 되는 배우자, 자녀, 직장, 재산 등을 모두 정리하고 함께 모여 공동생활을 하자고 주장한다.

어떤 성도님은 실제로 이러한 이단의 거짓 견해를 유튜브를 통해 접하고 미혹되었다. 그래서 배우자와 어린 자녀를 한국에 놔두고 필리핀으로 이주하려고 했다. 한국에 곧 전쟁이 발발하고, 그 전쟁은 핵전쟁이 될 것이며, 결국 전 세계가 세계대전에 빠져들어 온 세상이 종말을 맞게 될 것이라는 망상 때문이었다.

이러한 주장은 명백한 이단의 거짓말이다. '이런 거짓에 누가 빠질까?'라고 하지만, 반복적으로 유튜브를 통해 이단의 거짓말을 접하다 보면 누구든지 미혹될 수 있다. 그러므로 우리는 이단의 거짓말을 처음부터 분명하게 거부하고 철저히 경계해야 한다.

후천년설주의자

전천년설주의자는 역사적 환난 이후 예수님은 재림하시고 천년왕국이 도래한다고 주장하는 반면, "후천년설주의자"는 역사 속에서 복음 전파를 통해 선함이 점차 확장되고, 인류 전체에 미치는 천년왕국이 이루어진 후 예수님이 재림하신다고 주장한다.

하나님은 천국 복음이 온 세계에 전해지면 그리스도의 재림이 이루어질 것이라고 말씀하셨다(마24:14). 이처럼 모든 곳에 복음이 전파되면 종말이 도래할 것이라고 믿는 부류를 우리는 후천년설주의자라고 부른다. 균형 있는 시각을 가진 성도는 후천년설 종말론의 가르침대로 복음 전파와 선교에 충실해야 한다. 일상에서 늘 복음을 전파하는 선교적 삶을 살아가야 한다. 그러나 이단적인 후천년설 종말론에 빠져서는 안 된다. 이단적인 후천년설주의자들은 복음이 온 세계에 전파되면 종말이 도래한다고 강조하며, 성도들로 하여금 복음 전파를 무리하게 추구하도록 만든다. 예를 들어, 불교 사원에서 찬송가를 부르고 통성기도하는 행위를 벌인 선교 단체 회원들이나, 극단 무슬림 정권이 지배하는 여행 위험 국가나 아랍권 국가로 무리하게 선교 여행을 시도하는 사례 등은 이단적 후천년설주의자들의 대표적 선교 행태이다. 이러한 선교 행태를 '제국주의적 선교주의'라고도 부를 수 있다.

우리는 이러한 이단적 종말론을 경계해야 한다. 종말론에 극단적으로 집착하기보다, 성경적이고 교리적인 균형 위에 서서 종말론적 은총을 사모하면서 종말론적 삶을 살아가는 것이 중요하다.

인격적 임재, 가시적 재림

예수님은 어떤 방식으로 재림하실까? 예수님은 사도행전에 기록된 것처럼, 오순절에 성령을 통해 인격적으로 임재하셨다(인격적 임재: 눈에 안 보임). 구로동교회에서 초신자 시절 금요기도회 중 인격적 임재를 경험하며, 눈물과 콧물을 흘리면서 깊은 통회 자복의 회심을 체험한 바 있다.

종말의 날에는 인격적인 예수님이 부활 몸체로 다시 재림하신다(가시적 재림: 눈에 보임). 마태복음 24장 30절에는 "그 때에 인자의 징조가 하늘에서 보이겠고 그 때에 땅의 모든 족속들이 통곡하며 그들이 인자가 구름을 타고 능력과 큰 영광으로 오는 것을 보리라"라는 말씀이 기록되어 있다. 사도행전 1장 11절에는 "이르되 갈릴리 사람들아 어찌하여 서서 하늘을 쳐다보느냐 너희 가운데서 하늘로 올려지신 이 예수는 하늘로 가심을 본 그대로 오시리라 하였느니라"라는 말씀이 있다. 이 두 말씀은 예수 그리스도가 눈에 보이는 방식으로, 즉 가시적으로 재림하실 것임을 분명하게 보여준다.

부분적으로 인식, 전면적으로 인식

성도는 인격적으로 임재하시는 예수님을 "부분적으로 인식"하고 있다. 아직 성도는 원죄의 부스러기를 지니고 있기 때문에, 예배의 자리에 임재하신 예수님을 '전면적'이 아닌 '부분적'으로만 인식하고 있다(고전13:12). 그러나 예수님은 종말의 날에 재림하셔서 성도 안에 남아 있는 원죄의 부스러기를 완전히 제거하신다. 그날, 성도는 예수님을 "전면적으로 인식"하게 될 것이다.

종말의 날을 기다리는 성도는 예배 가운데 임재하시는 예수님을 부분적으로 인식하는 일을 매일 추구해야 한다. 인격적으로 임재하시는 예수님을 부분적으로라도 인식하는 순간, 성도의 영은 점차 정상적으로 작동하기 시작한다. 이 회복은 견인과 성화의 길을 걷게 하고, 종말론적 삶으로 이어진다. 부분적 인식을 위해 예수님과의 만남을 추구하는 삶은, 장차 전면적으로 예수님을 인식하게 될 종말의 날을 소망하며 준비하는 과정이다(출33:11). 그러므로 성도는 마음과 뜻과 힘을 다해(신6:5), 지금, 이 순간에도 예수님을 부분적으로 인식하는 일을 진지하게 추구해야 한다.

예수님은 왜, 재림을

예수님은 왜 재림하실까? 예수님은 부활과 최후 심판을 통해 모든 피조물과 성도들을 영화롭게 하시기 위해 재림하신다. 재림하신 예수님은 먼저 성도들을 부활시키신 후, 살아 있는 자들과 죽은 자들 모두를 심판하신다. 이때, 영원한 생명을 얻은 성도들은 완성된 하나님의 나라에서 하나님의 백성으로 영원히 살아가게 된다(요5:25-29).

대한예수교장로회(통합) 신앙고백서 "종말 제10장 4항"은 다음과 같이 말씀한다. "세상의 마지막 날에 그리스도께서 재림하여 모든 존재에 대한 심판이 있은 다음에 하나님의 나라가 완성되어 성도들과 함께 영속된다(고후5:1, 계21:1-7)."

이 날을 이미 온 것으로 지금 믿고 살아가는 것이 바로 종말론적 삶을 사는 것이다. 이날은 아직 오지 않았지만, 현재 우리는 믿음 안에서 그날을 체험할 수 있고, 훗날 그날이 반드시 올 것이다. 종말론적 삶은 그날을 선취한 성도의 인생 여정을 의미한다.

종말의 날에 맞이할 천국을 현재 이곳에서 이미 체험하며 살아가는 종말론적 삶은 우리로 하여금 위로, 용기, 믿음, 소망, 사랑, 헌신, 봉사, 용서, 포용, 이해, 환대, 그리고 성령의 아홉 가지 열매 등을 신앙생활에서 누리며 살아가게 할 것이다.

종말론적 삶, 제자도를 실천

종말의 날을 맞이한 성도는 부활 몸체를 입는다. 그리고 부활 몸체를 입은 성도는 심판대에 서게 된다. 그리고 예수 그리스도의 복음 안에서 부활 몸체를 입은 성도들은 하나님의 나라에서 영생을 얻고, 영원히 거주하는 판결을 받는다. 그곳에서 부활 몸체를 입은 성도는 영원한 생명을 얻고, 완전한 복락을 누리며 살게 된다. 이것은 성경에 기록된 진리이다.

이 진리를 믿는 성도는 힘들어도 전도 할 수 있고, 괴로워도 선교할 수 있으며, 슬프고 낙심되고 좌절되어도 신앙생활의 기쁨을 누릴 수 있다. 우리는 종말론적 삶을 살아감으로써 이 은총을 현재 삶에서 체험할 수 있고, 제자도를 실천할 수 있다.

현재적 심판, 미래적 심판

성도는 종말론적 삶을 추구함으로써 받는 은혜를 통해 하나님의 뜻을 행하게 된다. 하나님의 뜻을 행하지 않는 성도는 간신히 구원을 얻을 수는 있겠지만, 이 땅에서 "현재적 심판"이라는 징계를 경험하게 될 것이다. 경건, 예배, 기도, 전도, 선교, 봉사라는 하나님의 뜻을 행하는 제자도를 포기하게 되면, 하나님이 멀리 계신 것처럼 느껴지는 영적인 무감각에 빠지게 된다. 결국, 양심에 화인을 맞은 신자가 될 수 있다(딤전4:2). 따라서 성도는 종말론적 삶을 추구하고, 제자도를 실천해야 한다.

제자도를 실천하는 성도는 현재적 심판으로부터 멀어질 것이다. 종말의 날에 있을 "미래적 심판"에서 상을 받으려면, 지금, 이 순간 현재적 심판 앞에서도 상 받는 삶을 살아야 한다. 왜냐하면 두 심판 모두 동일한 분, 곧 삼위일체 하나님께서 집행하시기 때문이다.

나의 약점을 덮어 주신다

발리 선교지에서 비하와 고양을 모두 경험했다. 비하를 경험하던 시기, 한 성도로부터 "귀신들린 것 같다"라는 말까지 들을 정도로 나의 모습은 초췌했고, 영적으로도 메마름이 극심한 상태였다. 거라사인 광인처럼 늦은 밤부터 새벽까지 교회 마당을 뱅뱅 돌며 울부짖던 나의 모습은 비하의 극단적인 장면이었다. 이런 상태였지만, 발리 선교 사역을 끝까지 마칠 수 있었던 것은 성령님이 관계적 기도를 통해 예수님과의 만남을 매일 어떻게든 시도하도록 이끄셨기 때문이라고 생각한다. 짧게라도 기도하고 말씀을 묵상할 때, 그리고 수요예배와 주일예배를 드릴 때, 예수님은 나를 만나주셨다. 그 만남이 나를 살렸다. 예수님과의 만남은, 비하의 자리에 있던 나로 하여금 종말의 날을, 즉 예수님을 전면적으로 인식하게 될 궁극적인 고양의 그날을 소망하게 했다.

현재 나는 종말의 날을 바라보며 살아가고 있다. 예배와 기도회 가운데, 예수님의 인격적 임재로 인해 지금 이 순간에도 종말의 날에 펼쳐질 재림의 역사가 '이미' 가까이 느껴질 때가 있다. 반면, '아직' 오지 않은 가시적 재림의 거리감 속에서 예수님이 멀게 느껴질 때도 있다. 그러나 그럴수록 나는 더 깊이 소망하며 기도하게 된다.

쉽지 않았지만, 지속적으로 종말론적 삶을 추구하는 과정에서 나는 조금씩 제자도를 실천하는 사람으로 변화되어 갔다. 그렇게 믿음의 고양을 향해 점점 나아갔다. 앞으로도 계속 종말론적 삶을 살아가고 싶다. 미래에 임할 종말의 날, 나는 부활 몸체를 입고 하나님께서 주신 강점을 온전히 누리게 될 것이다. 그런데, 삼위일체 하나님은 장차 누릴 강점을 지금 여기, 나의 현재 속으로 가져오셔서 나의 약점을 덮어 주신다. 그러기에 나는 오늘도 성도로 살아갈 수 있다.

맺음말

머리말에서 "약점을 주셔서 감사합니다"라고 고백했습니다. 저의 신앙 여정 전체를 꿰뚫는 진실 된 고백입니다(히 4:12). 돌아보면 수많은 약점 속에서 오히려 하나님의 크신 은혜를 깊이 체험할 수 있었습니다. 사람의 눈에는 부족함으로 보였던 부분들이 하나님 손에서는 새로운 힘과 가능성으로 변화되었음을 고백할 수밖에 없습니다. 하나님은 저의 약점 속에서 일하시며 그 약점을 강점으로 바꾸어 주셨습니다. 하나님께서 강점으로 제 약점을 덮어주시지 않았다면, 저는 약점에 허우적거리며 괴로운 인생을 살아가고 있었을 것입니다. '인생'을 '교리'로 다시 '해석'하는 과정 속에서, 하나님이 그렇게 저를 덮어주셨다는 진리를 발견하게 되었습니다.

겉으로 드러난 상황만 보면 기뻐할 이유는 없지만, 이 진리로 인해 마음 깊은 곳에서는 말로 다할 수 없는 하늘의 기쁨이 끊임없이 흘러나옵니다. 이 진리 덕분에 지금도 사역자의 길을 걸을 수 있습니다. 과거에는 약점 때문에 좌절하고 눈물 흘리던 순간들도 있었지만, 교리를 통해서 돌이켜보면 그 모든 순간마다 하나님의 손길이 함께했고, 그분의 능력이 약점을 통해 드러나고 있었음을 깨닫습니다. 저는 이러한 은혜를 힘입어 날마다 종말론적 삶을 추구하고 있습니다.

주님이 약속하신 최후의 날, 완전한 하나님 나라를 바라보며 오늘의 걸음을 내딛습니다. 언젠가 주님 앞에 설 때, 약점까지도 아름답게 사용하신 하나님을 높여 찬양하게 될 것을 믿습니다. 이 땅에서 겪는 약점과 고난은 잠시뿐이고, 장차 다가올 영원한 영광에 비하면 아무 것도 아니라는 진리를 가슴에 품으며, 계속해서 믿음의 경주를 달려갈 것입니다.

우리의 삶 속에 있는 약점을 마주할 때 부디 낙심하지 않기를 바랍니다. 하나님은 오히려 그 약점 속에서 일하시며, 그것을 통해 신비로운 역사를 나타내십니다. 우리 각자의 약점도 결국 하나님의 영광으로 이어질 것입니다. 하나님께 이끌려 날마다 종말론적 삶을 사시고, 제자도를 실천할 수 있기를 바랍니다. 지금 우리의 눈에 아픔, 절망, 상실, 괴로움의 눈물이 있다고 해도, 마침내 하나님이 친히 그 눈물을 닦아주실 날이 올 것입니다(계21:4). 약할 때 우리를 강하게 하시는 종말론적 은총을 의지하여 끝까지 믿음으로 승리하시기를 두 손 모아 간절히 기도합니다.